高等院校财经类新形态一体化教材

资产评估

(活页式教材)

主　编　王　丽　任润竭
副主编　陈　骞　赵梓汝

北京理工大学出版社
BEIJING INSTITUTE OF TECHNOLOGY PRESS

版权专有　侵权必究

图书在版编目（CIP）数据

资产评估 / 王丽，任润竭主编. -- 北京：北京理工大学出版社，2024.4
ISBN 978-7-5763-3924-6

Ⅰ.①资…　Ⅱ.①王…②任…　Ⅲ.①资产评估－职业教育－教材　Ⅳ.①F20

中国国家版本馆 CIP 数据核字（2024）第 090663 号

责任编辑：吴　欣	文案编辑：杜　枝
责任校对：刘亚男	责任印制：施胜娟

出版发行 / 北京理工大学出版社有限责任公司
社　　址 / 北京市丰台区四合庄路 6 号
邮　　编 / 100070
电　　话 /（010）68914026（教材售后服务热线）
　　　　　（010）68944437（课件资源服务热线）
网　　址 / http://www.bitpress.com.cn

版 印 次 / 2024 年 4 月第 1 版第 1 次印刷
印　　刷 / 河北盛世彩捷印刷有限公司
开　　本 / 787 mm×1092 mm　1/16
印　　张 / 17.75
字　　数 / 385 千字
定　　价 / 55.00 元

图书出现印装质量问题，请拨打售后服务热线，负责调换

前　言

　　资产评估是现代高端服务业，是经济社会发展中的重要专业力量。资产评估在服务国有资产管理、提高上市公司质量、防范重大金融风险、保障社会公共利益和维护国家经济安全等方面发挥着重要作用。资产评估人员需要拥有较高的职业能力，在职业过程中要求评估人员具有工匠精神，善于总结经验；资产评估人员更需要具备职业道德，恪守社会主义核心价值观，依法、依规开展评估工作。

　　本教材深入贯彻党的二十大精神、社会主义核心价值观，根据《中华人民共和国国民经济和社会发展第十四个五年规划和2035年远景目标纲要》有关要求，以学生诉求和资产评估行业发展需求为目标，融入党的二十大精神及课程相关思政元素，在知识讲解中，引用准则、法规，将"立德树人"基本要求贯彻于教材编写的全过程，以润物无声的方式将思政要点与专业知识有机融合，提高职业素养；基于职业教育产教融合理念，打造模块化教学方式，以技能知识内容为主线，与资产评估职业岗位密切联系，参考资产评估师考试大纲，设计教材体系、知识点和案例，力求满足"课、岗、证、赛、训"要求，着力培养学生对知识的理解运用能力；在知识阐述过程中力求层次、步骤明晰，通过表格、图形直观表达，使学生对知识结构一目了然，易于掌握；丰富教材内容，设置了"情景导入""思维导图""知识链接""知识回顾""实践任务""扫码学习"等栏目，并在各章后设置"自测训练"，便于学生课后强化训练，提高教学效率和效果。

　　本教材由兰州资源环境职业技术大学的各位老师精心编著。在编写过程中，参阅了大量的文献资料，在此，对所有致力于资产评估基本理论研究的专家、学者致以诚挚的谢意。感谢兰州资源环境职业技术大学领导、老师，感谢安徽商贸职业技术学院丁增稳教授对本教材大纲提出的宝贵意见。

　　本教材的编写分工情况如下：王丽负责全书大纲拟定和总撰，并编写模块一、模块二、模块三、模块四、模块五、模块六、模块七、实践任务；任润竭负责撰写模块八、模块九、模块十；赵梓汝、陈骞负责自测训练、思维导图的制作。

　　为了满足高等院校资产评估专业的教学需要，我们在北京理工大学出版社的鼎力支持下，历经近两年时间的编写，并通过向相关专家的咨询，不断修改、完善，终于完稿。

　　由于编者专业水平有限，教材中难免有不妥和疏漏之处，恳请广大读者不吝赐教。

编　者

目录

模块一 资产评估概述

情景导入	1
学习目标	1
思维导图	2
学习任务	2
学习任务一 资产评估的概念、特点	5
学习任务二 资产评估的原则	7
学习任务三 资产评估的作用	9
学习任务四 资产评估与会计、审计的关系	11
实践任务	15
任务评价	18
自测训练	19
扫码学习	19

模块二 资产评估要素

情景导入	21
学习目标	21
思维导图	22
学习任务	23
学习任务一 资产评估的主体与客体	24
学习任务二 资产评估的目的	26
学习任务三 资产评估基准日	30
学习任务四 资产评估的价值类型	32
学习任务五 资产评估假设	34
学习任务六 资产评估程序概述	37
实践任务	42
任务评价	45
自测训练	46
扫码学习	46

目录 Contents

模块三　资产评估基本方法——市场法

- 情景导入 …… 47
- 学习目标 …… 47
- 思维导图 …… 48
- 学习任务 …… 48
  - 学习任务一　市场法概述 …… 49
  - 学习任务二　市场法主要评估方法 …… 53
- 实践任务 …… 62
- 任务评价 …… 65
- 自测训练 …… 66
- 扫码学习 …… 66

模块四　资产评估基本方法——收益法

- 情景导入 …… 67
- 学习目标 …… 67
- 思维导图 …… 68
- 学习任务 …… 68
  - 学习任务一　收益法概述 …… 69
  - 学习任务二　收益法的评估方法 …… 74
- 实践任务 …… 80
- 任务评价 …… 83
- 自测训练 …… 84
- 扫码学习 …… 84

模块五　资产评估基本方法——成本法

- 情景导入 …… 85
- 学习目标 …… 85
- 思维导图 …… 86
- 学习任务 …… 86
  - 学习任务一　成本法概述 …… 88
  - 学习任务二　成本法的评估方法 …… 90
- 实践任务 …… 102
- 任务评价 …… 105

| 自测训练 | 106 |
| 扫码学习 | 106 |

模块六　流动资产评估

情景导入	107
学习目标	107
思维导图	108
学习任务	109
学习任务一　流动资产评估概述	110
学习任务二　实物类资产评估	113
学习任务三　非实物流动资产评估	121
实践任务	130
任务评价	133
自测训练	134
扫码学习	134

模块七　机器设备评估

情景导入	135
学习目标	136
思维导图	137
学习任务	138
学习任务一　机器设备评估概述	138
学习任务二　市场法评估机器设备	141
学习任务三　成本法评估机器设备	144
学习任务四　收益法评估机器设备	161
实践任务	164
任务评价	167
自测训练	168
扫码学习	168

模块八　不动产评估

情景导入	169
学习目标	169
思维导图	170
学习任务	171

目录 Contents

  学习任务一 不动产评估概述……172
  学习任务二 市场法评估不动产……178
  学习任务三 成本法评估不动产……182
  学习任务四 收益法评估不动产……191
  学习任务五 不动产评估的其他方法……194
实践任务……199
任务评价……202
自测训练……203
扫码学习……203

模块九　资产评估报告与工作底稿

情景导入……205
学习目标……206
思维导图……207
学习任务……207
  学习任务一 资产评估报告概述……208
  学习任务二 资产评估的工作底稿……215
实践任务……222
任务评价……225
自测训练……226
扫码学习……226

模块十　资产评估法律体系及行业管理

情景导入……227
学习目标……227
思维导图……228
学习任务……228
  学习任务一 资产评估法律体系……229
  学习任务二 资产评估行业管理……252
实践任务……271
任务评价……274
自测训练……275
扫码学习……275

参考文献……276

模块一

资产评估概述

 情景导入

刘浩然和王浩晨是大学同学，毕业后两人在市区开了一家火锅店。因经营管理良好，客流不断，二人准备再开一家分店。根据计划，分店开办需要投入 500 万元，每人出资 250 万元。刘浩然目前现金缺口 200 万元，拟将家中房产抵押，向银行贷款。其名下资产主要有两套房产和 200 台液晶电视。其中一套房产约 130 平方米，位于市中心，周围有市重点中小学、三甲医院、购物广场，交通便利，同小区近期成交均价为 2.5 万元 / 平方米；另一套房产约 250 平方米，位于城郊，目前基础设施配套正在规划，房屋近期成交价为 0.95 万元 / 平方米。液晶电视目前的市场均价为 10 000 元 / 台。

思考：

1. 如果你是刘浩然，请问你会用哪项资产申请抵押贷款？为什么？
2. 如果你是银行贷款工作人员，你更愿意接受用哪项资产办理抵押贷款？为什么？

 学习目标

知识目标	掌握资产及资产评估的相关概念、原则，熟悉资产评估的特点、作用
能力目标	能辨析资产评估与会计、审计的关系
素质目标	树立正确科学的资产评估观念，坚持资产评估原则

思维导图

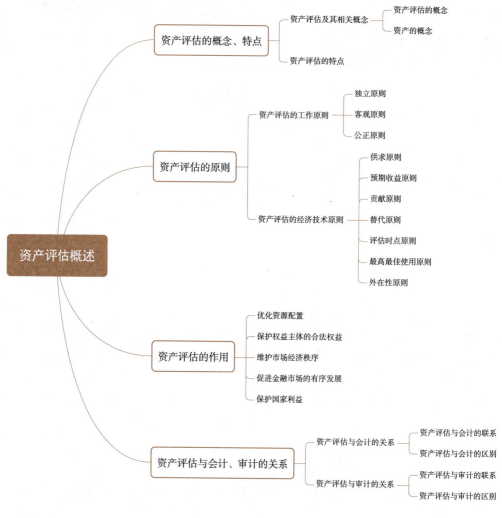

学习任务

任务导入

为全面反映资产评估行业的发展情况和发展成果，中国资产评估协会编制了《中国资产评估行业发展报告（2022年度）》，并于2023年印发。

一、资产评估行业规模

（一）资产评估机构概况

2022 年，资产评估行业实现业务收入 292.54 亿元，较 2021 年增加 0.1 亿元，增长率为 0.03%。在全国 35 个地区的资产评估机构中，收入在 1 亿元以上的资产评估机构数量占机构总数的 0.29%，收入合计为 39.57 亿元，占行业收入的 13.53%；收入在 5 000 万~1 亿元的机构数量占机构总数的 0.52%，收入合计为 23.97 亿元，占行业收入的 8.19%；收入在 1 000 万~5 000 万元的机构数量占机构总数的 7.69%，收入合计为 100.69 亿元，占行业收入的 34.42%；收入在 100 万~1 000 万元的机构数量占机构总数的 54.15%，收入合计为 119.46 亿元，占行业收入的 40.84%；收入规模在 100 万元以下的机构数量占机构总数的 37.35%，收入合计为 8.85 亿元，占行业收入的 3.02%。

（二）资产评估行业评估师规模

1. 资产评估师数量

截至 2022 年年底，资产评估行业共有资产评估师 43 627 人，同比增长 2.59%。其中有 9 071 名资产评估师服务于全国 273 家证券评估机构，占行业资产评估师总数的 20.79%，与上年（8 247 名，222 家）相比，增加 824 人。

2. 资产评估师结构特征

（1）资产评估师地区分布。

截至 2022 年年底，北京、江苏、浙江、山东、广东、四川等 6 个地区的资产评估师数量超过 2 000 人。

（2）资产评估师年龄结构。

截至 2022 年年底，资产评估师的平均年龄为 46.5 岁，证券评估机构资产评估师的平均年龄为 42 岁。

（3）资产评估师性别结构。

截至 2022 年年底，资产评估行业中男性资产评估师占比为 55.12%，女性资产评估师占比为 44.88%。证券评估机构中男性资产评估师有 4 990 人，占证券评估机构中资产评估师总人数的 55.01%，女性资产评估师 4 081 人，占比 44.99%，与全行业资产评估师男女比例基本一致。

（4）资产评估师学历分布。

截至 2022 年年底，大专学历为 13 909 人，占比为 31.88%；大学本科学历为 24 317 人，占比为 55.74%；硕士研究生学历为 3 224 人，占比为 7.39%；博士研究生学历为 135 人，占比为 0.31%；学历为其他的有 2 042 人，占比约为 4.68%。证券评估机构本科及本科以上学历的资产评估师占比为 76.55%，比全行业高 13.11 个百分点。

二、资产评估机构业务发展

（一）新业务发展情况简介

根据问卷调查结果，有 62.86% 的资产评估机构已开展新业务。其中，评估类新业务主要包括证券化产品资产评估，生态环境、自然环境资产评估，文化产业资产评估，体育产业资产评估，数据资产评估，涉及环境、社会和公司治理（ESG）的企业价值评估等；非评估类新业务包括评价类业务，如预算绩效评价等，以及咨询类业务，如管理咨询、知识产权保护咨询等。同时，81.97% 的资产评估机构未来有开展新业务的计划，以不断拓宽业务边界，创新服务领域，提升资产评估机构竞争力，实现资产评估行业收入增长。尽管类别呈现多元化，但调查显示由于缺少相关的专业人员和业务委托及相关战略规划等原因，73.03% 的机构新业务收入占总收入的比例不足 10%。

（二）以财务报告为目的的评估业务

根据问卷调查结果，近 90% 的资产评估机构在 2022 年开展了此业务。依据业务开展频次，具体包括资产减值测试评估、商誉减值测试评估、合并对价分摊评估、金融资产和金融衍生工具的公允价值评估以及投资性房地产公允价值评估等。调查问卷结果显示，资产评估机构开展以财务报告为目的的评估业务主要以资产减值测试评估和商誉减值测试评估为主。其中，有 80.46% 的机构开展资产减值测试评估业务，74.20% 的机构开展商誉减值测试评估业务。

（三）其他关注重点及重要服务领域

1. 涉诉风险关注

人民法院委托资产评估业务与一般资产评估业务存在较大差异，因而在接受人民法院委托、执行相关程序、出具资产评估报告等过程中，资产评估机构及其资产评估专业人员可能会面临涉诉当事人的投诉风险。2022 年，在开展涉诉评估业务中，有 93.18% 的资产评估机构关注评估业务的涉诉风险。

2. 体育产业无形资产评估业务

近年来，我国体育产业实现了较快发展，产业规模不断扩大。2022 年北京冬奥会顺利举办，多家资产评估机构开展与冬奥相关的资产评估业务，涉及建筑、环保、运动器材等行业。

3. 政府和社会资本合作（PPP）评估业务

PPP 模式作为吸引调动社会资本参与项目建设的重要方式，凭借其能够有效调动市场资金，减轻政府投入，并引入优质社会资源建设、运营项目等优点，广泛被地方政府采纳使用。2022 年，财政部发布《关于进一步推动政府和社会资本合作（PPP）规范发展、阳光运行的通知》，从做好项目前期论证、推动项目规范运作、严防隐性债务风险、保障项目阳光运行四个方面提出了十四条具体举措。

4. 数据资产评估业务

数据与传统生产要素相比具有独特的性质，对于数据的不断认识、对数据资产的深入理解以及对数据资产价值评估的核心要素进行广泛和深入的研究和探讨具有重要的现实意义。2022年5月，中共中央办公厅、国务院办公厅印发了《关于推进实施国家文化数字化战略的意见》，提出统筹利用文化领域已建或在建数字化工程和数据库所形成的成果等八项重点任务。2022年12月，《中共中央 国务院关于构建数据基础制度更好发挥数据要素作用的意见》明确要求在界定数据生产、流通、使用过程中各参与方享有的合法权利时，应根据数据来源和数据生成特征进行合理的分析和确认，对过程中形成的权利进行界定，决定了数据资产的评估对象和范围。上述举措有助于引导数据评价与价值评估实施工作的标准化、规范化，满足市场交易主体对数据评价与价值评估的需求，推进数据评价与价值评估业务发展。

（资料来源：中评协报告编写组，《中国资产评估行业发展报告（2022年度）》，http://www.cas.org.cn/xwbd/xydt/f4b949b17e39454881f0b37d13bd99d1.htm，节选）

思考：
1. 日常生活中有哪些活动涉及资产评估？
2. 日常生活中主要通过什么手段进行评估？

学习任务一　资产评估的概念、特点

一、资产评估及其相关概念

（一）资产评估的概念

资产评估属于价值判断的范畴。对价值的判定早在我国古代就有广泛的运用。《国语·齐语》记载："相地而衰征，则民不移；政不旅旧，则民不偷；山泽各致其时，则民不苟；陆阜陵墐，井田畴均，则民不憾；无夺民时，则百姓富；牺牲不略，则牛羊遂。"《管子·乘马数》记载："郡县上臾之壤守之若干，间壤守之若干，下壤守之若干，故相壤定籍而民不移。"上述两处的"相地""相壤"中的"相"就是土地的估价行为。

一般意义上的资产评估就是估计和判断资产的价值。在商品经济时代，发生市场交易行为时，市场参与者会依据自己所掌握的知识和信息，对交易对象进行价值判断，从而确定其交易价格，达成交易；当买卖双方难以确定交换价值时，便由兼职的资产评估师进行估价，以促进买卖双方成交。在此过程中，人们都会有意识或无意识地运用资产评估的理论和方法。到了市场经济阶段，由于交易对象的使用价值受更多因素影响，价值难以判断和把握，因此交易当事人往往借助于资产评估专业人员和机构为其做出专业判断。

作为一种专业服务，资产评估是由资产评估机构及其评估专业人员依据一定的执业标准对资产的价值进行评定估算的专业化活动。《中华人民共和国资产评估法》（以下简称《资产评估法》）第二条规定："资产评估是指评估机构及其评估专业人员根据委托对不动产、动产、无形资产、企业价值、资产损失或者其他经济权益进行评定、估算，并出具评估报告的专业服务行为。"

上述法律条款除了明确资产评估的价值评定功能外，还从法律角度明确了表1-1所示的内容。

表1-1 资产评估概念要点

要点	解释
评估主体	评估机构及其评估专业人员（资产评估师/其他评估从业人员）
评估客体	资产评估的对象（不动产、动产、无形资产、企业价值、资产损失或其他经济权益）
资产评估专业服务的法律性质	资产评估专业服务受到委托人与资产评估机构依法订立的资产评估委托合同的约束
资产评估专业服务的内容及成果	资产评估专业服务的内容是对评估对象的价值进行评定、估算；资产评估专业服务的成果是由资产评估机构出具的资产评估报告

（二）资产的概念

资产评估中，资产一般是指国家、企业或其他单位以及个人所拥有或控制的，能以货币计量的经济资源，包括各种财产、债券和其他权利。

《企业会计准则》第三章第二十条明确指出：资产是指企业过去的交易或者事项形成的、由企业拥有或者控制、预期会给企业带来经济利益的资源。

在资产评估中要准确理解资产的概念应把握以下三点：

1. 资产是能够为其拥有者或控制者带来经济利益的经济资源

经济资源可以是实体，也可以体现为无形的权利。从投资的角度看，资产的价值等同于它所能带来的经济利益的价值，为拥有者或控制者带来现实或潜在的经济利益越大，资产的价值就越高。资产评估专业人员需要通过适当的方法量化这种能力，反映资产的价值。

2. 资产必须能够以货币计量

会计对资产的计量是对资产进行货币性量化的过程。我国《企业会计准则——基本准则》要求企业对资产等会计要素进行计量时，可以采用历史成本、重置成本、可变现净值、现值、公允价值计量。资产评估所强调的资产的可计量性是以其能带来的未来利益为基础的，表现为特定主体继续使用资产或让渡资产的所有权或所能产生的经济收益能力，主要为形成净现金流入的能力。

3. 资产必须是特定主体所拥有或控制的

作为一项经济资源，资产应为特定主体拥有或者控制。拥有指自然人、法人或其他组织等主体拥有某项经济资源的所有权。控制指虽然不具有某项经济资源的所有权，但该资源能被特定主体控制。依法取得拥有或控制资产的权利是特定主体能够拥有或支配相关资产的前提条件。资产评估中界定资产的边界是资产的控制权而非所有权。对资产的拥有或控制主要体现在对资产产权的界定和保护上。资产的产权包括财产的所有权，以及构成所有权的资产占有权、使用权、收益权和处分权等。

资产评估业务中涉及的资产形式多样，涉及实物期权、著作权、专利权、商标、商誉、不动产、机器设备、珠宝首饰等。

二、资产评估的特点

资产评估是一项社会性的中介服务工作。作为一项特定的社会活动，资产评估具备区别于其他社会经济活动的特点，具体如表1–2所示。

表1–2 资产评估的特点

社会性	资产评估工作并不服务于某一个会计主体或理财主体，而服务于整个市场
市场性	市场性是指资产评估工作是以市场活动为前提来进行的。 评估的各项要素均来自市场，评估的有效性也要接受市场的检验
公正性	资产评估行为以相关的法律、法规以及资产评估准则等作为职业准绳，恪守行为规范和业务规范；评估机构及其评估专业人员应当是独立的第三方
咨询性	资产评估结论是为资产委托人提供专业化估价意见，该意见本身并无强制执行的效力。评估结论不等同于评估对象可实现价格，评估对象最终成交价格取决于交易双方的谈判
专业性	专业性是指资产评估工作必须由专门机构和专门人员来进行。 专门机构是指依法取得资产评估资格的机构
动态性	资产评估需要估算交易时点的资产价值，而资产价值又因其交易环境、要素配置条件的差异不断变化，因此资产评估的资产价值计量是动态的
预测性	资产评估需要判断评估对象在未来可能实现的价值潜力，价值的确定需要通过预测实现
鉴证性	委托人明确提出鉴证目的的资产评估服务需求后，评估机构、人员基于鉴证目的，出具的评估报告具有鉴证属性

学习任务二 资产评估的原则

资产评估的工作原则是资产评估专业机构和人员在开展资产评估工作时应当遵循的基本原则和经济技术原则。

一、资产评估的工作原则

资产评估工作原则是指评估机构及其评估专业人员在执业过程中应遵循的基本原则。《资产评估法》第一章第四条要求："评估机构及其评估专业人员开展资产评估业务应当遵守法律、行政法规和评估准则，遵循独立、客观、公正的原则。"《资产评估准则——基本准则》第二章第七条要求："注册资产评估师执行资产评估业务，应当勤勉尽责，恪守独立、客观、公正的原则。"

1. 独立原则

资产评估中的独立性原则要求评估机构本身应该是一个独立的、不依附于他人的社会公正性中介组织（法人），在利益及利害关系上与资产业务的各当事人没有任何联系。

2. 客观原则

资产评估机构及其评估人员在评估工作中必须以实际材料为基础，以确凿的事实和事物发展的内在规律为依据，采用科学的评估方法进行资产评估，实事求是地得出评估结果，资产评估结果是评估人员认真调查研究，通过合乎逻辑的分析及推理得出的、具有客观性的评估结论。

3. 公正原则

资产评估机构及其评估人员在执业过程中严格履职，遵守工作纪律，认真按照工作程序行事。在评估工作中，不受委托人及外界的干扰和影响，能公正地做出判断。

二、资产评估的经济技术原则

除了资产评估的工作原则外，资产评估执业过程中还有一些技术规范和业务准则要求，属于资产评估的经济技术原则。

1. 供求原则

供求原则是经济学中供求关系对商品价格影响的原理概括。假定在其他条件不变的前提下，商品的价格随着需求的增长而上升，随着供给的增加而下降。尽管商品价格与供求变化之间并不是简单的线性关系，但其变化也能呈现出一定规律性。这种规律对商品的价值、价格均会产生影响，因此评估人员在判断资产价值时要符合供求原则，资产评估时既要考虑资产的购建成本，又要考虑资产的效用。

2. 预期收益原则

资产的价值与能为其拥有者或控制者带来经济利益的潜能密切相关。资产价值的高低主要取决于它能为其所有者或控制者带来的预期收益量的多少。预期收益原则是评估人员判断资产价值的基本依据之一。

3. 贡献原则

贡献原则是预期收益原则的一种具体化，它要求资产价值的高低要由该资产的贡献程度来决定：贡献大，价值高；贡献小，价值低。贡献原则主要适用于确定某整体资产的各组成要素存在与否对资产整体价值的积极贡献或损失影响。

4. 替代原则

在公开竞争的市场环境中，存在具有相同使用价值和质量的标准化商品，交换价值受其同质化水平的影响大致相同。商品的同质化越强，可替代的风险就越大。作为卖者，价格越高代表企业的利润空间越大。但对于价格敏感的买方群体，基于价值工程中"功能/成本"的概念,购买者更倾向于选择物美价廉的替代品。因此,在资产评估实务中存在着大量评估数据、评估方法等的合理替代问题。正确运用替代原则对资产评估的价值确认有重大意义。

5. 评估时点原则

市场是变化的,资产的价值会随着市场供求、交易时间、技术迭代等因素的变化而不断改变。为了使资产评估工作正常开展,同时又能保证资产评估结果可以被市场检验,在评估资产时,必须假定市场条件固定在某一特定时点,这一时点就是评估基准日,或称估价日期。评估基准日为资产评估提供了一个时间基准。资产评估的评估时点原则要求资产评估必须有评估基准日,评估值就是评估基准日的资产价值。

6. 最高最佳使用原则

在市场经济条件下,本着"物尽其用"的原则,商品在交易时,应以最佳用途及利用方式实现其价值。由于资产的使用会受到市场条件的制约,最佳用途的确定一般需要考虑实现用途的法律限制、技术可行性以及其创造经济效益的能力。

7. 外在性原则

资产评估中的外在性原则强调了评估对象的"外在性"会给相关权利主体带来除评估对象自身价值之外的额外收益或损失,从而影响资产的价值,并对资产的交易价格产生直接的影响。例如,学区房的价值评估实际上就是"外在性"对房屋建筑物价值影响的体现,学区房价格会随其周边学校的升学率、师资水平等因素而提升。因此,资产评估应该充分关注"外在性"给被评估资产带来的损失或收益及其对资产价值的影响。

学习任务三 资产评估的作用

我国资产评估行业的发展与我国改革开放及社会主义市场经济体制的建立密切相关。20世纪80年代末期,为防止国有资产流失,规范国有资产交易行为,政府部门出台一系列政策,要求国有企业在开展产权交易、中外合资、破产清理等业务时,必须进行资产评估。随着我国经济的快速增长,资产评估行业在维护国家经济安全、规范资本市场运作、防范金融风险、保障资产产权主体权益等方面都发挥着巨大的作用。资产评估是我国经济体制改革逐步深化的重要专业支撑力量,是市场经济条件下不可或缺的专业服务行业。

一、优化资源配置

资源是指社会经济活动中人力、物力和财力的总和,是社会经济发展的基本物质条件。在社会经济发展的过程中,资源的供应相对于需求而言,总是表现出相对稀缺的特性,因而要求人们对有限的、相对稀缺的资源进行合理配置,创造出更多的价值。资源配置合理与否,对经济发展的成败有着极其重要的影响。资产评估是资产进入市场的必要条件。规范、专业的资产评估不仅能维护交易各方的合法权益，保证资产市场、产权交易的有序运行，而且可以为资产和产权的布局提供正确信号，实现优化资源配置的目标。

二、保护权益主体的合法权益

资产作为生产要素，其交易价值受市场环境和资源配置等各种因素的影响，资产一般不能简单地按原值或账面价值进行交易，否则会损害交易一方的利益，影响资产的合理流动。资产评估可以独立、客观、公正地为资产交易双方理性确定资产交易价格、保障产权有序流转提供参考依据，维护投资者、经营者、债权人与债务人及其他利害关系人的共同权益并实现权益均衡。

三、维护市场经济秩序

在我国经济改革和对外开放的过程中，企业的兼并、改制、重组、拍卖、租赁、破产、抵押、担保等涉及产权变动的经济活动，都需要进行资产评估。产权交易的本质是等价交换，而资产评估的职能就是为交易主体实现公平交易提供价值参照。在产权交易过程中，资产评估，既能有效抑制交易主体的非理性行为，也能为政府强力监管提供有力证据。

四、促进金融市场的有序发展

金融市场包括货币市场和资本市场，是资金融通市场。资金融通，是指在经济运行过程中，资金供求双方运用各种金融工具调节资金盈余的活动，是所有金融交易活动的总称。货币市场是指期限在一年以内的金融资产交易的市场，一般指国库券、商业票据、银行承兑汇票、可转让定期存单、回购协议等短期信用工具买卖的市场。资本市场又称长期资金市场，是金融市场的重要组成部分，是指进行中长期资金或资产借贷融通活动的市场，交易对象主要包括股票、债券和基金。金融市场是我国市场体系的重要组成部分。资产评估在推进上市公司产权交易、促进融资功能提升、防范金融风险、提高信息披露质量等方面发挥了至关重要的作用，已成为保障金融市场良性运行的重要环节。

五、保护国家利益

资产评估用专业的技术方法促使生产要素的有效流通，积极作用于市场资源的优化配置。在微观层面资产评估可以帮助企业迭代升级、提升经济效益；在宏观层面，资产评估可以提升整个社会生产要素的配置效率，助力国家产业升级和区域经济发展。

此外，随着我国依法治国的深入推进，与资产评估有关的法律法规日渐完善，金融不良资产评估、体育无形资产评估、科创企业资产评估、道路运输物流企业授信额度评估、境外并购资产评估、碳资产评估等相关业务更加规范，有助于我国社会资源的高效运转，提升社会经济效益和国家竞争实力。

学习任务四　资产评估与会计、审计的关系

讨论资产评估、会计、审计之间的关系：首先要明确它们在资产业务中因专业分工而产生的内在联系。其次要明确它们之间因工作性质、专业知识和执业标准的不同而产生的区别。会计和审计提供以事实判断为主要内容的服务，而资产评估则提供以价值判断为主要内容的服务。资产评估、会计、审计都是现代市场经济赖以正常运行的基础性服务行业。

一、资产评估与会计的关系

（一）资产评估与会计的联系

《资产评估准则——基本准则》明确："资产评估，是指注册资产评估师依据相关法律、法规和资产评估准则，对评估对象在评估基准日特定目的下的价值进行分析、估算并发表专业意见的行为和过程。"

会计以货币为主要计量单位，运用专门的方法，对企业、事业、机关单位或其他经济组织的经济活动进行全面连续、系统、综合地反映和监督的经济管理活动，为会计信息使用者提供会计信息。

资产评估与会计的联系主要表现在：在特定条件下，资产的会计计价需要利用资产评估的结论；资产评估的结论也需要参考会计资料。

1. 资产评估为会计作价提供依据

我国《企业会计准则第 39 号——公允价值计量》第十八条规定："企业以公允价值计量相关资产或负债，应当采用在当前情况下适用并且有足够可利用数据和其他信息支持的估值技术""使用的估值技术主要包括市场法、收益法和成本法""企业应当使用与其中一种或多种估值技术相一致的方法计量公允价值"。《资产评估基本准则》第十六条规定："确定资产价值的评估方法包括市场法、收益法和成本法三种基本方法及其衍生方法。"《公司法》第二十七条规定："股东可以用货币出资，也可以用实物、知识产权、土地使用权等可以用货币估价并可以依法转让的非货币财产作价出资""对作为出资的非货币财产应当评估作价，核实财产，不得高估或者低估作价"。会计计量中许多会计要素，比如土地、投资性房地产、无形资产等公允价值的确定需要具备很强的专业知识，这一要求通常超出会计人员的知识和能力范围，所以在确定这些资产公允价值时，需要通过资产评估专业人员提供专业的评估结果。

由此可见，在某些特定业务中，会计计价方法采用了资产评估方法，甚至会以资产评估结果为计价依据。在企业联合、兼并、重组等产权变动过程中，资产评估结果为产权变动后企业重新建账、调账提供重要依据。

2. 会计信息为资产评估提供依据

执行资产评估业务，要充分了解评估对象现状，获取大量资产评估业务需要的信息。

《资产评估法》第四章第二十五条规定："评估专业人员应当根据评估业务具体情况，对评估对象进行现场调查，收集权属证明、财务会计信息和其他资料并进行核查验证、分析整理，作为评估的依据。"在诸多信息中，会计信息是资产评估业务必不可缺的信息。《企业会计准则——基本准则》第二章要求会计信息应当具备"可靠性、相关性、可理解性、可比性、及时性、重要性、实质重于形式、谨慎性"。会计信息质量要求原则在保证了会计信息质量的同时，也对资产评估结果的质量产生影响。例如，使用收益法评估时可以利用企业财务报表信息预测预期收益水平；使用市场法评估时，可以直接选取参照对象的相同财务指标与参照系数相乘。此外，在通货膨胀时，当专用设备难以获取评估时点所对应的市场变现价值时，评估就会依靠现有资产的历史资料来判断其现时价值。

（二）资产评估与会计的区别

1. 目标不同

会计工作的目标是向资源所有者如实反映经营者对受托资源的管理和使用情况，帮助评价企业的经营管理状况和资源使用效率，为企业管理服务。资产评估的目标是促进交易各方当事人的合理决策，为资产交易双方理性确定资产交易价格、保障产权有序流转提供价值尺度。资产评估为促进市场经济条件下资产交易提供服务。

2. 职能不同

会计以核算、监督为基本职能，要求全面、综合、连续、系统地反映和监督企业生产经营、财务收支、财务成果。资产评估是一种价值判断活动，其基本职能是价值评估。

3. 价值属性不同

会计计量属性主要包括历史成本、重置成本、可变现净值、现值、公允价值，会计核算中的资产确认和计价主要以实际成本为核算依据，强调资产取得时的历史成本。

资产评估中的资产确认和评价主要是以其效用价值和市场价值为依据的，更大程度考虑了现在或未来的价值。

4. 工作程序不同

会计工作遵循较为固定的流程和要求。经济活动发生以后，会计人员需要根据审核无误的原始凭证填制记账凭证，根据审核无误的记账凭证登记会计账簿，根据审核无误的会计账簿编制会计报表。只要采用的会计政策、会计估计不发生变更，即使会计人员出现变更，对会计核算结果、会计报表信息的影响也不大。

资产评估工作要求评估师遵循供求原则、替代原则以及预期收益原则，判断符合市场要求的估价。资产评估中的评估技术方法更加丰富，灵活性更强。在价值判定过程中，评估人员对市场价值的衡量不仅取决于财务信息的数量、质量，还受到评估目标差异、评估经验等因素的影响。即便是同一评估对象，同一评估机构人员或机构，基于不同的评估目的，评判的价值可能会存在很大差距。

资产评估与会计之间，既有内在联系，又存在一定区别。研究二者之间的关系，可以更深刻地认识资产评估，更好地利用会计信息为评估服务，从而提高资产评估质量。

二、资产评估与审计的关系

（一）资产评估与审计的联系

审计是指由专职机构和人员，依照国家法规、审计准则和会计理论，运用专门的方法，对被审计单位的财政、财务收支、经营管理活动及其相关资料的真实性、正确性、合规性、合法性、效益性进行审查和监督，评价经济责任，鉴证经济业务，用以维护财经法纪、改善经营管理、提高经济效益的一项独立性的经济监督活动。

1. 工作方法、要求相同

资产评估的技术方法与审计方法基本相同。

资产评估的资产清查阶段，对委托方申报的评估对象进行核实和界定时，采用的具体工作方法与审计方法相同，如监盘、函证、抽样、测试等；以财务报告为目的的评估结果，应当符合审计准则的规范。审计机构在开展审计工作时，需要采用公允价值测试资产价值，并据以计提资产减值准备或确定公允价值变动损益等，这与资产评估方法基本相同。

2. 审计数据为资产评估提供依据

资产评估的依据包括行为依据、法规依据、产权依据、取价依据，资产评估依据的相关资料会存在真实性、完整性等问题，这就需要审计作为前提条件，为评估资料的质量提供保障。在企业价值评估中，经过审计后的财务报表以及相关数据可以作为企业价值评估的基础数据。此时，资产评估以审计的"终点"为评估的"起点"。

3. 资产评估结论为审计价值确认提供依据

审计中对固定资产、商标权、专利权等价值的确认是根据评估值确定的。审计以评估的"终点"作为审计的"起点"，在已经得出的评估价值基础上进行审计。

（二）资产评估与审计的区别

1. 目标不同

审计是在现代企业两权分离的背景下产生的，旨在对企业财务报表所反映的企业财务状况和经营成果的真实性、合法性、合理性和公允性做出真实的判断，具有明显的公正性特征。资产评估是在市场经济充分发展的条件下，适应资产交易、产权变动的需要，为委托人与有关当事人的被评估资产做出价值判断，具有明显的咨询性特征。

2. 专业原则不同

审计人员在执业过程中要自始至终地贯彻公正、防护和建设三大专业原则，而资产评估人员在执业过程中除了要恪守独立、客观、公正的原则，还须遵循供求原则、替代原则、贡献原则等经济技术原则。

3. 知识要求不同

审计工作是以会计学、税法及其他经济法规等知识为专业知识基础，而资产评估的专业知识基础除了由经济学、法律、会计学等知识组成外，工程技术方面的知识也是其重要的组成部分。

4. 处理标准不同

审计主要是对会计报告的审计。审计对业务的处理标准与会计是统一的，而资产评估主要是对评估对象的基于特定评估时点的价值确认，处理标准不同于会计。

伴随公允价值的广泛运用，会计、审计构成二维会计信息责任体系，逐步发展成为会计、评估、审计构成的三维责任体系。资产评估与会计、审计的联系日益紧密，三者分工明确。会计人员对公允价值的计量和披露负责，评估机构、人员对评估结论的合理性负责，审计人员对公允价值的审计结论负责。

知识链接

《中国注册会计师审计准则第1322号——公允价值计量和披露的审计》第一章第四条规定："按照适用的会计准则和相关会计制度的规定，做出公允价值计量和披露是被审计单位管理层的责任。注册会计师应当获取充分、适当的审计证据，以确定公允价值计量和披露是否符合适用的会计准则和相关会计制度的规定。"

注册会计师应当通过了解被审计单位的业务和行业情况以及实施适当的审计程序，评价以公允价值计量的资产和负债的会计处理的适当性，评价获取审计证据的充分性。但是基于独立性的要求，审计单位或人员不能对同一客户提供公允价值评估服务，审计人员是公允价值计量的最终审核人。在一些需要专业性评估的领域，如企业合并、无形资产、资产减值、投资性房地产等，聘请外部独立评估专业人员更能发挥专业服务的优势，在提高会计信息质量的同时，也能降低审计人员的风险。

知识回顾

资产评估是指评估机构及其评估专业人员根据委托对不动产、动产、无形资产、企业价值、资产损失或者其他经济权益进行评定、估算并出具评估报告的专业服务行为。资产评估以其客观、真实、有效的专业服务，保障市场经济运行的规范、有序、公正。一般来讲，资产评估具有咨询性、公正性、社会性、市场性、动态性、预测性、鉴证性的特点。资产评估原则包括工作原则和经济技术原则两个层面。资产评估工作原则是指评估机构及其评估专业人员在执业过程中应遵循的基本原则，主要包括独立、客观、公正的原则。资产评估的经济技术原则是开展资产评估业务过程中的一些技术规范和业务准则，包括供求原则、预期收益原则、贡献原则、替代原则、评估时点原则、最高最佳使用原则、外在性原则。资产评估是现代服务业的重要组成部分，是市场经济不可或缺的专业服务行业。资产评估对促进市场资源优化配置有引导作用，对服务资本市场发展有保障作用，对规范经济秩序有促进作用，能积极维护资产权利主体合法权益、公共利益以及国家利益。资产评估与会计、审计的关系既紧密又各有侧重，三者对经济社会的发展影响重大。

实践任务

任务分组

班级		组号		共（ ）人	
组长		学号			
组员	学号	姓名	学号	姓名	

个人任务

任务工单1						
班级		组号		姓名		学号
项目		内容				
任务要求	学习模块知识，回答问题					
任务目标	掌握资产评估的概念、原则、作用					
任务实施	1.简述资产评估的概念要点 2.简述资产评估的原则 3.简述资产评估的作用					
任务总结						

协作任务

任务工单 2								
班级		组号		姓名		学号		
项目	内容							
任务内容	资产评估的发展历史							
任务要求	查阅资料,了解资产评估的发展历史							
任务目标	了解资产评估的发展历史,坚定文化自信							
任务实施									
任务总结									

任务工单 3								
班级		组号		姓名		学号		
项目	内容							
任务情境	根据本模块情景导入内容,分析讨论并形成结论。 1. 如果你是刘浩然,请问你会用哪项资产申请抵押贷款?为什么? 2. 如果你是银行贷款工作人员,你更愿意接受用哪项资产办理抵押贷款?为什么?							
任务目标	理解资产的特点,掌握资产评估的意义、原则、作用							
任务要求	分角色讨论问题。 角色1:刘浩然 角色2:银行贷款审核员							
任务实施 (思路)	1. 本情景中两项资产的价值特征是否相同? 2. 刘浩然和银行贷款工作人员判断价值的立场是否一致? 3. 开展资产评估时应遵守哪些原则?为什么?							
任务总结									

任务工单 4							
班级		组号		姓名		学号	
项目	内容							
任务内容	小组案例分析						
任务要求	利用网络或图书资源，查找资产评估相关案例，并根据评估案例分析资产评估活动及评估结果对企业的影响						
任务目标	掌握资产评估的原则、作用						
任务实施	案例简述						
	提出问题						
	分析问题						
	解决问题						
任务总结							

汇报任务

任务工单 5							
班级		组号		姓名		学号	
项目	内容							
任务内容	各工作小组选派一名成员，汇报任务内容						
任务要求	查阅资料，根据任务工单内容，总结并阐述知识要点						
任务目标	熟悉模块知识并能熟练运用						
任务实施	汇报任务 1						
	汇报任务 2						
	汇报任务 3						
任务总结							

任务评价

个人评价

任务工单6					
班级		组号		姓名	学号
序号	评价内容				分值（分）	分数
1	主动记录课堂要点，形成课堂笔记				10	
2	上课积极参与课堂问答和小组讨论				10	
3	理解、掌握课堂知识				10	
4	能运用课堂知识、技能分析和解决问题				10	
5	能有效利用网络、图书资源获取有用信息				10	
6	主动思考问题，具有创造性思维				10	
7	善于分析、总结，能有条理地表达观点				10	
8	尊重他人意见，善于发现合作伙伴的长处				10	
9	遇到挫折能相互鼓励、群策群力				10	
10	按时保质完成任务				10	
	合计				100	

小组评价

任务工单7				
班级			组号	
序号	评价内容		分值（分）	分数
1	模块知识掌握程度		20	
2	资源收集、整理能力		10	
3	团队分工、协作程度		20	
4	法律意识		10	
5	职业道德、职业素养（工作严谨性、规范性、专业性等）		20	
6	创新意识		10	
7	任务完成速度		10	
	合计		100	

班级评价

任务工单 8			
班级		组号	
序号	评价内容	分值（分）	分数
1	展示汇报	40	
2	参与程度	30	
3	完成质量	30	
	合计	100	

自测训练

自测题

自测题答案

扫码学习

课外阅读

悟道明理

模块二

资产评估要素

情景导入

杨旭是财会专业的毕业生,在一家资产评估公司实习。公司近期承接了一项资产评估业务,目前需要组建评估项目小组。公司领导安排杨旭参加评估项目,但因人手短缺,公司临时聘用了同行业资产评估师兼职参加评估项目。评估对象为本市某区某街道的房屋一套。房屋于3年前购买,交易价格为15 000元/平方米,该房屋于本年年初完工交付。在现场调查环节,杨旭为了简化评估工作,采集了3年前周围房企宣传单的售价。资产评估师对杨旭提供的资料进行分析,确定价值后形成报告。

思考:

1. 判断资产评估结果是否准确,并说明原因。
2. 判断杨旭的工作是否符合规范,并说明原因。
3. 判断该资产评估公司的运营是否符合规范,并说明原因。

学习目标

知识目标	理解资产评估的主体与客体;掌握资产评估的目的、资产评估基准日、资产评估的价值类型;熟悉资产评估假设
能力目标	掌握资产评估的各个要素,了解资产评估的程序
素质目标	树立法律意识,树立正确的价值观和科学的资产评估观念,坚持资产评估相关法律、准则要求

思维导图

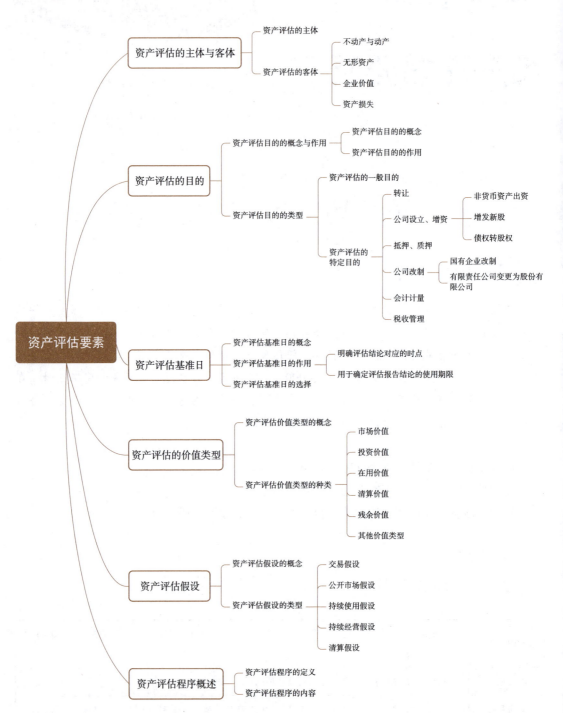

学习任务

任务导入

2020年5月9日,证监会公布了《2019年证监稽查20起典型违法案例》,其中涉及上市公司评估的中安消借壳欺诈案被放在首位。

中安消技术有限公司(以下简称"中安消")在借壳中安科股份有限公司上市的过程中虚增置入资产,虚增营业收入5 515万元。上海银信资产评估有限公司对评估资产未予充分关注,收益预测和资产评估值严重虚增。本案中,对于重大资产重组中的舞弊行为,上市公司重组参与各方、中介机构都要承担相应的法律责任。

主要违法情况:2014年2月14日,中安科股份有限公司(原名上海飞乐股份有限公司、中安消股份有限公司,以下简称"中安科")董事会审议通过重大资产出售、发行股份购买资产并募集配套资金及关联交易议案,决定向深圳市中恒汇志投资有限公司(中安消技术控股股东,以下简称"中恒汇志")发行股份,购买其持有的中安消技术100%股权并募集配套资金。中安消技术聘请评估机构和审计机构分别对上述股权和2011—2013年财务会计报告进行资产评估和审计。4月25日,相关中介机构分别出具资产评估报告和审计报告。6月11日,中安科公告了包括资产评估报告和审计报告在内的重大资产重组文件。2014年12月27日,中安科公告其重大资产重组获得证监会核准,以及其向中恒汇志分别发行3.96亿股股份购买其持有的中安消技术100%股权,发行1.21亿股股份募集配套资金10亿元的信息。

中安消技术将"班班通"项目计入2014年度《盈利预测报告》,在该项目发生重大变化难以继续履行的情况下,未及时提供真实、准确信息,导致提供给中安科的信息不真实、不准确,存在误导性陈述,致使重组置入资产评估值严重虚增,中安科据此虚增评估值发行股份,严重损害了上市公司及其股东合法权益。中安消技术在实际未中标任何县(市、区)工程(样板工程除外),知悉《框架协议》仅为合作框架协议、难以继续履行,原提供的《盈利预测报告》不真实、不准确的情况下,未及时重新编制并提供《盈利预测报告》,导致评估报告关于"中安消技术资产评估值为28.59亿元,资产评估增值约为26.91亿元,增值率1 597.19%"的评估结论严重失实。

(资料来源:《证监会公布2019年涉及资产评估项目的中介机构典型违法案例》,http://www.ca6.com.cn/newsinfo.aspx?id=3831,节选)

思考:
1. 开展资产评估时要注意什么?
2. 开展资产评估时应遵循什么?

学习任务一　资产评估的主体与客体

一、资产评估的主体

资产评估的主体就是从事资产评估的专门机构和人员,他们是资产评估的执行者、主导者。

资产评估机构是依法设立的从事评估业务的专业机构。《资产评估法》第三章明确:"设立评估机构首先应当向工商行政管理部门(现为市场监督管理部门)申请办理登记,领取营业执照,在领取营业执照后三十日内向财政部门进行备案""评估机构,应当依法采用合伙或者公司形式,聘用评估专业人员开展评估业务"。评估机构的法律要求如表2-1所示。

表2-1　评估机构的法律要求

类型	要求
合伙形式的评估机构	两名以上评估师； 合伙人2/3以上应当是具有三年以上从业经历且最近三年内未受停止从业处罚的评估师
公司形式的评估机构	应当有八名以上评估师和两名以上股东,其中2/3以上股东应当是具有三年以上从业经历且最近三年内未受停止从业处罚的评估师

评估专业人员包括评估师和其他具有评估专业知识及实践经验的评估从业人员。评估师则指通过评估师资格考试的评估专业人员。《资产评估法》要求,从事评估业务的评估专业人员,应当加入评估机构,并且只能在一个评估机构从事业务。

二、资产评估的客体

资产评估的客体又称为资产评估对象或评估标的,即被评估的资产。资产评估的对象包括不动产、动产、无形资产、企业价值、资产损失或者其他经济权益。

(一)不动产与动产

《中华人民共和国民法典》第一百一十五条规定:"物包括不动产和动产。对动产与不动产的划分通常是依据其自然性质是否可以自由移动为标准的。"一般来说,凡是自行能够移动或者用外力能够推动,且又不改变其性质和价值的财产,像牲畜、家禽和家具、器皿之类,属于动产;反之,土地、房屋等不可移动的财产,属于不动产。《资产评估执业准则——不动产》将不动产定义为:"土地、建筑物及其他附着于土地上的定着物,包括物质实体及其相关权益""不包含海域、林木等"。不动产评估,应当根据评估目的,全面了解不动产的实物状况、权益状况和区位状况。不动产的评估对象,可以是不动产对应的全部或者部分权益。动产、不动产资产评估目的一般包括产权交易、抵押、质押等。

（二）无形资产

《资产评估准则——无形资产》第二条规定："无形资产，是指特定主体所拥有或者控制的，不具有实物形态，能持续发挥作用且能带来经济利益的资源。"无形资产是没有实物形态、非货币性的资产，包括专利权、商标权、著作权、商誉等。由于没有实物形态，其评估对象往往是指其权利状态。不同形式的权利可能形成的评估对象也会存在一些差异。

无形资产评估就是依据相关法律、法规和资产评估准则，遵循公允、法定程序，运用适当方法，对这些无形资产进行评定、估算，并出具评估报告的专业服务行为。无形资产评估目的一般包括转让、许可使用、出资、拍卖、质押、诉讼、损失赔偿、财务报告、纳税等。

知识链接

会计学中的无形资产指企业拥有或者控制的没有实物形态的可辨认非货币性资产，但企业自创商誉以及内部产生的品牌、报刊名等，不应确认为无形资产。商誉的存在无法与企业自身分离，不具有可辨认性，不属于无形资产准则所规范的无形资产。

资产评估学中所指的无形资产与会计中的无形资产存在差异。《资产评估执业准则——无形资产》第三章规定："执行无形资产评估业务，应当根据具体经济行为，谨慎区分可辨认无形资产和不可辨认无形资产""可辨认无形资产包括专利权、商标权、著作权、专有技术、销售网络、客户关系、特许经营权、合同权益、域名等。不可辨认无形资产是指商誉"。

（三）企业价值

企业价值即指企业本身的价值，是企业有形资产和无形资产价值资产的市场评价。

《资产评估执业准则——企业价值》第二条规定："企业价值评估，是指资产评估机构及其资产评估专业人员遵守法律、行政法规和资产评估准则，根据委托对评估基准日特定目的下的企业整体价值、股东全部权益价值或者股东部分权益价值等进行评定和估算，并出具资产评估报告的专业服务行为。"企业价值评估是将一个企业作为一个有机整体，依据其拥有或占有的全部资产状况，充分考虑影响企业获利能力的各种因素，结合企业所处的宏观经济环境及行业背景，对企业的整体或股东权益公允价值进行的综合性评估。企业价值评估适用于设立公司、企业改制、股票发行上市、股权转让、企业兼并、收购或者分立、联营、组建集团、中外合作、合资、企业租赁、承包、融资、抵押贷款、法律诉讼、破产清算等评估目的。

（四）资产损失

资产损失评估包括自然灾害损失评估、侵权损失评估及保险公估等。

保险公估是指接受保险当事人委托，对保险事故所涉及的保险标的进行评定、估算，并出具评估报告的专业服务行为。保险公估的出现与保险市场的发展密不可分,是保险市场发展的必然产物。保险公司理赔事务的日益增长和复杂化的需求,为此类评估业务的发展奠定了基础。

按资产的组合形式,资产评估对象也可分为单项资产、资产组合和整体企业。单项资产不仅指某一项特定资产,也可能包括若干项以独立形态存在、可以单独发挥作用或以个体形式进行销售、转让和出租的资产。例如,评估一幢写字楼,则该写字楼就是评估对象,虽然写字楼包括房屋建筑物、电梯、空调、新风系统等设备,但写字楼的建筑物通常要与这些附属设备一并处置,尽管电梯、空调等设备可以单独交易、转让,但也会将这类资产作为一项单项资产评估。资产组合则指由多项资产按照特定的目的,为实现特定功能而组成的有机整体。在实务中,评估对象可能是一个资产组合,也可能由若干个资产组合构成,称为资产组组合。整体企业是由一个或多个资产组构成的。整体企业或资产组合的评估对象通常指股权或者是企业整体价值。

学习任务二 资产评估的目的

一、资产评估目的的概念与作用

(一)资产评估目的的概念

资产评估目的实际上就是资产评估业务对应的经济行为对资产评估结果的使用要求,或资产评估结论的具体用途。

经济行为主要包括改制、上市、股权转让、资产买卖、置换、债转股、担保融资、破产清算、保险赔偿、损失补偿、税收、司法诉讼、会计计量等。资产评估的目的是开展资产评估工作的原因。

(二)资产评估目的的作用

资产评估目的不仅是某项具体资产评估活动的起点,而且是资产评估活动所要达到的目标。评估业务委托人计划实施的经济行为决定了资产评估目的。资产评估目的的贯穿着资产评估的全过程,是评估人员在进行具体资产评估时必须首先明确的基本事项之一。

资产评估目的对资产评估条件有约束作用。任何一项资产业务,无论产权是否发生变动,它所涉及的资产范围必然会受到经济行为本身的制约。资产评估委托方根据评估目的确定资产评估的对象,确认资产价值的时点。评估人员不仅要对该范围内的评估对象权属予以说明,而且要对其资产特定时点的价值做出判断。

资产评估目的对于资产评估的价值类型选择具有约束作用。特定的经济行为决定了资产的存续条件。资产价值受制于这些条件及其可能发生的变化。资产评估人员在进行具体的资产评估时,一定要根据具体的资产业务的特征选择与之相匹配的评估价值类型。

二、资产评估目的的类型

资产评估目的包括一般目的和特定目的。

(一) 资产评估的一般目的

资产评估的一般目的是由资产评估的性质及其基本功能决定的。资产评估是专业机构、人员对特定时点及特定条件约束下的资产进行价值判断的社会中介服务活动,为委托人以及资产交易当事人提供合理的资产价值咨询意见。合理的资产评估价值是评估人员根据被评估资产自身的条件及其所面临的市场条件,对被评估资产客观交换价值的合理估计值。

(二) 资产评估的特定目的

资产评估服务于经济行为。不同经济行为对评估结果的用途不同,因此就形成了不同的评估目的,称为资产评估的特定目的。

1. 转让

转让是指资产或权益的权属单位有偿转让其拥有的资产或权益,是最常见的评估目的。转让行为的标的资产包括股权、有形资产、无形资产等。转让行为所对应的评估目的是确定转让标的资产的价值,为转让定价提供参考。以转让为目的的资产评估业务主要服务于资产的收购、转让、置换、抵债等经济活动。

依据转让行为参与主体的特点,我国的资产或产权转让评估可分为:涉及国有资产的转让评估与不涉及国有资产的转让评估;涉及上市公司的转让评估和不涉及上市公司的转让评估。不同形式的转让涉及的法律法规要求有所差异。转让行为的形式如表2-2所示。

表 2-2 转让行为的形式

分类	主要形式	满足条件
涉及国有资产转让的经济行为	国有产权转让	由国有资产当事主体委托的资产评估需要满足国有资产评估的监管要求,在资产评估报告内容及披露方面除要满足《资产评估执业准则——资产评估报告》的要求外,还应符合《企业国有资产评估报告指南》或《金融企业国有资产评估报告指南》的规定
	资产转让	
	以非货币资产偿还债务	
	收购非国有资产	
涉及上市公司转让的经济行为	上市公司股权转让	涉及上市公司的转让行为以及由上市公司委托的资产评估需要满足资本市场的监管规定和信息披露要求,执行相关资产评估业务的机构应当在国务院证券监督管理机构和国务院财政主管部门完成证券评估服务备案
	上市公司法人资产转让	
	置换	
	抵债	
	上市公司收购股权、资产	

2. 公司设立、增资

公司设立或增资时，涉及非货币性资产作价入账时，都需要资产评估。

（1）非货币资产出资。

非货币资产出资设立公司是企业常用的投资手段。《公司法》规定："股东可以用货币出资，也可以用实物、知识产权、土地使用权等可以用货币估价并可以依法转让的非货币财产作价出资""对作为出资的非货币财产应当评估作价，核实财产，不得高估或者低估作价"。非货币资产出资行为的评估目的是为确定可出资资产的价值，保障企业股东、债权人以及社会公众的利益。以货币或非货币资产对公司进行增资扩股时也需要对被增资企业的股权价值进行评估，为确定股东出资金额、入账价值和股权比例提供参考。

（2）增发新股。

上市公司可以通过增发新股的方式，满足公司的内部新建、外部并购的资金需求。这种行为的实质是采用发行股票的方式实现股份公司的增资。增发新股时一方面要对股票拟发行企业的股权价值进行评估，作为确定新老股东股权比例的参考依据；另一方面要对新增的股票价值进行评估，为上市公司确定购买价格以及股票发行方案提供参考。

（3）债权转股权。

我国《公司注册资本登记管理规定》明确，"债权人可以将其依法享有的对在中国境内设立的公司的债权，转为公司股权"。债权转为公司股权的，公司应当对拟转为股权的债权进行评估，增加注册资本。若被转股企业为国有非上市公司的，还应当按规定对其股权价值进行评估。债权转股权的实质是债权人用债权对应承担债务的公司进行增资，评估目的是为确定债权转股金额和股份数额提供价值参考。

3. 抵押、质押

抵押是指抵押人和债权人以书面形式订立约定，不转移抵押财产的占有，将该财产作为债权的担保。当债务人不履行债务时，债权人有权依法以该财产折价或者以拍卖、变卖该财产的价款优先受偿。抵押物包括：抵押人所有的房屋和其他地上定着物；抵押人所有的机器、交通运输工具和其他财产；抵押人依法有权处置的国有的土地使用权、房屋和其他地上定着物；抵押人依法有权处置的国有的机器、交通运输工具和其他财产；抵押人依法承包并经发包方同意抵押的荒山、荒沟、荒丘、荒滩等荒地的土地使用权；依法可以抵押的其他财产。

质押是指债务人或者第三人将其动产或权利移交债权人占有，将该动产或权利作为债权的担保的法律行为。当债务人不履行债务时，债权人有权依照法律规定，以其占有的财产优先受偿。其中，债务人或第三人为出质人，债权人为质权人，移交的动产或权利为质物。质物包括动产质物和权利质物。动产质物是指出质人合法占有的一切动产。权利质物是指出质人享有的合法权利，包括：汇票、支票、本票、债券、存款单、仓单、提单；依法可以转让的股份、股票；商标专用权、专利权、著作权中的财产权等。抵（质）押的评估需求情形如表2-3所示。

表 2-3 抵（质）押的评估需求情形

评估情形	评估目的
设定抵（质）押权的评估	在贷款发放前，了解被抵押或者质押资产的价值，作为确定发放贷款的参考依据
实现抵（质）押权的评估	确定抵（质）押品的价值，为抵（质）押品折价或变现提供参考
贷款存续期对抵（质）押品价值动态管理	当市场发生不利变化时，对抵（质）押品进行价值评估，动态监控抵（质）押品的价值变化，为贷款风险防范提供参考

4. 公司改制

企业进行公司制改建，企业整体或部分改建为有限公司或股份公司时，需要对改建、变更所涉及的整体或部分资产进行资产评估。

（1）国有企业改制。

企业改制行为，是按照《公司法》要求将非公司制企业改建为有限责任公司或股份有限公司。我国通常所说的企业改制主要指国有企业的改制，要求通过资产评估合理确定国有资本金的价值。改制企业以企业的实物资产、知识产权、土地使用权等非货币性财产折算为国有资本出资或者股份的，资产评估的目的是为确定国有资本出资所占实收资本数额或股本数额提供参考依据。

（2）有限责任公司变更为股份有限公司。

企业由有限责任公司变更为股份有限公司要经过七大流程：制定企业变更方案，形成有效的股东会决议；清产核资；界定企业产权；资产评估；财务审计；认缴出资；申请登记。

《公司法》规定，有限责任公司变更为股份有限公司的，公司变更前的债权、债务由变更后的公司承继。

有限责任公司变更为股份有限公司时，折合的实收股本总额不得高于公司净资产额。因此，有限责任公司变更为股份有限公司的资产评估业务实质是评估核实有限责任公司用于折股资产的市场价值扣除负债价值后是否不低于其对应的审计后的净资产账面价值，以防止虚折股权、股份的情况发生。

有限责任公司依法经批准变更为股份有限公司，为增加资本向社会公开募集股份时，应当依照《公司法》向社会公开募集股份的有关规定办理。此时，资产评估还需要对拟改建的公司的股东权益价值进行评估，为确定股东出资金额和持股比例提供参考。

5. 会计计量

作为财务会计的重要环节，会计计量主要以货币为量度单位计量各项经济业务及其结果的过程。会计计量涉及的内容包括资产、负债、所有者权益、收入、费用、成本、损益等。企业在会计计量时，需要对某些资产进行评估，通过资产评估来确认评估对象的会计计量价值。这类资产评估属于服务于会计计量和财务报告编制的评估业务，旨在为会计业务提供相关资产、资产组等评估对象的公允价值或可收回金额等特定价值的专业意见。例如，资产减值测试、投资性房地产和金融工具等资产的公允价值计量、合并对价分摊等业务中资产公允价值计量的评估业务。

知识链接

FASB（财务会计准则委员会）第5号财务会计概念公告《企业财务报告的确认和计量》和我国《企业会计准则——基本准则》都提出了历史成本、现行成本、可实现净值、未来现金流量现值等5种计量属性。每一个财务报表要素都有多种属性可以计量，而在编制财务报表之前，必须先确定应予以计量的属性。

资产减值测试，指企业在资产负债表日判断资产发生减值迹象的，进行减值测试，估计资产的可回收金额。

公允价值计量是指资产和负债按照市场参与者在计量日发生的有序交易中，出售资产所能收到或者转移负债所需支付的价格计量。公允价值计量既是市场经济条件下维护产权秩序的必要手段，也是提高会计信息质量的重要途径。

6. 税收管理

资产评估的结论，是公允价值来源之一，为税收征管提供了重要的参考依据。税务部门核定税金时，甚至可以直接将资产评估结论作为计税依据。资产评估所涉及的税收业务领域主要包括核定税基、确定计税价格、关联交易转让定价。资产评估的独立、专业地位可以为税收的征管提供公允的价值尺度，为税收征管部门依法治税提供专业的技术支持。

此外，资产评估可以为司法活动提供服务。通过资产评估，可以为司法审判提供参考依据，揭示与诉讼标的相关的财产、权益价值或侵权损失数额等；还可以为人民法院在司法执行中确定财产处置参考价提供专业意见，确定拟拍卖、变卖执行标的物的处置价值。

学习任务三　资产评估基准日

一、资产评估基准日的概念

资产评估基准日是资产评估结论对应的时间基准，是资产评估委托人根据相关经济行为所明确的资产价值对应的时点。资产评估机构接受客户的评估委托后，需要明确委托人确定的评估时点并评估该时点下评估对象的价值。

二、资产评估基准日的作用

资产在不同时点的资产状态、市场交易状况、货币时间价值不同，对被评估对象资产的价值影响很大。因此，明确资产评估基准日尤为重要。

（一）明确评估结论对应的时点

资产评估所服务的特定经济行为往往具有时效性特征。《资产评估基本准则》第二十五条规定："资产评估报告载明的评估基准日应当与资产评估委托合同约定的评估基准日保持一致，可以是过去、现在或者未来的时点。"资产评估的基准日规定了资产评估结论对应的时间基准。资产评估时点的类型如表2-4所示。

表 2-4 资产评估时点的类型

类型	应用
现时时点评估	反映当下时点的现时价值，依据为近期评估对象的物理状态、市场条件、经济环境等数据评价
过去时点评估	反映过去时点的追溯价值，依据追溯期基准日的评估对象的物理状态、市场条件、经济环境等数据评价
未来时点评估	反映未来时点的预测价值，依据预测基准日影响评估对象价值的相关信息评价

（二）用于确定评估报告结论的使用期限

随着时间的推移，资产的物理状态、交易环境、市场需求都会发生变化，资产的价值也会出现波动。资产评估为之服务的经济行为具有时效性特征，资产评估结论也应该具备时间界限，超过这个时间界限，评估报告的结论就很可能无法真实、有效、合理地反映评估对象的价值。因此，评估报告服务的经济行为必须在报告所明示的结论使用有效期内实施。

《资产评估执业准则——资产评估报告》第二章第十条规定："资产评估报告应当明确评估结论的使用有效期。通常，只有当评估基准日与经济行为实现日相距不超过1年时，才可以使用资产评估报告。"《企业国有资产评估管理暂行办法》明确规定，国有资产评估"经核准或备案的资产评估结果使用有效期为自评估基准日起1年"。

我国目前尚无规范追溯性和预测性资产评估业务的评估结论使用有效期的规定。

三、资产评估基准日的选择

评估基准日的确定，主要取决于特定的评估目的。经济行为决定了评估目的，评估目的在评估工作中处于统领地位。评估基准日的确定应有利于评估结论有效地服务于评估目的，避免因选择不当给当事人造成不必要的损失。

评估业务需要根据评估基准日确定的时点开展现场调查、评估资料收集等工作，基准日的选择还应该科学合理，保证资产评估资料的搜集整理工作可行。

对特定资产项目评估有法律、法规要求的，应该遵循法律法规要求。

涉及资产投资、转让、改制、清算和经济评价的评估业务，评估基准日一般选在评估目的实现之日或在此之前不超过一年，原则上应选在会计期末。

涉及司法诉讼、仲裁、损失评估等评估业务，评估基准日一般为过去某一特定时点。司法诉讼涉及的评估基准日尽量与事件发生时点相近。

涉及资产价值预测、项目评估、可行性研究和投资决策等评估业务时，需要评估资产在未来状态下的价值时，评估基准日则可设定为未来某一时点。

涉及核定税基、确定计税价值的资产评估业务，评估基准日应选择应税行为发生所对应的时点。

学习任务四　资产评估的价值类型

一、资产评估价值类型的概念

资产评估价值类型是反映评估对象特定价值内涵、属性和合理性指向的各种价值定义的统称。

资产评估价值类型从不同角度反映资产的价值属性和特征。不同的价值类型所代表的资产评估价值性质不同，在评估参数和评估方法的选择上也存在差异，因此会对评估结果造成巨大影响。

二、资产评估价值类型的种类

目前国际和国内评估界对价值类型有不同的分类，《国际评估准则》规定评估师选择价值基础时，应考虑评估委托人的要求和意见，评估师不应该使用不适用于预期评估目的的价值基础，将价值类型分为市场价值、市场租金、公允价值、投资价值、协同价值、清算价值。《欧洲评估准则》除了公允价值、投资价值外，还提到了保险价值、特殊价值、抵押贷款价值、税收价值、强制购买和补偿价值。价值类型的表述如表2-5所示。

表2-5　价值类型的表述

项目	原文	译文
《国际评估准则》（IVS）	Market Value	市场价值
	Market Rent	市场租金
	Equitable Value	公允价值
	Investment Value/Worth	投资价值
	Synergistic Value	协同价值
	Liquidation Value	清算价值
《国际财务报告准则》	Fair Value	公允价值
经济合作与发展组织	Fair Market Value	公开市场价值

（资料来源：International Valuation Standards 2017，节选）

我国《资产评估价值类型指导意见》中的价值类型包括市场价值和市场价值以外的价值类型，市场价值以外的价值类型包括投资价值、在用价值、清算价值、残余价值等。

（一）市场价值

市场价值是在适当的市场条件下，自愿买方和自愿卖方在各自理性行事且未受任何强迫的情况下，评估对象在评估基准日进行公平交易的价值估计数额。在公平交易环境下，当事人互无关系且能独立决策，自愿买方会根据市场真实状况和市场期望值购买，不会付出比正常市场价格更高的价格；自愿卖方也不会以任何价格急于出售或被强迫出售，会在进行必要的市场营销之后，以公开市场所能达到最高价出售资产。市场价值强调了交易双方是在平等、理性的条件下，在公平、公开、公正的市场环境中，对象客观真实的物理状态、功能和交易环境下的合理价值。《国际评估准则》认为，资产的市场价值应该是资产通过最恰当的方式在交易市场上充分展示后，能合理取得的反映其最高最佳用途的价值，是卖方能够合理获取的最好售价，也是买方能够合理取得的最有利价格。

资产评估专业人员选择市场价值作为价值类型，要充分考虑同一资产在不同市场的价值表现，特别是跨区域的交易市场，受市场供求等因素的影响，市场价值会有较大差异。评估专业人员在选择市场价值时，应关注所选择市场价值对应的市场差异性。当评估目的、评估对象等资产评估基本要素满足市场价值定义的要求时，一般选择市场价值作为评估结论的价值类型。

（二）投资价值

投资价值是指评估对象对于具有明确投资目标的特定投资者或者某一类投资者所具有的价值估计数额，亦称特定投资者价值。投资价值是针对某一类特定的市场参与者而非主要的市场参与者，投资者的数量并不足以达到市场参与者的多数。投资价值除了受评估对象自身属性和市场交易环境的影响，还会受到特定投资者投资偏好或所追求协同效应因素的影响。

当评估业务针对的是特定投资者或者某一类投资者，在评估业务执行过程中充分考虑并使用了仅适用于特定投资者或者某一类投资者的特定评估资料和经济技术参数时，通常可以选择投资价值作为评估结论的价值类型。实务中，投资业务的价值类型判断若考虑了资源的协同效应对投资价值行为的影响时，原则上应当选择投资价值，但在评估业务中是否选择投资价值，评估专业人员需要明确评估委托人的诉求。

（三）在用价值

在用价值是指将评估对象作为企业、资产组的组成部分或者要素资产按其正在使用的方式和程度及其对所属企业、资产组的贡献的价值估计数额。在用价值体现了资产在使用过程中功能属性、物理属性、经济属性对企业的影响，其价值不等于实际交易的价值，但对实际交易价值有重大影响。当评估对象是企业或者整体资产中的要素资产，并在评估业务执行过程中只考虑了该要素资产正在使用的方式和贡献程度，没有考虑该资产作为独立资产所具有的效用及在公开市场上交易等对评估结论的影响，通常选择在用价值作为评估结论的价值类型。

（四）清算价值

清算价值是指评估对象处于被迫出售、快速变现等非正常市场条件下的价值估计数额，是资产拥有者被迫终止控制或拥有权限的非正常退出价值，是市场价值以外的价值类型。当评估对象面临被迫出售、快速变现或者评估对象具有潜在被迫出售、快速变现等情况时，通常选择清算价值作为评估结论的价值类型。

（五）残余价值

残余价值是指机器设备、房屋建筑物或者其他有形资产等的拆零变现价值估计数额。当评估对象无法使用或者不宜整体使用时，通常考虑评估对象的部件的拆零变现，并选择残余价值作为评估结论的价值类型。

（六）其他价值类型

《资产评估价值类型指导意见》第二章第十一条规定："执行资产评估业务，应当合理考虑本指导意见与其他相关准则的协调""采用本指导意见规定之外的价值类型时，应当在资产评估报告中披露"。例如，以抵押、质押、保险、税务清缴为目的的资产评估业务，应当根据相关法律、法规选择评估结论的价值类型，但相关法律、行政法规及金融监管机关没有规定的，可以根据实际情况选择市场价值或者将市场价值以外的价值类型作为评估结论的价值类型；以财务报告为目的的资产评估业务，应当根据会计准则、会计核算与披露的具体要求、评估对象等相关条件明确价值类型，会计准则规定的计量属性可以理解为相对应的资产评估价值类型。

学习任务五　资产评估假设

一、资产评估假设的概念

假设是科学研究中根据事物客观规律研究推理提出的合乎逻辑的假定说明，是研究问题的基本前提。资产评估与其他学科一样，其理论体系和方法体系的确立也是建立在一系列假设基础之上的。资产评估假设是根据资产评估活动的内在规律和外部环境要求提出的具有事实依据的假定和设想，是进一步研究资产评估理论和实践的基本前提。

二、资产评估假设的类型

（一）交易假设

交易假设是研究资产评估最基本的前提假设。交易假设是指假定所有待评估资产已经处在交易过程中，评估师根据待评估资产在交易时点的交易条件模拟交易市场进行估价。

资产评估活动起源于交易、交换活动，是服务于资产交易的活动，资产评估的最终结果为资产交换价值提供参考依据。为了充分发挥资产评估在资产实际交易之前的价值咨询功能，保证资产评估得以正常进行，利用交易假设将被评估资产置于交易时点的"市场交易"当中，模拟市场进行评估就是必不可少的。一方面，交易假设为资产评估得以进行"创造"了条件；另一方面，它明确限定了资产评估业务开展的特定时间、环境。交易假设具有普遍意义，是建立资产评估理论体系不可或缺的假设。

（二）公开市场假设

公开市场假设是对资产拟进入的市场条件以及资产在该市场条件下接受影响的假定说明或限定。公开市场假设的关键在于认识和把握公开市场的实质和内涵。公开市场，是指充分发达、完善的市场条件，有自愿买者和卖者的可以充分竞争的市场。市场中的买者和卖者的地位平等，彼此都有获取足够市场信息的机会和时间；买卖双方的交易行为都是在自愿、理性，而非强制或受限制的条件下进行的。

公开市场假设就是假定被评估资产将要在较为完善的公开市场中进行交易。公开市场假设设定交易市场是客观存在，资产在市场上可以公开买卖，买卖双方可以在市场充分竞争并能对资产的功能、用途及其交易价格做出理性判断。

公开市场假设是资产评估中的重要假设，凡是能在公开市场上交易、用途较为广泛或通用性较强的资产，都可以考虑按公开市场假设前提进行评估。

（三）持续使用假设

持续使用假设是指被评估资产正处于使用状态，包括正在使用中的资产和备用的资产，根据有关数据和信息，推断这些处于使用状态的资产还将继续使用下去。持续使用假设既说明了被评估资产面临的市场条件或市场环境，又强调了资产的存续状态。

持续使用假设可细分为四种具体情况：现状利用假设、原地使用假设、移地续用假设、最高最佳使用假设。

1. 现状利用假设

现状利用假设要求对一项资产按照其目前的利用状态及利用方式进行价值评估，即被评估资产在产权发生变动或资产业务发生后，将按其现行正在使用的用途及方式继续使用下去。

2. 原地使用假设

原地使用假设是指被评估资产在产权发生变动后或资产业务发生后，资产在原来的安装地继续被使用，但资产现时的使用用途或将改变。调换新的用途产生的成本应纳入价值评估考量范围。

3. 移地续用假设

移地续用假设是指被评估资产在产权变动发生后或资产业务发生后，改变资产现在的空间位置，转移到其他空间位置上继续使用，使用方式、目的或将改变。移地续用涉及设备的拆装、运输、调试等环节，评估时要结合买卖双方约定的资产交易条件，考虑各个环节产生的成本对评估价值的影响。

4. 最高最佳使用假设

最高最佳使用假设是指资产在法律允许、技术上可能、有经济效益的前提下，经过充分合理的论证，实现其最高价值的使用。当评估对象存在多种不同用途或利用方式时，应当选择最高最佳的使用方式。最高最佳使用假设常用于房地产评估，因为土地使用权及建筑物存在多种使用方式，在评估房地产市场价值时应在最高最佳使用状态进行评估。

（四）持续经营假设

持续经营假设是指经营主体（企业）的经营活动在可预见的将来不会终止。持续经营假设是一项针对经营主体的假设，不适用于单项资产。经营主体可能是持续经营的，也可能会由于某种原因发生变更甚至终止经营。不仅是资产评估假设，会计基本假设和财务管理基本假设都提到了持续经营假设。在持续经营条件下，企业的财务管理活动、会计核算才有存在的意义。经营主体在持续经营状态下或处于清算状态下的会计处理方式、评估采用的方法均有差异。经营主体是否可以在可预见的将来持续经营，直接影响了其评估价值。持续经营假设通常用于对整体企业价值进行评估，它是持续使用假设在企业价值评估中的延伸。

（五）清算假设

清算假设是对资产在非公开市场条件下被迫出售或快速变现条件的假定说明。清算假设是根据被评估资产面临清算或具有潜在的被清算的事实依据，推定被评估资产处于被迫出售或快速变现的状态。由于清算假设假定被评估资产处于被迫出售或快速变现条件之下，被评估资产的评估值通常要低于在公开市场假设前提下或持续使用假设前提下相同资产的评估值。因此，在清算假设前提下的资产评估结果的适用范围是非常有限的。

清算假设按经营主体对清算环节的控制程度划分，可分为有序清算假设和强制清算假设。有序清算假设，就是经营主体在其所有者有序控制下自主实施清算；强制清算假设是经营主体的清算不在其所有者控制之下，由外部力量按照法定的或者由实际控制人自主设定的程序进行清算。强制清算的外部力量一般为债权人或法院指定的清算代理人。

知识链接

相关学科假设如表2-6所示。

表2-6 相关学科假设

会计基本假设	财务管理基本假设	审计假设
会计主体假设	理财主体假设	经济责任关系假设
持续经营假设	持续经营假设	可验证性假设
会计分期假设	有效市场假设	内控有效性假设
货币计量假设	资金增值假设	独立性假设
	理性理财假设	胜任力假设

学习任务六 资产评估程序概述

一、资产评估程序的定义

资产评估程序,是指执行资产评估业务所履行的系统性工作步骤。资产评估程序规范了资产评估执业行为,可以有效保证资产评估执业质量,保护资产评估当事人的合法权益和公共利益。

《资产评估法》和《资产评估准则——基本准则》都对资产评估程序提出了具体要求。《资产评估执业准则——资产评估程序》明确规定:执行资产评估业务,应当遵守法律、行政法规和资产评估准则,坚持独立、客观、公正的原则,履行适当的资产评估程序。

二、资产评估程序的内容

资产评估过程可以分三个阶段:评估业务承接阶段、评估业务实施阶段、评估资料归纳整理阶段。《资产评估执业准则——资产评估程序》规定资产评估基本程序包括:明确业务基本事项;订立业务委托合同;编制资产评估计划;进行评估现场调查;收集整理评估资料;评定估算形成结论;编制出具评估报告;整理归集评估档案。表2-7列示了每个阶段要求执行的步骤。

表 2-7 资产评估三阶段

阶段		步骤
第一阶段	评估业务承接阶段	明确业务基本事项
		订立业务委托合同
		编制资产评估计划
第二阶段	评估业务实施阶段	进行评估现场调查
		收集整理评估资料
		评定估算形成结论
		编制出具评估报告
第三阶段	评估资料归纳整理阶段	整理归集评估档案

资产评估机构及其资产评估专业人员应当根据资产评估业务的具体情况以及重要性原则确定所履行各基本程序的繁简程度,但不得随意减少资产评估基本程序。资产评估各环节要点如表2-8所示。评估业务基本情况调查表如表2-9所示。

表 2-8 资产评估各环节要点

步骤	具体要求（节选）	法律依据
明确业务基本事项	资产评估机构受理资产评估业务前，应当明确下列资产评估业务基本事项：委托人、产权持有人和委托人以外的其他资产评估报告使用人；评估目的；评估对象和评估范围；价值类型；评估基准日；资产评估项目所涉及的需要批准的经济行为的审批情况；资产评估报告使用范围；资产评估报告提交期限及方式；评估服务费及支付方式；委托人、其他相关当事人与资产评估机构及其资产评估专业人员工作配合和协助等需要明确的重要事项（如表2-9所列示项目）	《资产评估执业准则——资产评估程序》
订立业务委托合同	资产评估机构受理资产评估业务应当与委托人依法订立资产评估委托合同，约定资产评估机构和委托的权利、义务、违约责任和争议解决等内容	《资产评估执业准则——资产评估程序》《资产评估执业准则——资产评估委托合同》
	资产评估委托合同通常包括下列内容：资产评估机构和委托人的名称、住所、联系人及联系方式；评估目的；评估对象和评估范围；评估基准日；评估报告使用范围；评估报告提交期限和方式；评估服务费总额或者支付标准、支付时间及支付方式；资产评估机构和委托人的其他权利和义务；违约责任和争议解决；合同当事人签字或者盖章的时间；合同当事人签字或者盖章的地点	
编制资产评估计划	资产评估专业人员应当根据资产评估业务具体情况编制资产评估计划，并合理确定资产评估计划的繁简程度	《资产评估执业准则——资产评估程序》
	资产评估计划包括资产评估业务实施的主要过程及时间进度、人员安排等	
进行评估现场调查	评估专业人员应当根据评估业务具体情况，对评估对象进行现场调查，收集权属证明、财务会计信息和其他资料并进行核查验证、分析整理，作为评估的依据	《资产评估法》《资产评估执业准则——资产评估程序》
	现场调查手段通常包括询问、访谈、核对、监盘、勘查等	
	资产评估专业人员可以根据重要性原则采用逐项或者抽样的方式进行现场调查	
收集整理评估资料	资产评估业务需要的资料包括：委托人或者其他相关当事人提供的涉及评估对象和评估范围等的资料；从政府部门、各类专业机构以及市场等渠道获取的其他资料	《资产评估执业准则——资产评估程序》
	资产评估专业人员应当要求委托人或者其他相关当事人提供涉及评估对象和评估范围的必要资料	
	委托人或者其他相关当事人应对其提供的资产评估明细表及其他重要资料进行确认，确认方式包括签字、盖章及法律允许的其他方式	
	资产评估专业人员应当依法对资产评估活动中使用的资料进行核查验证。核查验证的方式通常包括观察、询问、书面审查、实地调查、查询、函证、复核等	
	超出资产评估专业人员专业能力范畴的核查验证事项，资产评估机构应当委托或者要求委托人委托其他专业机构或者专家出具意见	

续表

步骤	具体要求（节选）	法律依据
评定估算形成结论	资产评估专业人员应当根据资产评估业务具体情况对收集的评估资料进行分析、归纳和整理，形成评定估算的依据	《资产评估执业准则——资产评估程序》
	资产评估专业人员应根据评估目的、评估对象、价值类型、资料收集等情况，分析市场法、收益法和成本法三种资产评估基本方法的适用性，并选择评估方法	
	资产评估专业人员应当根据所采用的评估方法，选取相应的公式和参数进行分析、计算和判断，形成测算结果	
	资产评估专业人员应当对形成的测算结果进行综合分析，形成合理的评估结论	
	对同一评估对象采用多种评估方法时，应当对采用各种方法评估形成的测算结果进行分析比较，形成合理的评估结论	
编制出具评估报告	资产评估专业人员应当在评定、估算形成评估结论后，编制初步资产评估报告	《资产评估法》《资产评估执业准则——资产评估程序》《资产评估执业准则——资产评估报告》
	资产评估机构应当按照法律、行政法规、资产评估准则和资产评估机构内部质量控制制度，对初步资产评估报告进行内部审核	
	资产评估机构出具资产评估报告前，在不影响对评估结论进行独立判断的前提下，可以与委托人或者委托人同意的其他相关当事人就资产评估报告有关内容进行沟通，对沟通情况进行独立分析，并决定是否对资产评估报告进行调整	
	资产评估机构及其资产评估专业人员完成上述资产评估程序后，由资产评估机构出具并提交正式资产评估报告	
	资产评估报告的内容包括标题及文号、目录、声明、摘要、正文、附件	
	资产评估报告应当使用中文撰写。需要同时出具外文资产评估报告的，以中文资产评估报告为准	
整理归集评估档案	资产评估机构应当对工作底稿、资产评估报告及其他相关资料进行整理，形成资产评估档案	《资产评估执业准则——资产评估程序》《资产评估执业准则——资产评估档案》《资产评估法》
	资产评估专业人员通常应当在资产评估报告日后90日内将工作底稿、资产评估报告及其他相关资料归集形成资产评估档案，并在归档目录中注明文档介质形式。重大或者特殊项目的归档时限为评估结论使用有效期届满后30日内	
	资产评估档案自资产评估报告日起保存限限不少于15年；属于法定资产评估业务的，不少于30年。资产评估档案应当由资产评估机构集中统一管理，不得由原制作人单独分散保存	

表 2-9 评估业务基本情况调查表

委托单位：_____　　　　项目类型：<u>评估报告</u>

被评估单位：_____　　　　索引号：_____

洽谈人：_____　　记录人：_____　　日期：_____　　页　次_____

项目情况：
委托方名称：
企业名称： 统一社会信用代码： 类型： 法定代表人： 注册资本： 成立日期： 营业期限自： 住所： 经营范围：
联系人：　　　　　　　　　　　　　联系电话：
被评估单位基本情况：
相关经济行为的背景情况：
评估目的：
拟定基准日：
评估报告的使用方式、使用者：委托方及经济活动相关部门
价值类型：
评估对象和范围：
客户的要求（时间要求、其他要求）：
洽谈人初步意见：

知识回顾

资产评估的主体就是从事资产评估的专门机构和人员，他们是资产评估的执行者、主导者。资产评估的客体又称为资产评估对象或评估标的，即被评估的资产。

资产评估对象包括不动产、动产、无形资产、企业价值、资产损失或者其他经济权益。资产评估对象按资产的组合形式也可分为单项资产、资产组合和整体企业。

资产评估目的实际上就是资产评估业务对应的经济行为对资产评估结果的使用要求，或资产评估结论的具体用途。资产评估目的不仅是某项具体资产评估活动的起点，而且是资产评估活动所要达到的目标。资产评估目的对资产评估条件、资产评估的价值类型选择都具有约束作用。资产评估的一般目的是由资产评估的性质及其基本功能决定的。资产评估的特定目的包括转让，公司设立、增资，抵押、质押，改制，税收管理，会计计量和财务报告。

资产评估基准日是资产评估结论对应的时间基准，是资产评估委托人根据相关经济行为所明确的资产价值对应的时点。资产评估机构接受客户的评估委托后，需要明确委托人确定的评估时点并评估该时点下评估对象的价值。评估基准日的确定，主要取决于特定的评估目的。评估基准日的确定应有利于评估结论有效地服务于评估目的。

价值类型是反映评估对象特定价值内涵、属性和合理性指向的各种价值定义的统称。不同的价值类型所代表的资产评估价值不仅性质不同，在评估参数和评估方法的选择上也存在很大差异。我国《资产评估价值类型指导意见》中的价值类型包括市场价值和市场价值以外的价值类型，市场价值以外的价值类型包括投资价值、在用价值、清算价值、残余价值等。

资产评估假设是根据资产评估活动的内在规律和外部环境要求提出的具有事实依据的假定和设想，是进一步研究资产评估理论和实践的基本前提。资产评估假设类型有交易假设、公开市场假设、现状利用假设、原地使用假设、移地续用假设、最高最佳使用假设、持续经营假设、有序清算假设和强制清算假设。

资产评估程序，是指执行资产评估业务所履行的系统性工作步骤。资产评估基本程序包括：明确业务基本事项；订立业务委托合同；编制资产评估计划；进行评估现场调查；收集整理评估资料；评定估算形成结论；编制出具评估报告；整理归集评估档案。除了以上内容，资产评估的要素还包括资产评估的原则以及资产评估方法。

实践任务

任务分组

班级		组号		共（　）人	
组长		学号			
组员	学号	姓名		学号	姓名

个人任务

任务工单 1					
班级		组号		姓名	学号
项目	内容				
任务要求	学习模块知识，回答问题				
任务目标	掌握资产评估主体、对象，资产评估的目的，评估基准日，资产评估的价值类型和资产评估假设				
任务实施	1. 简述资产评估的主体和对象 2. 列举资产评估的目的 3. 简述资产评估的作用 4. 简述资产评估的价值类型 5. 简述资产评估假设				
任务总结					

协作任务

任务工单 2							
班级		组号		姓名		学号	
项目	内容							
任务内容	资产评估程序						
任务要求	查阅资料,总结资产评估工作不同阶段的工作要点						
任务目标	了解资产评估的程序						
任务实施							
任务总结							

任务工单 3							
班级		组号		姓名		学号	
项目	内容							
任务情境	根据本模块情景导入内容,分析讨论并形成结论。 1. 判断杨旭的工作是否符合规范,并说明原因。 2. 判断该资产评估公司运营是否符合规范,并说明原因。 3. 判断资产评估是否准确,并说明原因						
任务目标	理解资产的要素及法律法规要求						
任务要求	结合本模块知识点,分析、讨论模块情景导入中的评估工作是否合理,指出不合理之处并阐明原因						
任务实施 (思路)	1. 评价资产评估公司该项业务是否合理、合法、合规。 2. 列举并分析违法、违规行为。 3. 讨论上述违法、违规行为的社会危害						
任务总结							

任务工单 4

班级		组号		姓名		学号	
项目	内容							
任务内容	小组案例分析						
任务要求	利用网络或图书资源，查找资产评估相关案例，并根据评估案例分析资产评估要素对资产评估结果的影响						
任务目标	熟悉并掌握资产评估的要素						
任务实施	案例简述						
	提出问题						
	分析问题						
	解决问题						
任务总结							

汇报任务

任务工单 5

班级		组号		姓名		学号	
项目	内容							
任务内容	各工作小组选派一名成员，汇报任务内容						
任务要求	查阅资料，根据任务工单内容，总结并阐述知识要点						
任务目标	熟悉模块知识并能熟练运用						
任务实施	汇报任务 1						
	汇报任务 2						
	汇报任务 3						
任务总结							

任务评价

个人评价

		任务工单6			
班级		组号	姓名	学号	
序号	评价内容			分值（分）	分数
1	主动记录课堂要点，并形成课堂笔记			10	
2	上课积极参与课堂问答和小组讨论			10	
3	理解、掌握课堂知识			10	
4	能运用课堂知识、技能分析和解决问题			10	
5	能有效利用网络、图书资源获取有用信息			10	
6	主动思考问题，具有创造性思维			10	
7	善于分析、总结，能有条理地表达观点			10	
8	尊重他人意见，善于发现合作伙伴的长处			10	
9	遇到挫折能相互鼓励、群策群力			10	
10	按时保质完成任务			10	
	合计			100	

小组评价

	任务工单7		
班级		组号	
序号	评价内容	分值（分）	分数
1	模块知识掌握程度	20	
2	资源收集、整理能力	10	
3	团队分工、协作程度	20	
4	法律意识	10	
5	职业道德、职业素养（工作严谨性、规范性、专业性等）	20	
6	创新意识	10	
7	任务完成速度	10	
	合计	100	

班级评价

任务工单8				
班级		组号		
序号	评价内容	分值（分）		分数
1	展示汇报	40		
2	参与程度	30		
3	完成质量	30		
	合计	100		

自测训练

自测题

自测题答案

 扫码学习

课外阅读

课外阅读

悟道明理

模块三

资产评估基本方法——市场法

情景导入

北京W资产评估咨询有限公司接受A运输公司的委托,对委托人部分资产的残余价值进行评估。根据资产评估委托合同,委托人因资产报废处置需要进行评估,从而提供资产残余价值参考。资产评估对象为电器设备;具体评估范围是委托人申报的3台中央空调室外机及3台室内机。评估价值类型为残余价值。评估基准日为2024年6月21日。

资产评估员张芳根据评估目的进行调查,通过网络询价、电话询价、本市二手市场询价发现:中央空调室外机可以在二手交易市场交易,同型号、年份的室外机交易价格范围为1 100~1 200元;室内机的价值体现于室外机,交易市场无二手室内机交易。通过查阅会计资料,室外机残值为1 500元、室内机残值为600元。

思考:会计残值能否作为评估价值?采用市场法评估时,应如何确定资产评估对象的评估价值?

学习目标

知识目标	掌握资产评估市场法概念、前提条件、原理和评估方法
能力目标	熟练运用资产评估市场法的具体方法进行价值评估
素质目标	树立科学的资产评估观念,树立法律意识,懂法守法,恪尽职守

思维导图

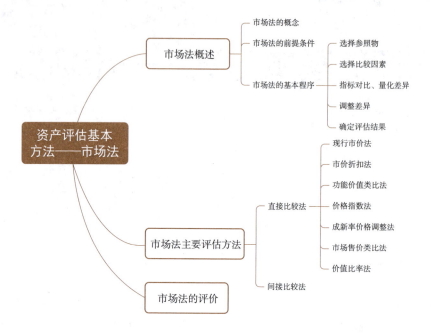

市场法评估在生活中的运用

在日常生活中，我们经常用到市场法评估，比如二手产品交易。在二手车交易中，我们经常通过对比目标车辆信息、对比新车配置情况，根据对比结果评估价格，做出购买决策。在二手车交易的过程中就运用到了资产评估的市场法。某二手交易平台车辆对比信息如表3-1所示。

表3-1 某二手交易平台车辆对比信息

车源对比				
车型	AD Q3	AD Q4	B E260	AD Q5
车辆类别	SUV	SUV	中大型	SUV
车源地	山东省×市×区	山东省×市×区	河北省×市×区	河南省×市×区
上牌时间	2021年1月	2024年4月	2018年9月	2019年1月

续表

现售价	16.88万元	25.98万元	29.6万元	19万元
原车用途	非运营	非运营	非运营	非运营
颜色	白色	灰色	白色	黑色
行驶里程	5.0万公里①	0.02万公里	2.0万公里	6.0万公里
变速箱	自动挡	自动挡	手自一体	自动挡
能源	汽油	汽油	汽油	汽油
排放标准	国六	国六	国五	国四
过户	能	能	能	能
按揭	能	能	能	能
交强险有效期	2023-1	2024-4	2023-9	
年审有效期	2023-1	2025-4	2023-9	
事故情况	无	无	无	无
新车配置				
标准名称	2021款×××型	2023款×××版	2017款×××版	2019款×××型
厂家指导价	27.18万元	34.27万元	71.30万元	39.64万元
上市年份	2021年3月	2023年7月	2017年9月	2019年5月
排量	1.4		2.0	2.0
车身结构	5门5座SUV	5门5座SUV	2门4座软顶敞篷	5门5座SUV
发动机	1.4T 150马力 L4		2.0T 211马力 L4	2.0T 230马力 L4
变速箱	7挡湿式双离合	电动车单速变速箱	7挡手自一体	8挡手自一体
长×宽×高（毫米）	4 495×1 848×1 616	4 588×1 865×1 626	4 746×1 786×1 396	4 629×1 898×1 655
整车质保	三年或10万公里	三年或10万公里	三年不限公里	三年或10万公里
……				

（表内数据为二手车交易平台随机选取车辆的对比信息）

思考：

1. 市场法还可能运用到什么场景？
2. 运用市场法评估时要考虑的因素有哪些？

学习任务一　市场法概述

一、市场法的概念

市场法也称比较法、市场比较法，是指通过将评估对象与可比参照物进行比较，以可

---

① 1公里=1 000米。

比参照物的市场价格为基础确定评估对象价值的评估方法总称。市场法应用与市场经济的建立和发展以及资产的市场化程度密切相关，评估结果的确定参照了大量的同类资产的交易数据，评估结果更容易被资产交易各方接受。市场法是资产评估方法中最简单、有效的方法。

二、市场法的前提条件

《资产评估执业准则——资产评估方法》第二章第五条规定了市场法应用的前提条件："评估对象的可比参照物具有公开的市场，以及活跃的交易；有关交易的必要信息可以获得。"

1. 评估对象的可比参照物具有公开的市场，以及活跃的交易

公开的市场，强调了市场竞争的客观环境，独立、平等的买方、卖方，真实可靠的信息，理性的、不受胁迫的交易行为。市场中的买卖双方在平等、自愿的前提下，基于公开的信息，进行平等交易。

活跃的交易，强调了市场交易的数量，排除了个别交易的偶然性，公开市场中的交易不是个别交易，而是经常发生的交易。频繁出现的市场成交价格更能准确反映市场行情，为市场法的运用提供大量可比依据。

可比性是运用市场法评估资产价值的重要前提。可比参照物要求公开、活跃的市场上有已经发生的与被评估资产及资产业务相同或相似的交易活动。参照物的交易数据是进行比较分析的主要依据。确定可比交易与评估对象的一致性，可以减少差异因素对资产价值影响的程度。

2. 有关交易的必要信息可以获得

交易信息既包括交易对象的属性、功能、材质等信息，也包括交易情景下的批量、折扣、价格等信息。信息越充分，被评估资产的评估结果越贴近资产的真实价值。

三、市场法的基本程序

市场法评估流程如图 3-1 所示。

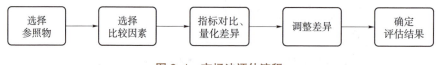

图 3-1　市场法评估流程

（一）选择参照物

选择参照物是市场法运用的基础，也是评估的关键。《资产评估执业准则——资产评估方法》第二章第六条规定资产评估专业人员应当根据评估对象特点，基于以下原则选择可比参照物：选择在交易市场方面与评估对象相同或者可比的参照物；选择适当数量的与

评估对象相同或者可比的参照物；选择与评估对象在价值影响因素方面相同或者相似的参照物；选择交易时间与评估基准日接近的参照物；选择交易类型与评估目的相适合的参照物；选择正常或者可以修正为正常交易价格的参照物。

无论评估对象是单项资产还是整体资产，运用市场法评估资产时，都需谨慎选择参照物。除了《资产评估执业准则》要求的选取原则外，参照物选择还需要注意以下几点：

（1）参照物的基本数量要求。一般而言，与评估对象相同或相似的参照物越多，越能够充分和全面反映资产的市场价值。市场法是通过同类资产的市场行情来确定被评估资产的价值，如果只有一两个交易案例，不仅不能全面反映评估对象的市场行情，而且会因为可比交易的特殊因素和偶然因素影响评估值的准确性。通常运用市场法评估资产价值时，最少选择 3 个参照物。

（2）参照物成交价格必须真实。参照物成交价必须是实际成交价。交易报价和拍卖底价等均不能视为成交价。

（3）关联交易、特别交易不能准确反映市场行情，交易价格不能直接比较。如果能获得关联交易、特别交易的具体信息，将非正常交易修正为正常交易，则可选用为参照物。

（4）参照物与被评估资产之间要尽可能类似，或者可以相互替代。参照物的选择要考虑功能、市场条件、成交时间等可比性。参照物的功能可比，强调用途、性能上的相同或相似；市场条件可比，要求市场供求关系、竞争状况和交易条件等相近。

（5）参照物的成交时间与评估基准日间隔时间不能过长，最好为近期。

（二）选择比较因素

参照物确定后，需要将可比交易与评估对象对比分析、评估量化参照物。尽管在选择参照物的过程中，参照物应尽可能与评估对象的功能、交易条件、交易时间趋近，但并不能做到完全一致，因此需要对影响评估价值的差异因素进行比较分析。从理论上讲，影响资产价值的基本因素大致相同，如资产性质、功能、规模、市场条件等。但具体运用到某项被评估资产时，影响因素对资产价值的贡献能力又各有侧重。例如，房地产评估时除了要考虑房屋建筑物自身条件，还要考虑地理位置、环境状况等因素；机器设备评估时主要考虑机器设备自身的物理状态及功能水平。运用市场法时应根据不同种类资产价值形成的特点和因素，选择对资产价值影响较大的因素作为对比指标，在参照物和评估对象之间进行比较。

一般而言，运用市场法评估资产应考虑的可比因素主要有市场条件、资产条件、交易条件。

1. 市场条件

市场环境是指影响参照物成交或估值的宏观环境。市场环境受政治、法律因素、经济因素、社会文化因素、技术因素等综合影响。在不同的市场环境下，市场的供求水平不同，可比交易的价格表现也有差异。影响市场环境的因素如表 3-2 所示。

表 3–2　影响市场环境的因素

影响因素	内容	影响
政治和法律因素	政治制度、权力机构、方针政策；国家制定的法律、法规、法令等	1. 交易物流通数量。 2. 货币流通数量。 3. 需求水平
经济因素	经济发展水平、经济周期、经济体制、经济政策等	
社会和文化因素	人口因素、社会流动性、消费心理、生活方式、价值观、风俗习惯等	
技术环境	科技政策、科技发展水平、科技发展趋势	

2. 资产条件

（1）资产的实体特征和质量。

资产的实体特征主要是指资产的外观、结构、役龄和规格型号等。资产的质量主要是指资产本身建造或制造工艺水平以及使用状态。

（2）资产功能。

资产的功能是资产使用价值的主体，是影响资产价值的重要因素之一。资产的功能越好，其价值越高，反之亦然。

3. 交易条件

交易条件主要包括交易批量、交易动机、交易时间等。交易批量不同，交易对象的价格可能存在差异。交易动机也对资产交易价格有影响。在不同的时间交易，资产的交易价格也会有差别。

在实务工作中，不同资产类型的可比因素有所差异。各类资产评估中涉及的可比因素如表 3–3 所示。

表 3–3　各类资产评估中涉及的可比因素

资产类型	可比因素
机器设备	名称，外观，型号规格，生产能力，制造厂家，技术指标，设备的出厂日期，役龄，安装方式，实体状态，生产能力的大小，能源材料消耗水平，自动化程度等
无形资产	市场供需状况，机会成本，效益因素，使用期限，技术成熟程度，转让内容因素，国内外该种无形资产的发展趋势，无形资产取得成本，同行业同类无形资产的价格水平等
资源性资产	自然资源使用权价格，自然资源的形成和变化规律，资源区位，政府政策等
股票	公司的经营状况，公司的财务状况，公司的收益分配政策，公司的人事结构，政府的宏观经济政策，汇率和国际收支状况，公司的未来发展前景等
土地	区位因素，面积与形状，地形与地势，地力与地质，容积率，土地用途，土地使用年限等
建筑物	面积，结构，材料，施工质量，产权状况，已使用年限，物业管理情况以及设计、设备等
企业价值	企业规模，产品种类，市场条件，科技水平，管理能力，现金流量，营利能力，增长趋势等

（三）指标对比、量化差异

根据选定的对比指标，在参照物及评估对象之间进行比较，分析交易价格的真实性、交易情境、参照物与评估对象的可替代性等问题,将参照物与评估对象对比指标之间的差异数量化和货币化。例如,对车辆进行评估时,即便参照物与评估对象的款式、型号一致,但在实际运用中,发动机损耗程度、油耗程度、里程数都可能有不同程度的差异。运用市场法评估就需要将参照物与评估对象对比指标之间的各种差异数量化和货币化。

(四)调整差异

市场法是以参照物的成交价格作为参照估算评估对象的价值。估算时需要将已经量化的参照物与评估对象对比指标差异进行调增或调减,得到以参照物为基础的评估对象的初步评估结果。初步评估结果与所选择的参照物的个数密切相关。

(五)确定评估结果

运用市场法评估,参照物越多,初步评估结果就越多。多个初步评估结果会形成评估价格区间,评估人员要对若干评估初步结果进行综合分析,在评估价格区间内确定最终的评估价值。实践中多采用对初步评估结果进行算术平均或加权平均的方法来确定评估结果。

学习任务二 市场法主要评估方法

市场法的评估思路是利用可比交易进行比较来确定价值。在这种评估思路下,根据比较因素、比较方式分类,又可分为直接比较法和间接比较法两大类,如图 3-2 所示。

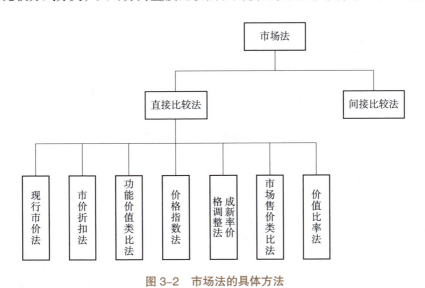

图 3-2 市场法的具体方法

一、直接比较法

直接比较法是指利用参照物的交易价格及参照物的基本特征直接与评估对象的同一基

本特征进行比较,从而判断评估对象价值的一类方法。

直接比较法基本计算公式为:

$$评估对象价值 = 参照物合理成交价格 \times 修正系数 \qquad (3-1)$$

或:

$$评估对象价值 = 参照物成交价格 \times (评估对象特征 \div 参照物特征) \qquad (3-2)$$

直接比较法直观简洁,便于操作,但通常对参照物与评估对象之间的可比性要求较高。参照物与评估对象要达到相同或基本相同的程度,或参照物与评估对象的差异主要体现在某一明显的因素上,例如新旧程度、交易时间、功能等。

直接比较法主要包括现行市价法、市价折扣法、功能价值类比法、价格指数法、成新率价格调整法、市场售价类比法和价值比率法。

(一)现行市价法

当评估对象本身具有现行市场价格或与评估对象基本相同的参照物具有现行市场价格时,可以直接利用评估对象或参照物在评估基准日的现行市场价格作为评估对象的评估价值。例如,上市流通的股票和债券可按其在评估基准日的收盘价作为评估价值;批量生产的设备、汽车等可按同品牌、同型号、同规格、同厂家、同批量的设备、汽车等的现行市场价格作为评估价值。

采用该方法评估时,参照物的选择要尽可能与评估基准日时间接近。

现行市价法的计算公式为:

$$资产评估价值 = 评估基准日的现行市价 \qquad (3-3)$$

(二)市价折扣法

市价折扣法是以参照物成交价格为基础,考虑到评估对象在销售条件、销售时间等方面的不利因素,根据评估人员的经验或有关部门的规定,设定一个价格折扣率来估算评估对象价值的方法。

市价折扣法的计算公式为:

$$资产评估价值 = 参照物成交价格 \times (1-价格折扣率) \qquad (3-4)$$

市价折扣法一般只适用于评估对象与参照物之间仅存在交易条件(如快速变现)方面差异的情况。

【例 3-1】 W 公司因严重的资不抵债而进行破产清算,其中有一套机器设备 A 需要拍卖。评估人员从市场上搜集到正常交易情况下的一个交易案例,该交易资产与待评估设备在型号、性能、新旧程度等方面基本相同,成交时间为 2023 年 9 月,成交价格为 200 万元。评估基准日为 2023 年 10 月。经分析,待评估资产快速脱手的价格折扣率为 30%。估算设备 A 的价值。

分析思路: 市场上有交易案例,可选择市场法评估;交易资产与待评估设备可比因素相似程度高，宜采用直接比较法；待评估资产与参照资产的差异仅仅在市场交易条件这一指标上，可采用市价折扣法，通过调整交易条件来估算设备 A 的市场价值。

$$被评估资产价值 = 200 \times (1 - 30\%) = 140（万元）$$

（三）功能价值类比法

功能价值类比法又称类比估价法，是指当参照物与评估对象之间仅存在功能差异时，以参照物的成交价格为基础，通过调整功能差异来估算评估对象价值的方法。资产的功能与其价值之间的关系，可分为线性关系和指数关系两种情况。

（1）资产价值与其功能呈线性关系的情况，通常被称作生产能力比例法，其计算公式为：

$$资产评估价值 = 参照物成交价格 \times (评估对象功能指标 \div 参照物功能指标) \quad (3-5)$$

【例 3-2】 W 公司委托 AA 事务所评估一台机器，机器设备年生产能力为 150 吨。评估基准日为 2023 年 10 月 1 日。评估人员从市场上收集到一个该类设备近期交易的参照案例，参照设备的年生产能力为 200 吨，市场成交价格为 160 万元。将待评估设备与收集的参照设备进行对比并寻找差异，发现两者除生产能力指标存在差异外，其他条件基本相同。估算机器的价值。

分析思路： 由于待评估资产的市场交易案例易于选取，可采用市场法进行评估；被评估资产与参照物设备可比性程度高，可采用直接比较法；待评估资产与参照资产的差异主要体现在生产能力这一指标上，可采用功能价值类比法的生产能力比例法来估算该资产的价值。

$$资产评估价值 = 160 \times (150 \div 200) = 120（万元）$$

（2）资产价值与其功能呈指数关系的情况，通常被称作规模经济效益指数法，其计算公式为：

$$资产评估价值 = 参照物成交价格 \times (评估对象生产能力 \div 参照物生产能力)^{功能价值指数} \quad (3-6)$$

【例 3-3】 W 公司委托 AA 事务所评估一台机器。被评估机器年生产能力为 80 吨，参照机器设备的年生产能力为 120 吨，评估基准日参照机器设备的市场价格为 20 万元，该类机器设备的功能价值指数为 0.7。估算机器价值。

分析思路： 由于待评估资产的市场交易案例易于选取，可采用市场法进行评估；被评估资产与参照物可比性程度高，可采用直接比较法；待评估资产与参照资产的差异主要体现在生产能力这一指标上，可采用功能价值类比法来估算该资产的价值。资产功能价值指数为 0.7，采用规模经济效益指数法。

$$被评估资产价值 = 20 \times (80 \div 120)^{0.7} = 15.06（万元）$$

（四）价格指数法

价格指数法亦称物价指数法，是以参照物成交价格为基础，根据参照物成交时间与评估对象评估基准日之间的时间间隔对资产价格的影响,利用价格指数调整估算评估对象价值的方法。

价格指数法计算公式为:

$$资产评估价值 = 参照物成交价格 \times (1 + 价格变动指数) \quad (3-7)$$

或:

$$资产评估价值 = 参照物成交价格 \times 价格变动指数 \quad (3-8)$$

价格指数法一般只用于评估对象与参照物之间仅存在时间因素差异且时间差异不大的情况。

价格变动指数一般有两种计算方法:一是定基指数;二是环比指数。定基指数就是指各个时期的指数都以某一固定时期为基期来计算的。环比指数是指各个时期的指数都是以前一期为基础来计算的。

【例 3-4】 W 公司委托 AA 事务所评估商品房一套,建筑面积为 158 平方米,建筑时间为 2018 年,位置在某市的商业区,评估基准日为 2023 年 11 月 3 日。被评估商品房相邻单元、相同户型商品房 2022 年 12 月底曾发生过房屋交易活动,交易价格为 158 万元。经调查和分析,评估人员发现该商品房交易的市场条件方面与被评估资产基本相同。经调查,2023 年该地区商品房价格与 2022 年相比上升了 2.1%。估算商品房价值。

分析思路: 由于可以找到待评估资产的市场交易案例,应采用市场法进行评估。参照物在被评估资产相邻单元且户型相同,因此参照物与被评估资产所处位置、面积、建造时间、交易的市场条件等方面基本相同,故采用直接比较法评估。被评估资产与参照资产的差异仅仅在交易时间这一指标上,所以采用价格指数法只对时间差异进行调整即可推算出被评估资产的资产价值。被评估资产与参照资产的价格差异为定基指数,则以 2022 年交易价格为基期指标直接计算被评估资产价值。

$$被评估资产价值 = 158 \times (1 + 2.1\%) = 161.318(万元)$$

【例 3-5】 W 公司委托 AA 事务所评估商品房一套,建筑面积为 158 平方米,建筑时间为 2018 年,位置在某市的闹市区,评估基准日为 2023 年 9 月 1 日。被评估商品房相邻单元、相同户型商品房 2023 年 4 月底曾发生过房屋交易活动,交易价格为 158 万元。经调查和分析,评估人员发现该商品房交易的市场条件方面与被评估资产基本相同。经调查,该地区商品房价格自 2023 年 4 月底至 2023 年 9 月 1 日的环比价格指数分别为 101.2%、102.3%、99.8%、99.6%。估算商品房价值。

分析思路: 由于可以找到待评估资产的市场交易案例,应采用市场法进行评估。参照物在被评估资产相邻单元且户型相同,因此参照物与被评估资产在所处位置、面积、建造时间、交易的市场条件等方面基本相同,故采用直接比较法评估。被评估资产与参照资产的差异仅仅在交易时间这一指标上,所以采用价格指数法只对时间差异进行调整即可推算出被评估资产的资产价值。被评估资产与参照资产的价格为环比指数差异,则以 2023 年 4 月年交易价格为基期分别乘以各个时期的环比指数计算被评估资产价值。

$$被评估资产价值 = 158 \times 101.2\% \times 102.3\% \times 99.8\% \times 99.6\% = 162.593(万元)$$

（五）成新率价格调整法

成新率价格调整法，是以参照物的成交价格为基础考虑参照物与评估对象新旧程度上的差异，通过成新率调整估算出评估对象的价值。

成新率价格调整法计算公式为：

$$资产评估价值 = 参照物成交价格 \times (评估对象成新率 \div 参照物成新率) \quad (3-9)$$

其中：

$$资产的成新率 = \frac{资产的尚可使用年限}{资产的已使用年限 + 资产的尚可使用年限} \quad (3-10)$$

成新率价格调整法一般运用于评估对象与参照物之间仅有新旧程度差异的情况。

【例 3-6】W 公司委托 AA 事务所评估一台机器，已知机器设备生产时间为 2018 年，同年 12 月末购入并投入生产。评估基准日为 2023 年 6 月 30 日。搜集到一交易案例，该机器设备和待评估设备型号相同，属同一厂家生产，生产时间为 2016 年，交易时间为 2023 年 6 月 28 日，交易价格为 200 万元。经调查了解，被评估设备已使用的尚可使用年限为 13.5 年。参照资产已使用 6 年，尚可使用年限为 12 年。估算机器价值。

分析思路：资产的市场交易案例易于选取，应采用市场法进行评估；参照物和被评估设备型号相同，属同一厂家生产，可比性达到相同，应采用直接比较法；被评估资产与参照资产的差异主要体现在新旧程度这一指标上，可采用成新率价格调整法通过对成新率指标的调整来估算待评估资产的市场价值。

$$被评估资产成新率 = 13.5 \div (4.5 + 13.5) = 75\%$$

$$参照资产的成新率 = 12 \div (6 + 12) = 66.67\%$$

$$被评估设备的评估值 = 200 \times (75\% \div 66.67\%) = 224.99（万元）$$

（六）市场售价类比法

市场售价类比法是以参照物的成交价格为基础，考虑参照物与评估对象在功能、市场条件和销售时间等方面的差异，通过对比分析和量化差异，调整估算出评估对象价值的各种方法。

市场售价类比法计算公式为：

$$资产评估价值 = 参照物售价 + 功能差异值 + 时间差异值 + \cdots + 交易情况差异值 \quad (3-11)$$

$$资产评估价值 = 参照物售价 \times 功能差异修正系数 \times \cdots \times 时间差异修正系数 \quad (3-12)$$

【例 3-7】W 公司委托 AA 事务所评估机器一台，机器设备年生产能力为 180 吨。评估基准日为 2023 年 11 月 1 日。评估人员收集的信息：从市场上收集到一个该类设备 2020 年 10 月 20 日交易的案例，参照设备的年生产能力为 200 吨，市场成交价格为 100 万元。将待评估设备与收集的参照设备进行对比并寻找差异，发现两者成新率、材质、型号及其他条件基本相同，但该类设备的市场成交价格普遍上涨了 10%。估算价值。

分析思路： 资产的市场交易案例易于选取，应采用市场法进行评估；参照物和被评估设备为同类设备，成新率、材质、型号及其他条件基本相同，应采用直接比较法；被评估资产与参照资产的差异主要体现在生产能力和交易价格，可采用市场售价类比法估算被评估资产的市场价值。

被评估设备的评估值 =100×（180÷200）×（1+10%）=99（万元）

（七）价值比率法

价值比率法是指利用参照物的市场交易价格与某一经济指标比率作为乘数或倍数，乘以评估对象的同一经济指标，计算评估对象价值的评估方法。价值比率法通常被用来评估企业价值。由于企业资产规模、盈利水平、现金流量等都存在差异，为了增强可比性，就需要采用不同的价值比率计算。常用的价值比率包括：盈利类指标的价值比率，收入类指标的价值比率，资产类指标的价值比率以及其他类指标的价值比率。在价值比率计算中又分为基于权益价值计算的价值比率和基于企业整体价值计算的价值比率。常见的价值比率类型如表3-4所示。

表3-4 常见的价值比率类型

一级分类	二级分类	计算公式		解释
		权益价值（P）	企业整体价值（EV）	
盈利类指标	息税前利润价值比率	P/EBIT	EV/EBIT	EBIT：息税前利润
	税后现金流量价值比率	P/FCFE	EV/FCFF	FCFE：股权自由现金流量 FCFF：企业自由现金流量
	每股收益价值比率	P/E	EV/E	E：净利润
收入类指标	销售收入价值比率	P/S	EV/S	S：销售收入
资产类指标	净资产价值比率	P/BV	—	BV：净资产账面价值
	总资产价值比率	—	EV/TBVIC	TBVIC：总资产账面值
其他类指标	成本市价比率	—	—	
	矿山可开采储量价值比率	—	—	

价值比率法的常用方法为成本市价法和市盈率乘数法。

1. 成本市价法

成本市价法是以评估对象的现行合理成本为基础，利用参照物的成本市价比率来估算评估对象的价值的方法。

成本市价法计算公式为：

$$被评估资产价值 = 评估对象现行合理成本 \times \frac{参照物成交价格}{参照物现行合理成本} \quad (3-13)$$

【例3-8】 W公司委托AA事务所评估一台设备,评估基准日该种设备的成本市价率为130%,已知被估全新设备的现行合理成本为200万元。估算设备价值。

分析思路：资产的市场交易案例易于选取,应采用市场法进行评估;参照物和被评估资产评估基准日、种类基本相同,成本市价率为130%,已知条件中也无其他差异因素,可采用成本市价法估算被评估资产的市场价值。

$$被评估资产价值 = 200 \times 130\% = 260（万元）$$

2. 市盈率乘数法

市盈率乘数法则主要适用于整体企业的评估。市盈率乘数法是以参照企业的市盈率作为乘数,以此乘数与评估对象的收益额相乘,估算评估对象价值的方法。

市盈率乘数法计算公式为：

$$资产评估价值 = 评估对象收益额 \times 参照企业市盈率 \qquad (3-14)$$

【例3-9】 W公司委托AA事务所评估拟收购的Y企业价值,被评估Y企业的年净利润为5 368万元,已知评估基准日资产市场上同类企业的平均市盈率为22.4倍。估算价值。

分析思路：被评估资产为企业价值,且已知评估基准日市场上同类企业的平均市盈率为22.4倍,可采用市盈率乘数法估算被评估资产的市场价值。

$$Y企业的评估价值 = 5\ 368 \times 22.4 = 120\ 243.2（万元）$$

直接比较法计算简单,适用性强、应用广泛,但对参照物与评估对象的可比性要求较高。直接比较法强调参照对象与评估对象之间的可比性,对信息资料的数量、质量,评估专业人员的专业技能、经验要求较高。

二、间接比较法

间接比较法是利用资产的国家标准、行业标准或市场标准（标准可以是综合标准,也可以是分项标准）作为基准,分别将评估对象和参照物整体或分项对比打分从而得到评估对象和参照物分值;然后利用参照物的市场交易价格以及评估对象的分值与参照物的分值的比值（系数）求得评估对象价值的一类评估方法。例如,用市场间接比较法评估房地产项目,要先根据国家、行业标准列式比较项目,然后根据参照物实际情况打分并计算权数（见表3-5）,最后用各参照物分值比值系数估算被评估项目初步估值。

表3-5 房地产市场间接比较法标准化参照物构成状况

标准项目	权重值/%	打分（满分100分）	加权分值×打分	总加权平均分值	单位地价/(元·平方米$^{-1}$)
文化教育状况					
医疗卫生状况					
交通便利程度					
建筑容积率					
临街状况					

续表

标准项目	权重值 /%	打分（满分 100 分）	加权分值 × 打分	总加权平均分值	单位地价 /（元·平方米$^{-1}$）
环境质量					
宗地面积					
产业集群					
...					
环境质量情况					
合计	100%				

间接比较法并不要求参照物与评估对象可比因素的一致性，只要参照物与评估对象大致相似，通过利用评估对象和参照物的国家、行业或市场标准对比分析，掌握参照物与评估对象之间的差异，以此调整估算评估对象的价值。在实务中，由于国家、行业或市场标准应用起来有较多的局限，因此该方法在资产评估实践中应用并不广泛。

三、市场法的评价

市场法通常被用于评估具有活跃公开市场且具有可比实例的资产，评估过程直接体现了市场化的特征，直接客观反映了资产的市场状态；评估的参数、指标直接从市场获得，评估值也以现行市场价格的形式直接表现，符合当事人各方的现实经济行为，评估结果容易被交易双方理解和接受。

市场法对市场的依赖性较强，需要有公开活跃的市场作为基础，有时因缺少可比数据而难以应用。市场对资产的价值反映会受到诸多因素的影响，供求关系、信息对称程度、市场失灵等因素会导致价格不能反映出资产的真实价值；市场的活跃程度、参照物的相似程度、参照物的交易时间与评估基准日的接近程度、参照物的交易目的及条件的可比程度；参照物信息资料的充分程度又会影响评估结果的准确性。因此评估结果对可比资料的质量、数量和评估人员的评估经验依赖性较高。

市场法适用于普通房地产、通用设备、存货、证券等资产的评估，不适宜评估具有特定性质、特定用途或限于特定使用者使用的资产，如专用设备。市场法同样不适用于部分无形资产的评估，因为大部分无形资产具有独占性、特殊性、保密性等特点，评估时难以获取真实、完善的交易信息。

知识链接

《资产评估执业准则——资产评估方法》第七条 资产评估专业人员在运用市场法时应当对评估对象与可比参照物进行比较分析，并对价值影响因素和交易条件存在的差异做出合理修正。

《资产评估执业准则——资产评估方法》第八条 运用市场法时，应当关注以下影响评估测算结果可靠性的因素：①市场的活跃程度；②参照物的相似程度；③参照物的交易时间与评估基准日的接近程度；④参照物的交易目的及条件的可比程度；⑤参照物信息资料的充分程度。

知识回顾

　　市场法也称比较法、市场比较法，是指通过将评估对象与可比参照物进行比较，以可比参照物的市场价格为基础确定评估对象价值的评估方法的总称。市场法应用的前提条件：评估对象的可比参照物具有公开的市场，以及活跃的交易；有关交易的必要信息可以获得。市场法的基本程序有：选择参照物；在评估对象与参照物之间选择比较因素；指标对比、量化差异；在各参照物成交价格的基础上调整已经量化的对比指标差异；综合分析确定评估结果。市场法的主要评估方法分为直接比较法和间接比较法两大类。直接比较法是指利用参照物的交易价格及参照物的基本特征直接与评估对象的同一基本特征进行比较，从而判断评估对象价值的一类方法。直接比较法主要包括现行市价法、市场折扣法、功能价值类比法、价格指数法和成新率价格调整法、市场售价类比法、价值比率法。间接比较法是利用资产的国家标准、行业标准或市场标准（标准可以是综合标准，也可以是分项标准）作为基准，分别将评估对象和参照物整体或分项对比打分从而得到评估对象和参照物分值；然后利用参照物的市场交易价格以及评估对象的分值与参照物的分值的比值（系数）求得评估对象价值的一类评估方法，该方法在资产评估实践中应用并不广泛。市场法通常被用于评估具有活跃公开市场且具有可比实例的资产，评估过程直接体现了市场化的特征，直接客观反映了资产的市场状态；评估的参数、指标直接从市场获得，评估值也以现行市场价格的形式直接表现，符合当事人各方的现实经济行为，评估结果容易被交易双方所理解和接受。但不适用于对部分无形资产的评估，因为大部分无形资产具有独占性、特殊性、保密性等特点，难以获取真实、完善的交易信息。

实践任务

任务分组

班级		组号		共（ ）人	
组长		学号			
组员	学号	姓名	学号	姓名	

个人任务

任务工单1					
班级		组号		姓名	学号
项目	内容				
任务要求	学习模块知识，回答问题				
任务目标	掌握市场法评估的概念、前提条件、基本程序				
任务实施	1. 简述资产评估市场法的概念 2. 简述资产评估市场法的前提条件 3. 简述资产评估市场法的基本程序				
任务总结					

协作任务

任务工单 2						
班级		组号		姓名		学号	
项目	内容					
任务内容	资产评估市场法的具体方法					
任务要求	归纳总结资产评估市场法的具体方法					
任务目标	熟悉市场法评估的具体方法					
任务实施						
任务总结						

任务工单 3						
班级		组号		姓名		学号	
项目	内容					
任务情境	根据本模块情景导入内容，分析讨论并形成结论。 1. 会计残值能否作为评估价值？ 2. 采用市场法评估时，应如何确定资产评估对象的评估价值？					
任务目标	熟悉、运用资产评估市场法					
任务要求	结合本模块知识点，分析、讨论模块情景导入中的问题并阐明原因					
任务实施（思路）	1. 会计残值与资产评估价值的联系与区别。 2. 采用市场法评估时，如何选择参照对象？ 3. 采用市场法评估时，需要获取参照对象的哪些信息？					
任务总结						

任务工单 4							
班级		组号		姓名		学号	
项目	内容						
任务内容	小组案例分析						
任务要求	利用网络或图书资源,查找资产评估市场法评估相关案例,并根据评估案例分析资产评估市场法的评估要点						
任务目标	掌握资产评估市场法的基本方法						
任务实施	案例简述						
	提出问题						
	分析问题						
	解决问题						
任务总结							

汇报任务

任务工单 5							
班级		组号		姓名		学号	
项目	内容						
任务内容	各工作小组选派一名成员,汇报任务内容						
任务要求	查阅资料,根据任务工单内容,总结并阐述知识要点						
任务目标	熟悉模块知识并能熟练运用						
任务实施	汇报任务 1						
	汇报任务 2						
	汇报任务 3						
任务总结							

任务评价

个人评价

任务工单 6							
班级		组号		姓名		学号	
序号	评价内容				分值（分）			分数
1	主动记录课堂要点，形成课堂笔记				10			
2	上课积极参与课堂问答和小组讨论				10			
3	理解、掌握课堂知识				10			
4	能运用课堂知识、技能分析和解决问题				10			
5	能有效利用网络、图书资源获取有用信息				10			
6	主动思考问题，具有创造性思维				10			
7	善于分析、总结，能有条理地表达观点				10			
8	尊重他人意见，善于发现合作伙伴的长处				10			
9	遇到挫折能相互鼓励、群策群力				10			
10	按时保质完成任务				10			
	合计				100			

小组评价

任务工单 7				
班级		组号		
序号	评价内容		分值（分）		分数
1	模块知识掌握程度		20		
2	资源收集、整理能力		10		
3	团队分工、协作程度		20		
4	法律意识		10		
5	职业道德、职业素养（工作严谨性、规范性、专业性等）		20		
6	创新意识		10		
7	任务完成速度		10		
	合计		100		

班级评价

任务工单8			
班级		组号	
序号	评价内容	分值（分）	分数
1	展示汇报	40	
2	参与程度	30	
3	完成质量	30	
	合计	100	

自测题

自测题答案

自测训练

 扫码学习

课外阅读

悟道明理

模块四

资产评估基本方法——收益法

情景导入

北京W资产评估咨询有限公司接受B公司的委托,对委托人自行开发的BAA实用新型专利技术进行价值评估。评估目的为技术转让。评估基准日为2024年6月21日。

委托方提供的资料显示:BAA技术于2024年3月研发成功并获得专利证书,专利保护期为10年,使用该新型技术可以在改善产品性能的同时节约成本,产品的利润率可提升10%。

资产评估实习生杨旭试图从网上搜索同类资产的成交价,但很快发现了问题。

思考:杨旭发现了什么问题?杨旭应该搜集哪些资料?

学习目标

知识目标	掌握资产评估收益法的概念、特点、使用条件和评估方法
能力目标	熟练运用收益法的具体方法进行价值评估
素质目标	树立科学、严谨的执业工作态度,树立正确的价值观

思维导图

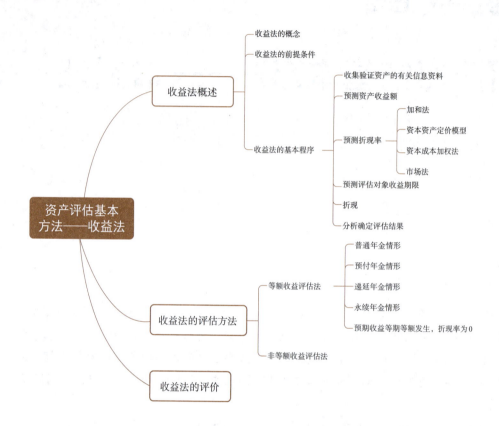

学习任务

任务导入

资料一： 随着国家知识产权战略的深入实施，我国知识产权存量水平与日俱增，知识产权在经济发展和社会繁荣等方面的积极作用日渐突出，知识产权交易也越来越多。

知识产权评估服务在推动国外技术引进、知识产权质押贷款、成果转移转化、知识产权证券化、维护司法公正等领域都发挥了重要的专业服务作用。

很多与知识产权相关的新领域、新业态不断涌现，知识产权资产评估服务需求不断增加。

以知识产权质押融资为例：2020年，我国专利和商标质押融资登记金额达到2 180亿元；2021年，全国专利商标质押融资金额达到3 098亿元，融资项目达1.7万项；2022年全年专利商标质押融资金额达到4 868.8亿元，连续三年保持40%以上的增速。

知识产权价值评估是知识产权质押融资中的重要环节，对保障科技创新企业、中小企业、金融机构的合法权益，防范金融风险有重大意义。

当前，我国知识产权评估准则体系建设已处于国际领先地位。在评估实务方面，如何评估知识产权的价值是知识产权发展的重要课题之一，其核心关键是评估方法的选择。通过查阅大量知识产权评估案例及文献可知收益法是知识产权评估中最常用也是较为合理的方法。

资料二： 2023年2月3日，证监会《关于鲁西化工集团股份有限公司吸收合并鲁西集团有限公司申请的反馈意见》中显示：①鲁西集团纳入评估范围的无形资产中，12项主商标、48项从属商标和1项美术作品登记证采用收益法评估，1项商标采用成本法评估；②销售收入预测以鲁西化工对应的各类产品合并口径主营业务收入为基数，2024年和2025年预测收入增长率分别为26.47%和38.11%；③分成率参考可比案例并根据商标应用类别确定，其中化工新材料和基础化工为0.05%，化肥为0.15%，其他产品为0.1%；④交易各方约定，与商标相关的化工新材料和化工产品、化肥产品及其他产品三类业务应当分别计算当期补偿金额，并以该项业务在承诺期限内累计收入占比分摊承诺补偿总金额；三类业务收入的合计金额不进行单独承诺。证监会要求鲁西公司：①结合鲁西化工所在行业竞争程度、发展趋势，鲁西化工历史及最新一期增长率等，分产品披露收益法评估中销售收入预测的依据及2024年、2025年高速增长的合理性；②结合同行业可比案例的具体情况、相关商标的品牌价值建立过程等，分产品披露收益法评估中分成率的确认依据及合理性；③明确"以该项业务在承诺期限内累计收入占比分摊承诺补偿总金额"的具体含义，并说明分产品做出业绩补偿承诺的合理性；④补充披露商标权评估中，除了60项采取收益法评估及1项采取成本法评估的商标之外，其他商标权的具体评估情况。要求独立财务顾问、会计师和评估师核查并发表明确意见。

（资料来源：《关于鲁西化工集团股份有限公司吸收合并鲁西集团有限公司申请的反馈意见》，http://www.csrc.gov.cn/csrc/c106189/c7056861/content.shtml，节选）

思考：
1. 知识产权价值评估对企业、金融机构有何影响？
2. 无形资产的价值受什么影响？

学习任务一　收益法概述

一、收益法的概念

收益法是指通过估测被评估资产未来预期收益的现值来判断资产价值的方法。理智的投资者在购置或投资于某一资产时，愿意支付或投资的货币数额不会高于所购置或投资资产未来的预期回报，即预期收益额。收益法是将评估对象的预期产出能力和获利能力作为评估标的，利用投资回报和收益折现等技术手段估测评估对象的价值。

收益法评估实质是将未来的收益折算到评估基准日的时点上。根据评估对象的预期收益评估价值更容易被经济业务当事人接受。

二、收益法的前提条件

收益法体现了货币价值的观念，即货币在不同时间的价值不同。资金投入经营后，会通过社会再生产运动创造出新的价值，形成资金的增值。资金从投放到回收会形成一次资金周转。在特定时期内，资金周转次数越多，资金的增值就越大，投资者获得的报酬就越多。随着时间的推移，资金总量在周转中不断增加，使资金具有时间价值。货币的时间价值就是无风险、无通货膨胀下的真实报酬情况。货币的时间价值通常分为终值、现值。终值（Future Value，FV）是当前资金在若干期以后的价值。现值（Present Value，PV）是未来年份的收支的现金在当下的价值。资产评估收益法，主要使用现值的相关计算，计算过程如表 4-1 所示。

表 4-1 货币时间价值计算表

项目	现值 PV	终值 FV
示意图	PV ... FV 0 1 2 3 ... n-1 n	PV ... FV 0 1 2 3 ... n-1 n
计算思路	将 PV 视为本金，本金投入后若干年的价值为 FV，又称本利和。 本利和＝本金＋利息	利息＝本金 × 利率
单利计息模式	一定时期内只根据本金计算利息，利息不重复计息	
复利计息模式	不仅本金计算利息，利息也要重复计息（充分体现了货币价值的概念）	
	$PV=FV(1+r)^{-n}$	$FV=PV \times (1+r)^n$
	$(1+i)^{-n}$ 即复利现值系数，写为（F/P, r, n）	$(1+i)^n$ 即复利终值系数，写为（P/F, r, n）

注1：为简化计算复利现值系数、复利终值系数可通过查表得到。
注2：r 为折现率，又称为预期收益率；n 为预期年限。

使用收益法评估需要根据未来的预期收益估算资产的价值，需要将未来的资金折现到当下的水平，这对收益法的使用提出了前提条件：

（1）被评估资产在可预见的将来能够持续经营。
（2）被评估资产在未来持续经营过程中的收益可以预测并可以通过货币计量。
（3）被评估资产在未来持续经营的收益期限长短，即评估对象的寿命时间可以预测。
（4）被评估资产在未来持续经营的折现率可以预测。

资产在可预见的将来能够持续经营是收益法评估可实现的基础保障，预期收益、预期收益期、折现率是收益法实施的基本要素和主要参数。

三、收益法的基本程序

收益法的基本程序包括六个步骤：收集验证资产的有关信息资料，预测资产收益额，预测折现率，预测评估对象收益期限，折现，分析确定评估结果。

（一）收集验证资产的有关信息资料

资料的收集工作是资产评估业务质量的信息保证，也是进行分析、判断进而形成评估结论的基础。由于资产评估的专业性和评估对象的广泛性，不同的项目、不同的评估目的、不同的资产类型对评估资料有着不同的要求。

需要收集的资料一般包括以下几种：

（1）评估对象自身状况的相关资料。不同性质的评估对象的特征，创造价值的能力、方式有所差异，收集的资料应涉及评估对象的结构、性能、财务能力等，评估员在收集资料的过程中，一般是以审计过的财务报表数据为依据。

（2）国家政策和经济环境的相关资料。产业政策和经济形势对资产未来收益影响重大，特别是涉及企业价值、房地产等评估对象的评估，要特别关注国家政策和宏观经济环境的变化。

（3）行业、技术、市场发展的相关资料。资产未来收益额的确定在很大程度上取决于资产未来的经营状况和市场状况，例如专利权的评估，其未来能产生的差额收益在很大程度上取决于该专利技术生产的产品在未来的销售状况，而产品的销售状况一方面是由企业内部的经营管理所决定的，另一方面则受产品所面临的市场需求变化的影响。

（二）预测资产收益额

在资产评估中，资产的预期收益额是资产在正常情况下产生的归其产权主体的投资回报。资产评估中的收益额有两个比较明显的特点：收益额是资产未来预期收益额，而不是资产的已实现的、历史的收益额；用于资产评估的收益额是资产的客观收益，而不一定是资产的实际收益（实际收益可能包含偶然因素造成的收益波动）。

资产的种类较多，不同种类资产的收益额表现形式也不完全相同，如企业的收益额通常表现为净利润或净现金流量，而房地产则通常表现为净收益等。评估专业人员在执业过程中应切实注意收益额的特点，以便合理运用收益法来评估资产的价值。一般来说，资产采用预期收益有三种可以选择的类型：净利润、净现金流量和利润总额。

利润总额由营业利润和营业外净收益构成，属于税前利润。净利润与净现金流量都属于税后净收益，都是资产持有者的收益，在收益法中被普遍运用。两者的差异在于确定的原则不同，净利润是按权责发生制确定的，净现金流量是按收付实现制确定的。两者之间的关系可以简单表述为：

$$净现金流量 = 净利润 + 折旧（或摊销） - 追加投资 \qquad (4-1)$$

追加投资主要包括资本性支出和营运资金追加额。

从资产评估的角度看,净现金流量更适宜作为预期收益指标。净现金流量不仅包括净利润,还包括计算净利润扣除的非现金性支出(折旧、摊销),反映了当期企业可自由支配的实际现金净流量,通过净现金流量评估预期收益更为合理。净现金流量是基于会计收付实现制下实际收支后的金额,考虑了现金流的时间差异。净利润是基于权责发生制下的应收应付金额,不等于同时点资产持有者可支配的现金流量。由于收益法是将资产未来某个时点的预期收益折算为现值来评估价值,因此用净现金流量来表示收益更准确。

在评估实务操作中,为了反映评估对象的价值内涵,对于现金流量而言,资产评估采用的是自由现金流量。

目前对企业未来预期收益通常的预测方法是在对评估对象已经发生的实际收益进行审计和调整的基础上,结合评估对象的使用情况及发展趋势,对评估对象未来的预期收益做出合理判断。主要包括时间序列法和因素分析法。时间序列法是建立资产以往收益的时间序列回归方程,然后假定该时间序列将会持续。因素分析法是通过对影响资产收益变动因素的分析预测,估算这些因素作用下的预期收益。

(三)预测折现率

在确定预期收益后,还要合理确定折现率。折现率是指将未来预期收益折算成现值的比率,是特定条件下的收益率,反映了资产取得该项收益的收益率水平。在收益一定的情况下,收益率越高,意味着单位资产增值率越高。确定折现率的方法有加和法、资本资产定价模型、资本成本加权法和市场法等。

1. 加和法

加和法是以折现率包含无风险报酬率与风险报酬率两部分为计算基础的,通过分别求取每一部分的数值,然后相加即得到折现率。

$$折现率(R) = 无风险报酬率(Rf) + 风险报酬率(Rr) \qquad (4-2)$$

无风险利率是指投资者投资无风险资产的期望报酬率,该无风险资产不存在违约风险。一般无风险的投资需要满足两个条件:不存在违约风险,不存在投资收益率的不确定性。无风险利率通常可以用国债的到期收益率表示,选择国债时应当考虑其剩余到期年限与企业现金流时间期限的匹配性。持续经营假设前提下的企业价值评估可以采用剩余期限为10年期或10年期以上国债的到期收益率作为无风险利率。

风险报酬率是投资者因承担风险而获得的超过时间价值的那部分额外报酬率,即风险报酬额与原投资额的比率。不同评估对象特征、所处环境不同,承受的风险也不相同,要求的风险报酬率也有差异。

在确定折现率时,要对资产未来所面临的各种风险进行分析,主要包括市场风险、经营风险、行业风险、财务风险等。

2. 资本资产定价模型

资本资产定价模型是在资产组合理论和资本市场理论的基础上发展起来的,主要研究证券市场中资产的预期收益率与风险资产之间的关系,是现代金融市场价格理论的支柱,广泛应用于投资决策和公司理财领域。计算公式为:

$$R=Rf+\beta(Rm-Rf) \tag{4-3}$$

式中,R 为投资报酬率;Rf 为无风险报酬率;β 为风险系数;Rm 为市场平均收益率。

公式中($Rm-Rf$)被称为市场平均风险收益率或市场平均风险溢价,是指投资者对与整体市场平均风险相同的股权投资所要求的预期超额收益,即超过无风险利率的风险补偿。市场风险溢价通常可以利用市场的历史风险溢价数据进行测算。国际分析师所采用的观测期一般是10年或者更久。中国市场风险溢价一般可以通过下列几种途径确定:利用中国的证券市场指数的历史风险溢价数据计算;采用其他成熟资本市场风险溢价调整方法;引用相关专家学者或者专业机构研究发布的数据。

β 系数表示系统性因素给股权投资者带来的不可分散的风险,由股票收益率与市场收益率的协方差除以市场收益率的方差得到,反映了市场风险的程度。市场风险又称为不可分散风险、系统风险,是不能被分散、抵消掉的风险。β 的计算过程复杂,一般不需要评估者计算,一些投资服务机构会定期计算并公布。β 系数常用于股权被频繁交易的上市公司的评估,非上市公司可以参照上市公司中情形相似的公司的 β 系数来确定自己的 β 系数,或根据公司所在的行业的 β 系数,计算行业风险报酬率。β 系数度量了股票相对于评估股票的波动程度。β 系数等于1,表示股权投资风险与整体市场风险相当,β 系数大于1(或者小于1)表示股权投资风险大于(或者小于)整体市场。即 β 系数为1,则说明当大盘整体上涨10%时,该只股票的报酬率上涨10%;反之,则下降10%。如果 β 系数为1.3,则说明市场整体上涨10%时,该只股票的报酬率上涨13%;如果 β 系数为0.8,则市场整体变动10%时,该只股票同向变动8%。

3. 资本成本加权法

资本成本加权法是根据企业的各种资本在企业全部资本中所占的比重为权数,对各种长期资金的资本成本加权平均计算出来的资本总成本。资本的来源按其属性分为长期债务资本和股权资本。长期负债和所有者权益的资本成本率必然影响折现率的计算。

$$折现率 = 长期负债占资产总额的比重 \times 长期负债利息率 \times (1-所得税率) + 所有者权益占资产总额的比重 \times 投资报酬率 \tag{4-4}$$

式中,投资报酬率是无风险报酬率与风险报酬率之和。

在企业价值评估中一般使用股权资本报酬率。

4. 市场法

市场法是搜寻评估对象在行业、销售类型、收益水平、风险程度、流动性等方面相类似的参照物,根据参照物的市场价格、收益来估算折现率,其计算公式为:

$$评估对象的折现率 = \left(\sum \frac{参照物资产收益}{参照物资产价格}\right) \div 参照物数量$$

市场法要求尽可能多的样本,否则不能准确反映市场对某项投资回报的普遍要求。市场法的具体运用需视具体评估对象而定。

（四）预测评估对象收益期限

收益期限是指资产具有获利能力并产生资产净收益的持续时间，通常以年为时间单位计算。收益期限是由评估专业人员根据评估对象自身效能、资产未来的获利能力、资产损耗情形及相关条件以及有关法律、法规、契约、合同等加以确定。收益期有法律、合同等规定的限制，应以法律或合同规定的年限作为收益期；没有规定收益期限的，也可按其正常的经济寿命确定收益期；无法律、合同等规定收益期限且资产可以延续使用的，可假定收益期为无限期；有使用年限进行限定，但限定可解除且可以延续使用的，可假定收益期为无限期。

无论有无期限规定，当继续持有资产对拥有者不再有利时，从经济角度上讲该资产的寿命也就结束了。

（五）折现

折现就是用预期收益率将评估对象的未来预期收益折成现值。基础方法就是求现值，但在具体操作过程中，预期收益额的分布及变化对现值的确定影响很大。表 4-1 中的复利现值计算主要应用于一次性收支，但在评估实务中，评估对象通常会持续性地创造收益，持续的时间可能有时间限制也可能无时间限制；创造的收益可能相等也可能不相等，或者成某种规律变化，这就需要用到多种现值计算方法折现。

（六）分析确定评估结果

通常情形下，评估专业人员依据收益口径的不同，选择不同的折现方法计算现值，然后根据评估对象的特征比较分析，确定最终的评估结果。

学习任务二　收益法的评估方法

收益法可以划分为若干类：①针对评估对象预期收益额的情形划分，又可分为等额收益评估法、非等额收益评估法；②针对评估对象未来预期收益的限期，可分为有限期评估和无限期评估。现值计算表如表 4-2 所示。

表 4-2　现值计算表

项目		特征	现金流量图	计算公式
连续等额收支	普通年金	每期期末等额收支	PV $\begin{array}{c}0\ \ A\ \ A\ \ A\ \ \cdots\ \ A\ \ A\\ \vert\_\vert\_\vert\_\vert\_\cdots\_\vert\_\vert\\ 0\ \ 1\ \ 2\ \ 3\ \ \cdots\ \ n\text{-}1\ \ n\end{array}$	$PV = A \cdot (P/A, r, n)$
	预付年金	每期期初等额收支	PV $\begin{array}{c}A\ \ A\ \ A\ \ A\ \ \cdots\ \ A\ \ 0\\ \vert\_\vert\_\vert\_\vert\_\cdots\_\vert\_\vert\\ 0\ \ 1\ \ 2\ \ 3\ \ \cdots\ \ n\text{-}1\ \ n\end{array}$	$PV = A \cdot (P/A, r, n) \cdot (1+r)$ $PV = A \cdot [(P/A, r, n-1) + 1]$

续表

项目		特征	现金流量图	计算公式
连续等额收支	递延年金	前若干期无收支，若干期后每期等额收支	PV ├─0──0──0···0──A···A──A┤ 　　0　1　2···m　m+1···n-1　n	$PV = A \cdot (P/A, r, n-m) \cdot (P/F, r, m)$ $PV = A \cdot [(P/A, r, n) - (P/A, r, m)]$
	永续年金	每期期末等额收支且无期限	PV ├─0──A──A──A···┤ 　　0　1　2　3···	$PV = A/r$
连续不等额收支		等期不等额连续收支	PV ├─0──a──b──c···y──z┤ 　　0　1　2　3···n-1　n	$PV = a \cdot (P/F, r, 1) + b \cdot (P/F, r, 2)$ $+ \cdots + z \cdot (P/F, r, n)$

注：PV 为评估值；（P/A, r, n）为年金现值系数；A 为年金；r 为折现流率；n 为收益期数；m 为递延期。

一、等额收益评估法

等额收益评估法适用于预期收益额每期均相等的评估业务。根据预期收益额发生的期数特点又有多种具体情形。连续等额的收付款项称为年金。根据款项发生方式，可分为普通年金、预付年金、递延年金、永续年金等。

（一）普通年金情形

普通年金指预期收益每期期末等额发生。计算公式为：

$$PV = A \times (P/A, r, n) \tag{4-5}$$

式中，A 为年金；r 为折现率；n 为折现期；PV 为评估值；$(P/A, r, n)$ 为年金现值系数。

【例 4-1】 W 公司委托 AA 事务所评估一项专利权，在评估基准日，根据合同计算该专利未来可用 10 年，经调查预测该专利未来每年年末净收益将会维持在 200 万元。折现率假定为 10%，评估该专利的价值。

分析思路：无形资产的收益连续 10 年且每年维持在 200 万元，收益发生在期末，属于普通年金折现情形。$(P/A, 10\%, 10)$ 查年金现值系数表为 6.145。

$$PV = 200 \times (P/A, 10\%, 10) = 200 \times 6.145 = 1\,229（万元）$$

（二）预付年金情形

预付年金是指预期收益每期期初等额发生。计算公式为：

$$PV = A \times (P/A, r, n) \times (1+r) \tag{4-6}$$

$$PV = A \times [(P/A, r, n-1) + 1] \tag{4-7}$$

式中，A 为年金；r 为折现率；n 为折现期。

【例 4-2】 W 公司委托 AA 事务所评估一项特许经营权，根据合同分析，自评估基准日起，该特许经营权仍可用 3 年且未来每年年初收益将会维持在 100 万元。折现率假定为 8%，评估该特许经营权的价值。

分析思路：无形资产的收益连续 3 年且每年维持在 100 万元，收益发生在期初，属于预付年金折现情形。（P/A，8%，3）查年金现值系数表为 2.577。

$$PV=100\times(P/A，8\%，3)=100\times2.577=257.7（万元）$$

（三）递延年金情形

递延年金情形是指开始若干期无预期收益，若干期后预期收益每期等额发生。计算公式为：

$$PV=A\times(P/A，r，n-m)\times(P/F，r，m) \quad (4-8)$$

$$PV=A\times[(P/A，r，n)-(P/A，r，m)] \quad (4-9)$$

式中，A 为年金；r 为折现率；n 为折现期；m 为递延期。

【例 4-3】 W 公司委托 AA 事务所评估一项金融资产，根据合同分析，该资产自评估基准日起 5 年内不产生收益，5 年后每年年末可得 20 万元分红，可参与分红 10 年。假定折现率为 8%，评估该金融资产的价值。

分析思路：该金融资产持有期限共 15 年，前 5 年无预期收益，以后每年年末等额产生预期收益，属于递延年金的形式。

查年金现值系数（P/A，8%，10）=6.710；（P/A，8%，15）=8.559；（P/F，8%，5）= 0.681；（P/A，8%，5）=3.993。

方法一：$PV=A\times(P/A，8\%，10)\times(P/F，8\%，5)=20\times6.710\times0.681=91.39$（万元）

方法二：$PV=A\times[(P/A，8\%，15)-(P/A，8\%，5)]=20\times(8.559-3.993)=91.32$（万元）

现值系数取值保留了小数，因此选用不同的方法运用不同的系数计算会有误差。

（四）永续年金情形

永续年金情形是指预期收益每期等发生额且无期限。计算公式为：

$$PV=A/r \quad (4-10)$$

【例 4-4】 W 公司委托 AA 事务所评估一项金融资产，评估基准日，根据合同分析该资产每年可得 10 万元分红，无期限限制。假定折现率为 10%，评估该金融资产的价值。

分析思路：该金融资产每年可得 10 万元分红，无期限限制，属于永续年金的形式。

$$PV=10\div10\%=100（万元）$$

（五）预期收益等期等额发生，折现率为 0

预期收益等期等额发生，在折现率为 0 的情形下，计算公式为：

$$PV=A\times n \quad (4-11)$$

实务中，绝大多数业务折现率均大于 0。

二、非等额收益评估法

非等额收益评估是指预期收益额每期不相同，在这种情形下，需要对各时点的预期收益按各自期数折现，计算公式为：

$$PV = a \times (P/F, r, 1) + b \times (P/F, r, 2) + \cdots + z \times (P/F, r, n) \quad (4-12)$$

式中，a、b、$\cdots$、z 为各期预期收益；r 为折现率；n 为折现期。

当预期收益每期不等但呈现固定变化规律的情形时，根据上述公式转换可得出多个计算公式，如表 4–3 所示。

表 4–3　非等额收益评估法计算公示表

预期收益变化		无期限	有期限
等差数列（公差 B）	等差递增 $B>0$	$PV = \dfrac{A}{r} + \dfrac{B}{r^2}$	$PV = \left(\dfrac{A}{r} + \dfrac{B}{r^2}\right)\left[1 - \dfrac{1}{(1+r)^n}\right] - \dfrac{B}{r} \times \dfrac{n}{(1+r)^n}$
	等差递减 $B<0$	$PV = \dfrac{A}{r} - \dfrac{B}{r^2}$	$PV = \left(\dfrac{A}{r} - \dfrac{B}{r^2}\right)\left[1 - \dfrac{1}{(1+r)^n}\right] + \dfrac{B}{r} \times \dfrac{n}{(1+r)^n}$
等比数列（公比 s）	等比递增 $r > s > 0$	$P = \dfrac{A}{r-s}$	$P = \dfrac{A}{r-s}\left[1 - \left(\dfrac{1-s}{1+r}\right)^n\right]$
	等比递减	$P = \dfrac{A}{r+s}$（其中 $r > s > 0$）	$P = \dfrac{A}{r+s}\left[1 - \left(\dfrac{1-s}{1+r}\right)^n\right]$（其中 $0 < s \leq 1$）

虽然非等额收益评估法的情形较多，但基础的思路是根据等期不等额连续收支的计算公式转换而来。

【例 4–5】 W 公司委托 AA 事务所评估某项目，评估基准日，该项目可继续经营 5 年，现评估该项目价值。相关数据如表 4–4 所示。

表 4–4　W 公司未来 3 年的预期收益

项目	净收益额 / 万元	折现率 /%	折现系数	收益折现值 / 万元
第 1 年	300	6	0.943 4	283.02
第 2 年	400	6	0.890 0	356.00
第 3 年	200	6	0.839 6	167.92
第 4 年	180	6	0.792 1	142.58
第 5 年	150	6	0.747 3	112.10

分析思路： 该项目每年净收益为不等金额，需要分别折现。根据题目已知各期折现系数，可直接计算。

资产评估价值 $= 300 \times (P/F, 6\%, 1) + 400 \times (P/F, 6\%, 2) + 200 \times (P/F, 6\%, 3)$
$\qquad + 180 \times (P/F, 6\%, 4) + 300 \times (P/F, 6\%, 5)$
$\qquad = 283.02 + 356.00 + 167.92 + 142.58 + 112.10 = 1\,061.62$（万元）

计算过程如下：

$$PV=\sum_{t=1}^{5}\frac{P_t}{(1+r)^t}$$

$$=\frac{300}{1+6\%}+\frac{400}{(1+6\%)^2}+\frac{200}{(1+6\%)^3}+\frac{180}{(1+6\%)^4}+\frac{150}{(1+6\%)^5}$$

$$=\frac{300}{0.943\ 4}+\frac{400}{0.890\ 0}+\frac{200}{0.839\ 6}+\frac{180}{0.792\ 1}+\frac{150}{0.747\ 3}$$

$$=1\ 061.62（万元）$$

【例 4-6】 W 公司委托 AA 事务所评估一项资产，该资产预计未来 5 年收益额分别是 12 万元、15 万元、13 万元、11 万元、14 万元。假定从第 6 年开始，以后各年收益均为 14 万元，确定的折现率和资本化率为 10%。分别确定该收益性资产在永续经营条件下和 30 年收益的评估值。

（1）永续经营条件下的评估。

分析思路： 评估价值分两个阶段，第一阶段为未来 5 年不等额收益额的现值，第二阶段为 5 年后开始的永续年金收益现值，计算时要分别折现到评估时点。

首先，确定未来 5 年收益额的现值。计算中的现值系数，可从复利现值表中查得。

$$P_1=\frac{12}{1+10\%}+\frac{15}{(1+10\%)^2}+\frac{13}{(1+10\%)^3}+\frac{11}{(1+10\%)^4}+\frac{14}{(1+10\%)^5}$$

$$P_1=12\times(P/F,10\%,1)+15\times(P/F,10\%,2)+13\times(P/F,10\%,3)+$$
$$11\times(P/F,10\%,4)+14\times(P/F,10\%,5)$$

$$=12\times0.909\ 1+15\times0.826\ 4+13\times0.751\ 3+11\times0.683\ 0+14\times0.620\ 9=49.277\ 7（万元）$$

或：

$$P_1=\frac{12}{1+10\%}+\frac{15}{(1+10\%)^2}+\frac{13}{(1+10\%)^3}+\frac{11}{(1+10\%)^4}+\frac{14}{(1+10\%)^5}=49.277\ 7（万元）$$

其次，将第 6 年以后的收益进行折现处理，因为从第 6 年开始，每年收益相同，且无期限，为永续年金。

$$P_2=A/r=14\div10\%=140（万元）$$

最后，将第 6 年以后的价值折现到评估时点，与 P_1 相加确定该企业的评估价值。

$$企业评估价值=P_1+P_2\frac{1}{(1+i)^5}$$

$$=49.277\ 7+140\times0.620\ 9$$

$$=136.203\ 7（万元）$$

（2）30 年的收益价值评估。

分析思路： 评估价值分两个阶段，第一阶段为未来 5 年不等额收益额的现值，第二阶段为 5 年后开始的普通年金收益现值，计算时要分别折现到评估时点。第一阶段的复利现值系数，可从复利现值表中查得；第一阶段的年金现值系数可查阅年金系数表。

评估价值：$P_1=49.277\ 7$

$$P_2=14\times(P/A,10\%,25)\times(P/F,10\%,5)=14\times9.077\times0.620\ 9=78.902\ 7（万元）$$

企业评估价值 =128.180 4（万元）

三、收益法的评价

收益法评估充分考虑资产未来的收益能力和风险，将未来的收益折现成评估基准日的现值，从资产获利能力的角度真实、准确地反映资产的价值。收益法是从投资者的角度来考虑资产的价值的，能为投资者提供较为合理的预期，有助于投资决策的正确性。与其他评估方法相比，收益法更能体现企业存在和运营的本质特征，评估结果更有说服力，容易被买卖双方所接受。但收益法参数预测的难度较大。根据收益法的原理，收益法涉及多个参数：收益额、收益期限和折现率，这三个参数均需要通过预测得到。资产所能带来的未来收益额受到很多因素的影响：资产所要面临的市场状况、企业具体的经营状况、企业所要面临的财务状况等，众多因素决定了未来收益的不确定性。这种不确定性导致了评估人员对主要参数预测时，存在很多评估者个人的判断。

收益法应用的前提条件是收益和风险均可被预测、量化。这就要求，被评估资产要具备获利能力。对于那些不具备获利能力的资产，例如大量的单项资产或者是非营利性资产均不适合采用收益法进行评估。

收益法一般适用于那些形成资产的成本费用与其获利能力不对称以及成本费用无法或难以准确计算的资产，如企业价值、无形资产以及可被预测未来收益的单项生产经营性资产。

知识回顾

收益法是指通过估测被评估资产未来预期收益的现值来判断资产价值的各种评估方法的总称。收益法评估实质是将未来的收益折算到评估基准日的时点上。根据评估对象的预期收益来评估其价值，评估结果容易被经济业务各方接受。收益法的基本程序包括六个步骤：收集验证资产的有关信息资料，预测资产收益额，预测折现率，预测评估对象收益期限，折现，分析确定评估结果。收益法可以分为若干类：针对评估对象预期收益额的情形划分，又可分为等额收益评估法、非等额收益评估法；针对评估对象未来预期收益的限期，可分为有限期评估和无限期评估。收益法评估充分考虑资产未来的收益能力和风险，将未来的收益折现成评估基准日的现值，从资产获利能力的角度真实、准确地反映资产的价值。收益法是从投资者的角度来考虑资产的价值的，能为投资者提供较为合理的预期，有助于投资决策的正确性。与其他评估方法相比，收益法更能体现企业存在和运营的本质特征，评估结果更有说服力，容易被买卖双方接受。根据收益法的原理，收益法涉及多个参数：收益额、收益期限和折现率，这三个参数均需要通过预测得到，预测的难度较大。收益法一般适用于那些形成资产的成本费用与其获利能力不对称以及成本费用无法或难以准确计算的资产，如企业价值、无形资产以及可被预测未来收益的单项生产经营性资产。

实践任务

任务分组

班级		组号		共（ ）人	
组长		学号			
组员	学号	姓名	学号	姓名	

个人任务

任务工单1							
班级		组号		姓名		学号	
项目		内容					
任务要求	学习模块知识，回答问题						
任务目标	掌握资产评估收益法的概念、使用条件、基本程序						
任务实施	1. 简述资产评估收益法的概念 2. 简述资产评估收益法的使用条件 3. 简述资产评估收益法的基本程序						
任务总结							

协作任务

任务工单 2							
班级		组号		姓名		学号	
项目	内容						
任务内容	资产评估收益法的具体方法						
任务要求	归纳总结资产评估收益法的要素确认方法						
任务目标	熟悉资产评估收益法的具体方法						
任务实施							
任务总结							

任务工单 3							
班级		组号		姓名		学号	
项目	内容						
任务情境	根据本模块情景导入内容，分析讨论并形成结论。 1. 杨旭发现了什么问题？ 2. 杨旭应该搜集哪些资料？						
任务目标	熟悉、运用资产评估收益法						
任务要求	结合本模块知识点，分析、讨论模块情景导入中的问题并阐明原因						
任务实施	1. 评估法应如何选择？ 2. 采用收益法评估时，需要获取参照对象的哪些信息？						
任务总结							

任务工单 4								
班级		组号		姓名		学号		
项目	内容							
任务内容	小组案例分析							
任务要求	利用网络或图书资源，查找资产评估收益法的相关评估案例，并根据评估案例分析资产评估收益法的评估要点							
任务目标	掌握资产评估收益法的评估方法							
任务实施	案例简述							
	提出问题							
	分析问题							
	解决问题							
任务总结								

汇报任务

任务工单 5								
班级		组号		姓名		学号		
项目	内容							
任务内容	各工作小组选派一名成员，汇报任务内容							
任务要求	查阅资料，根据任务工单内容，总结并阐述知识要点							
任务目标	熟悉模块知识并能熟练运用							
任务实施	汇报任务 1							
	汇报任务 2							
	汇报任务 3							
任务总结								

任务评价

个人评价

	任务工单6		
班级	组号	姓名	学号
序号	评价内容	分值（分）	分数
1	主动记录课堂要点，形成课堂笔记	10	
2	上课积极参与课堂问答和小组讨论	10	
3	理解、掌握课堂知识	10	
4	能运用课堂知识、技能分析和解决问题	10	
5	能有效利用网络、图书资源获取有用信息	10	
6	主动思考问题，具有创造性思维	10	
7	善于分析、总结，能有条理地表达观点	10	
8	尊重他人意见，善于发现合作伙伴的长处	10	
9	遇到挫折能相互鼓励、群策群力	10	
10	按时保质完成任务	10	
	合计	100	

小组评价

	任务工单7		
班级		组号	
序号	评价内容	分值（分）	分数
1	模块知识掌握程度	20	
2	资源收集、整理能力	10	
3	团队分工、协作程度	20	
4	法律意识	10	
5	职业道德、职业素养（工作严谨性、规范性、专业性等）	20	
6	创新意识	10	
7	任务完成速度	10	
	合计	100	

班级评价

任务工单 8			
班级		组号	
序号	评价内容	分值（分）	分数
1	展示汇报	40	
2	参与程度	30	
3	完成质量	30	
	合计	100	

自测训练

自测题

自测题答案

 扫码学习

课外阅读

课外阅读

悟道明理

模块五

资产评估基本方法——成本法

情景导入

北京 W 资产评估咨询有限公司接到 C 公司委托，对委托人车间的一台生产设备进行评估。评估目的为设备转让。评估基准日为 2024 年 6 月 30 日。经评估人员调查发现，设备五成新，还能使用 5 年，该设备的市场价格平均每年比上一年下降 10%；市场出现了大量功能升级的新型设备，与评估设备对比，新型设备可节省人员 5 人，人均月工资水平为 5 000 元；受市场环境影响，该设备开工不足，造成的收益年损失额约为 80 万元。综合其他信息，评估项目组决定采用成本法对评估对象展开评估。

思考：如果你是资产评估师，会考虑哪些信息？你将如何对该设备进行价值评估？

学习目标

知识目标	掌握资产评估成本法的概念、前提条件、评估方法
能力目标	熟练运用资产评估成本法进行价值评估
素质目标	树立法律意识，培养工匠精神，养成严谨的职业习惯，做事精益求精

思维导图

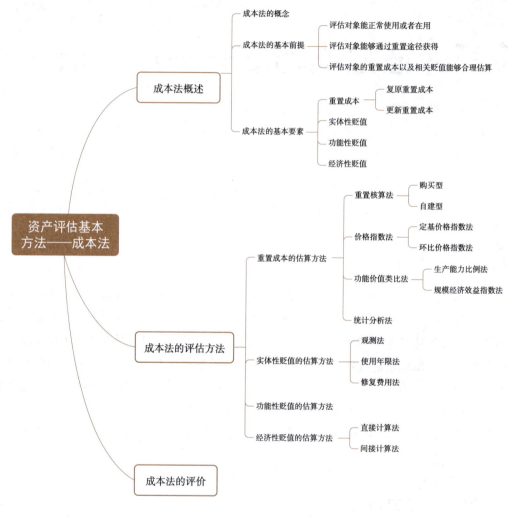

探索"碳中和"背景下的碳资产评估

2021年10月，中共中央、国务院发布《关于完整准确全面贯彻新发展理念做好碳达峰碳中和工作的意见》，部署了国家对于碳中和目标实现的各项具体工作措施，体现了国家实现碳中和目标的决心，以碳减排为核心的低碳经济将是我国未来发展的必由之路。

碳资产是碳中和背景下通过交易机制而给企业带来的与碳排放相关的资产。碳资产能够在碳中和领域发挥作用，其价值受制于政策与技术环境等多种因素影响，碳资产评估在评估主体、目的、方法等方面有着自身特点。

企业碳资产是近年来出现的一种新兴资产种类，但它仍然具有一般资产属性。碳资产是基于碳中和战略或碳交易机制的实行而给企业带来的与碳排放相关的资产，包括低碳技术、低碳设备、二氧化碳等温室气体的排放权和减排额度（碳配额），以及核证自愿减排项目的碳减排量等。

碳资产评估仍遵循资产评估原则。在评估主体方面，碳资产是由资产所有公司所有且在未来会产生经济利益的流入，碳资产不论是从政府无偿取得，还是从市场购买所得，抑或是技术改进形成，只要归企业支配使用，均可以包括在评估范围内。只要碳资产有效用，无论何种形式的碳资产都应被列为评估主体。

在评估目的方面，随着碳资产交易的活跃，碳资产相关的评估目的既包括碳资产的直接转让，也包括抵押、以财务报告为目的等。近年来，部分试点地区先后出台碳排放配额、碳排放权等抵押贷款操作指引，明确提出抵押金额以评估结论为重要参考。碳资产评估应根据不同的评估目的，选择恰当的价值类型和评估方法，与资产评估委托方充分沟通，确保评估目的与经济行为相一致。

在评估方法方面，根据资产评估法和相关准则，资产评估的主要方法包括成本法、市场法和收益法。这三种方法从不同角度对资产价值进行衡量。评估师应注意结合碳资产的特性，谨慎考虑项目特点与所处发展环境，提高评估准确性。

市场法的核心是找到可比的交易实例，由于全国碳排放权交易市场已经初步形成，具备适用条件，评估师应当根据评估对象的情况适用。但要注意核证减排量有不同的交易机制，不同交易机制下的价格差异较大，市场交易案例应与之保持一致。

运用成本法对碳资产进行评估的前提是碳资产在投入过程中能创造相应价值。通过改进设备、技术提升等手段获得同等权利的投入是购置排放权资产的一种机会成本，对减排而进行的投入进行重置可当成是排放权资产评估的成本途径。

由于部分碳资产并不是一次性完成核证减排，例如林业碳汇，其林业生长周期可能长达 60 年，核证监测周期通常为 5 年，因此评估师对其评估方法可以依据《实物期权评估指导意见》，采用实物期权模型确定其价值。

在碳中和时代背景下，资产评估参与碳资产业务，除了要在估算定价领域发挥价值发现、公允尺度作用外，还应充分发挥评估机构专业能力，积极开拓碳资产相关业务，拓宽业务领域。

（资料来源：《探索"碳中和"背景下碳资产评估》，https：//www.sohu.com/a/580985985_99938617，节选）。

学习任务一 成本法概述

一、成本法的概念

成本法是指按照重建或者重置被评估对象的思路，将重建或者重置成本作为确定评估对象价值的基础，扣除相关贬值，以此确定评估对象价值的评估方法。

成本法始终贯穿着重建或重置被评估资产的思路。在条件允许的情况下，任何一个潜在的投资者在决定投资某项资产时，其愿意支付的价格不会超过购建该项资产的现行成本。具体的表现包括：如果投资对象并非全新，投资者所愿支付的价格会在全新投资对象购建成本的基础上扣除资产的实体有形损耗；如果被评估资产存在功能和技术落后的状况，投资者所愿支付的价格会在全新投资对象购建成本的基础上扣除资产的功能性贬值；如果被评估资产及其产品面临市场困难和外部影响，投资者所愿支付的价格会在全新投资对象购建成本的基础上扣除资产的经济性贬损因素。具体的计算公式为：

资产的评估值＝资产的重置成本－实体性贬值－功能性贬值－经济性贬值　　（5–1）

成本法包括多种具体方法，如复原重置成本法、更新重置成本法、成本加和法（也称资产基础法）等。

成本法是以评估对象的重置成本为价值判断基础，但影响资产价值量变化的因素，除了市场价格以外，还有因使用磨损和自然力作用而产生的实体性损耗，因技术进步而产生的功能性损耗，因资产外部环境因素变化而产生的经济性损耗。因此，成本法除计算按照全新状态重新购建的全部支出及必要合理的利润外，还需要计算由损耗造成的价值损失。

知识链接

资产评估中资产的损耗不同于会计规定的折旧。

资产评估中的损耗，是根据重置成本对资产的实际价值损耗的计量，反映资产价值的现实损失额。

会计业务中折旧的资产是针对会计主体的会计账簿中记录在册的资产，依照会计核算要求和会计准则来反映的原始成本分摊，是根据历史成本对资产的原始价值损耗的计量，可采用直线法或加速法计算折旧数额，但计算结果未必能准确反映资产价值变化的实际状况。

二、成本法的基本前提

《资产评估执业准则——资产评估方法》第四章第十六条规定了成本法应用的前提条件：评估对象能正常使用或者在用；评估对象能够通过重置途径获得；评估对象的重置成本以及相关贬值能够合理估算。

（一）评估对象能正常使用或者在用

成本法从再取得资产的角度来反映资产的交换价值，即通过资产的重置成本扣减贬损价值反映资产价值。只有当被评估资产处于继续使用的状态下时，再取得被评估资产的全部费用才能构成其交换价值的内容。资产的继续使用不仅仅是物理状态的持续，还包含着其创造的经济效益的持续。只有当资产能够继续使用并且在持续使用中为潜在所有者和控制者带来经济利益时，资产的重置成本才能为潜在投资者和市场所承认和接受。因此，成本法主要适用于继续使用前提下的资产评估。

（二）评估对象能够通过重置途径获得

成本法要求评估对象能够通过重置途径获得，意味着成本法评估的对象必须是可再生、可被复制的资产，取得重置或者重建的成本在理论上和现实上都可以成立并实现。如果评估对象不可复制、再生，比如稀缺的古董，难以重新取得，成本也无从计量。

（三）评估对象的重置成本以及相关贬值能够合理估算

根据成本法的计算思路，评估对象的评估价值要用资产的重置成本价值减资产贬值价值计算，这就要求重置成本和贬值能够合理估算。重置成本和贬值价值应当是社会一般生产力水平的客观必要成本，而不是个别成本。实务中，资产的继续使用并不是决定成本法能否被使用的唯一前提，若用成本法对于非继续使用前提下的资产进行评估，需对成本法的基本要素做必要的调整。

三、成本法的基本要素

（一）重置成本

重置成本就是资产的现行再取得成本。重置成本的构成要素一般包括建造或者购置评估对象的直接成本、间接成本、资金成本、税费及合理的利润。

重置成本可区分为复原重置成本和更新重置成本。

1. 复原重置成本

复原重置成本是指采用与评估对象相同的材料、建筑标准或制造标准、设计、规格及技术等，以现时价格水平重新购建与评估对象相同的全新资产所发生的费用。复原重置成本适用于评估对象的效用只能通过按原条件重新复制评估对象的方式提供。

2. 更新重置成本

更新重置成本是指采用新型材料、现代建筑标准或制造标准，新型设计、规格和技术等，以现行价格水平购建与评估对象具有同等功能的全新资产所需要的费用。更新重置成本通常适用于使用当前条件所重置的资产可以提供与评估对象相似或者相同的功能，并且更新重置成本低于其复原重置成本。

（二）实体性贬值

实体性贬值也称为有形损耗，是指资产由于使用自然力的作用导致的资产的物理性能的损耗或下降而引起的资产价值损失。

有形损耗，是可见或可测量出来的物理性损失、消耗。资产在使用、持有过程中因受到物理、化学或自然力等因素的作用而逐渐发生的一定程度的损耗或磨损。有形损耗包括使用损耗和自然损耗。使用损耗是由于资产的使用引起的损耗，如机器设备在运转中由于摩擦和物理化学反应等会使其效率逐步降低；自然损耗是由于不使用而受自然力的作用造成的，如锈蚀、自然老化等。

（三）功能性贬值

功能性贬值是指由于技术进步引起的资产功能相对落后而造成的资产价值损失。包括因新工艺、新材料、新技术等的采用使原有资产的建造成本超过现行建造成本的超支额和原有资产运营成本超过现阶段因技术、材料等升级的同类资产的运营成本的超支额。这种营运成本的超值额有两种表现形式：一是相同产能下的运营成本的差异；二是相同运营成本下的产能差异。

评估功能性贬值时，不仅要根据被评估资产因自身的产能、能耗水平等功能差异造成的成本增加或效益降低，还要考虑因科技升级形成的替代产品、技术等因素的影响。

（四）经济性贬值

资产的经济性贬值是指由于外部条件的变化引起资产闲置、收益下降等而造成的资产价值损失。外部条件造成的经济性贬值受国际、国内的产业政策、行业发展、市场需求、通货膨胀等作用，会影响资产的潜在经济回报，继而影响资产的市场价值。

以机器设备为例，当市场产业竞争加剧，产品的市场需求减少，生产能力过剩时，企业会调整产能，从而导致设备开工不足，资产利用效率下降，收益减少，会产生经济性贬值；当机器设备的运行指标不适于国家现行的能源、环保法律、法规要求时，机器设备的使用寿命会被缩短，使运营成本上升，资产价值下降，也会产生经济性贬值。

学习任务二　成本法的评估方法

采用成本法评估资产需要估算评估对象的重置成本、实体性贬值、功能性贬值和经济性贬值四大参数，如图 5-1 所示。每种参数的估算方法因各自属性、特征的不同，具体估算方式也有差异。

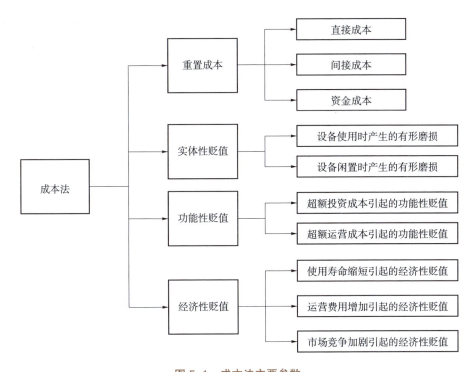

图 5-1 成本法主要参数

一、重置成本的估算方法

(一) 重置核算法

重置核算法也称细节分析法、核算法,是利用成本核算的原理,根据重新取得资产所需的费用项目逐项进行实际测算,然后累加得到资产的重置成本。实际测算的过程又可具体划分为购买型和自建型。

1. 购买型

购买型是以购买资产的方式作为资产的重置过程,所以又称市场重置法。资产的重置成本主要由资产的现行购买价格、运杂费、安装调试费以及其他必要费用构成。将上述取得资产的必需费用累加起来,便可计算出资产的重置成本。

2. 自建型

自建型是把自建资产作为资产重置的方式。资产的重置成本根据重新建造资产所需的料、工、费及必要的资金成本和开发者的合理利润等分析和计算得出。

资产的重置成本应包括开发者的合理收益。重置成本是在现行市场条件下重新购建一项全新资产所支付的全部货币总额,应该包括资产开发和制造商的合理收益。资产评估旨在了解被评估资产模拟条件下的交易价格。一般情况下,价格都应该含有开发者或制造者合理收益的部分。资产重置成本中合理收益部分的确定,应以现行行业或社会平均资产收益水平为依据。

【例 5-1】 重置购建设备一台,现行市场价格为每台 85 000 元,运杂费为 3 000 元,直接安装成本为 1 800 元,其中原材料为 800 元、人工成本为 1 000 元。根据统计分析,计算求得安装成本中的间接成本为:每 1 元人工成本对应 0.6 元间接成本,计算该机器设备的重置成本。

分析思路: 资产的重置成本包括资产的现行购买价格、运杂费、安装调试费以及其他必要费用,因此需要计算构成资产重置成本的所有成本。

$$间接成本 = 1\ 000 \times 0.6 = 600(元)$$
$$资产的重置成本 = 85\ 000 + 3\ 000 + 1\ 800 + 600 = 90\ 400(元)$$

(二)价格指数法

价格指数法,是通过与资产有关的价格变动指数,将被评估资产的历史成本(账面价值)调整为重置成本的一种方法。当评估人员无法获得处于全新状态的评估对象的现行市价和与评估对象相类似的参照物的现行市价时,可以利用与资产有关的价格变动指数计算评估对象的重置价值。其计算公式为:

$$重置成本 = 资产的账面原值 \times (1 + 价格变动指数) \quad (5-2)$$

或:

$$重置成本 = 资产账面原值 \times 价格指数 \quad (5-3)$$

价格指数又分为定基价格指数和环比价格指数。定基指数和环比指数的计算思路不同,根据不同的价格指数特征,确定的重置成本也有差异。

定基价格指数是评估对象在评估时点的价格指数与基期资产购建时点的价格指数之比。计算公式为:

$$定基价格指数 = (评估时点定基价格指数 \div 资产购建时定基价格指数) \times 100\% \quad (5-4)$$

环比价格变动指数各个时期的指数都是以前一期为基础来计算的。计算公式为:

$$X = (1 + a_1)(1 + a_2)(1 + a_3) \cdots (1 + a_n) \times 100\% \quad (5-5)$$

式中,X 为环比价格指数;a_n 为第 n 年环比价格变动指数,$n = 1, 2, 3 \cdots$

【例 5-2】 W 公司委托 AA 事务所评估一项资产,已知被评估资产购建于 2018 年,账面原值为 50 万元,当时该类资产的定基价格指数为 80%,经调查,评估时该类资产的定基价格指数为 160%,采用定基指数法计算评估对象的重置成本。

分析思路: 采用定基指数法可直接用评估基准日定基价格指数与购建期定基价格指数相比估算重置成本。

$$被评估资产重置成本 = 50 \times (160\% \div 80\%) = 100(万元)$$

【例 5-3】 W 公司委托 AA 事务所评估一项资产,已知被评估资产购建于 2018 年,账面原值为 50 万元,已知同类资产环比价格变动指数分别是:2019 年为 11.2%,2020 年为 12%,2021 年为 21%,2022 年为 5.5%,2023 年为 3.2%,采用环比指数法计算评估对象的重置成本。

分析思路: 采用环比指数法需要将购建期价格指数调整到评估基准日,再估算重置成本。

被评估资产重置成本 =50×（1+11.2%）×（1+12%）×（1+21%）×（1+5.5%）×（1+3.2%）
=82.037（万元）

价格指数法与重置核算法是重置成本估算较常用的方法，都是建立在利用历史资料的基础上估算重置成本，但二者具有明显的区别。价格指数法估算的重置成本仅考虑了价格变动因素，因而确定的是复原重置成本；重置核算法既可以考虑价格因素，又可以考虑生产技术进步和劳动生产率的变化因素，因而既可以估算复原重置成本又可以估算更新重置成本。价格指数法建立在不同时期的某一种或某类甚至全部资产的物价变动水平上，重置核算法建立在现行价格水平与购建成本费用核算的基础上。

明确价格指数法和重置核算法的区别，有助于重置成本估算方法的判断和选择。例如，受科学技术影响升级迭代较快的资产，采用价格指数法估算的重置成本会高于采用重置核算法估算的重置成本。

（三）功能价值类比法

功能价值类比法，是根据某些资产的功能（生产能力）与其价格或重置成本的变化趋势，估测被评估对象价格或重置成本的方法。当资产的功能与其价格或重置成本的变化呈某种线性关系时可采用功能价值类比法的生产能力比例法；当资产的功能与其价格或重置成本的变化呈某种非线性关系时可采用功能价值类比法的规模经济效益指数法。

1. 生产能力比例法

生产能力比例法，要求寻找与被评估资产相同或相似的资产为参照物，根据参照资产的重置成本及参照物与被评估资产生产能力的比例，估算被评估资产的重置成本。具体的计算公式为：

$$重置成本 = \frac{被评估资产年产量}{参照物年产量} \times 参照物重置成本 \quad (5-6)$$

生产能力比例法是建立在资产成本与其生产能力呈线性关系的假设基础上，认为资产的生产能力越大，成本就越高。如果评估对象的资产成本与其生产能力不存在这种关系，这种方法就不可以采用。

【例 5-4】 W 公司委托 AA 事务所评估一台机器设备，已知该机器设备年产量为 4 000 件，市场上全新的该种机器设备的价格为 50 000 元/台，年产量为 5 000 件。经分析，该种设备的资产成本与生产能力之间存在线性关系，估算该机器设备的重置成本。

分析思路： 已知资产成本与生产能力之间存在线性关系，可以使用生产能力比例法，根据市场上同类参照物的重置成本及参照物与被评估资产生产能力系数估算重置成本。

$$被评估资产重置成本 = \frac{4\,000}{5\,000} \times 50\,000 = 40\,000（元）$$

2. 规模经济效益指数法

当资产的功能与其价格或重置成本的变化呈某种非线性关系时，可采用规模经济效益指数法。实务中，大多数资产的成本与生产能力之间不存在线性关系。评估资产与参照物资产的生产能力比值未必等于其成本比值。也就是说，资产生产能力和成本之间虽然是同方向变化，但不是等比例变化，这是规模经济效益作用的结果。

两项资产的重置成本和生产能力关系如下：

$$\frac{被评估资产的重置成本}{参照物资产的重置成本} = \left(\frac{被评估资产的产量}{参照物资产的产量}\right)^X \quad (5-7)$$

推导可得：

$$被评估资产的重置成本 = 参照物资产的重置成本 \times \left(\frac{被评估资产的产量}{参照物资产的产量}\right)^X \quad (5-8)$$

式中，X 为规模经济效益指数，是经验数据。不同国家、不同行业的规模经济效益指数各不相同，如加工工业的规模经济效益指数一般为 0.7，房地产行业的规模经济效益指数一般为 0.9。在美国规模经济效益指数取值一般在 0.4~1.2，我国尚未有统一的经验数据，在评估过程中要谨慎使用这种方法。公式中的参照物一般可选择同类资产中的标准资产。

【例 5-5】W 公司委托 AA 事务所评估一台机器设备，已知该机器设备年产量为 4 000 件，市场上全新的该种机器设备的价格为 50 000 元/台，年产量为 5 000 件。经分析，该种设备的资产成本与生产能力之间存在非线性关系，规模经济效益指数为 0.8，估算该机器设备的重置成本。

分析思路：已知资产成本与生产能力之间呈非线性关系，可以采用规模经济效益指数法，根据市场上同类参照物的重置成本及参照物与被评估资产生产能力系数估算重置成本。

$$被评估资产重置成本 = (4\ 000 \div 5\ 000)^{0.8} \times 50\ 000 = 41\ 825.58（元）$$

（四）统计分析法

用成本法对企业整体资产或同一类型的资产进行评估时，为了简化评估业务，节省评估时间，可以采用统计分析法确定评估对象的重置成本。

统计分析法的评估步骤如下：

1. 资产分类

在核实资产数量的基础上，把全部资产按照适当标准划分为若干类别。如房屋建筑物按结构划分为钢结构、钢筋混凝土结构等；机器设备按有关规定划分为专用设备、通用设备、运输设备、仪器、仪表等。

2. 抽样计算

在各类资产中抽样选择适量、具有代表性的资产，应用功能价值法、价格指数法、重置核算法或规模经济效益指数法等方法估算其重置成本。

3. 计算调整系数

依据分类抽样估算资产的重置成本额与账面历史成本，计算出分类资产重置成本与历史成本的调整系数，其计算公式为：

$$调整系数 = 某类抽样资产的重置成本 \div 某类抽样资产的历史成本 \quad (5-9)$$

4. 计算重置成本

根据调整系数估算被评估资产的重置成本，其计算公式为：

$$被评估资产重置成本 = \sum 某类资产账面历史成本 \times 调整系数 \quad (5-10)$$

资产账面历史成本可从会计资料中取得。

【例 5-6】 W 公司委托 AA 事务所评估一批机器设备，已知该批机器设备为通用设备。经抽样选择具有代表性的一批通用设备，估算其重置成本之和为 120 万元，该批具有代表性的通用设备的历史成本之和为 80 万元，该类通用设备账面历史成本之和为 500 万元，估算该批机器设备的重置成本。

分析思路：已知该机器设备为通用设备且有抽样选择环节，考虑采用统计分析法计算调整系数评估重置成本。

$$调整系数 = 120 \div 80 = 1.5$$

$$重置成本 = 500 \times 1.5 = 750（万元）$$

二、实体性贬值的估算方法

实体性贬值是资产由于在使用或持有过程中，因使用或自然力的作用导致的有形损耗引起的价值贬损。资产的实体性贬值通常用实体性贬值率表示。

$$实体性贬值率 = \frac{资产实体性贬值}{资产重置价值} \times 100\% \quad (5-11)$$

资产的实体性贬值估算方法主要包括观测法、使用年限法、修复费用法。

（一）观测法

观测法，也称成新率法，是通过具有专业知识和丰富经验的工程技术人员对被评估资产实体的各主要部位进行技术鉴定，综合分析资产的设计、制造、使用、维护、磨损、修理、大修理、改造情况以及物理寿命等因素，将评估对象与其全新状态做比较，考察因使用磨损和自然损耗对资产的功能、使用效率带来的影响，以此判断被评估资产的成新率，估算实体性贬值。其计算公式为：

$$实体性成新率 = 1 - 实体性贬值率 \quad (5-12)$$

$$资产实体性贬值 = 重置成本 \times (1 - 实体性成新率) \quad (5-13)$$

【例 5-7】 W 公司委托 AA 事务所评估一台设备，已知该设备 2021 年 6 月 30 日购进，购置成本为 200 万元。设备评估基准日为 2023 年 7 月 3 日，经专业工程技术人员技术鉴定，该设备因使用磨损形成的贬值率为 15%。不考虑其他因素的影响，计算该设备的实体性贬值和成新率。

分析思路：已知设备因使用磨损形成的贬值率为 15%，根据公式直接计算。

$$资产实体性贬值 = 200 \times 15\% = 30（万元）$$

$$实体性成新率 = 1 - 15\% = 85\%$$

（二）使用年限法

使用年限法，是利用被评估资产的实际已使用年限与其总使用年限的比值来判断其实体贬值率（程度），进而估测资产的实体性贬值的方法。与使用年限法具有相同评估原理的技术方法还有工作量比率法等。使用年限法的计算公式为：

$$资产的实体性贬值率 = \frac{实际已使用年限}{总使用年限} \quad (5-14)$$

$$资产的实体性贬值 = 重置成本 \times \frac{实际已使用年限}{总使用年限} = 重置成本 \times 实体性贬值率 \quad (5-15)$$

$$总使用年限 = 实际已使用年限 + 尚可使用年限 \quad (5-16)$$

$$实体性贬值率 = 实际已使用年限 \div 总使用年限 \quad (5-17)$$

$$实际已使用年限 = 名义已使用年限 \times 资产利用率 \quad (5-18)$$

尚可使用年限是根据资产的有形损耗因素，预计资产的继续使用年限。

由于资产在使用中负荷程度的影响，必须将资产的名义已使用年限调整为实际已使用年限。名义已使用年限，是指资产从购进使用到评估时的年限，可以通过会计记录、资产登记簿、登记卡片查询确定。实际已使用年限，是指资产在使用中实际损耗的年限。实际已使用年限与名义已使用年限的差异可以通过资产利用率来调整。资产利用率的计算公式为：

$$资产利用率 = \frac{截至评估日资产累计实际利用时间}{截至评估日资产累计法定利用时间} \times 100\% \quad (5-19)$$

当资产利用率＞1时，表示资产超负荷运转，资产实际已使用年限比名义已使用年限长；当资产利用率＝1时，表示资产满负荷运转，资产实际已使用年限等于名义已使用年限；当资产利用率＜1时，表示开工不足，资产实际已使用年限小于名义已使用年限。

【例5-8】 W公司委托AA事务所评估一台设备，已知设备2013年5月购进。2023年5月评估时，其名义已使用年限是10年。根据该设备的技术指标，在正常使用的情况下，每天应工作8小时，而该设备实际每天工作7小时（1年按360天计算）。计算设备的利用率和实际已使用年限。

分析思路： 已知设备每天实际工作时长小于应工作时长，设备为不饱和使用，资产利用率小于100%，实际已使用年限不足10年。可直接根据公式计算。

$$资产利用率 = [10 \times 360 \times 7 \div (10 \times 360 \times 8)] \times 100\% = 87.5\%$$

$$实际已使用年限 = 10 \times 87.5\% = 8.75（年）$$

在实际评估过程中，由于企业基础管理工作较差以及资产运转中的复杂性，资产利用率的指标往往很难确定，评估人员应综合分析资产的运转状态，如资产开工情况、大修间隔期、原材料供应情况、季节性生产等各方面因素分析。

使用年限法是一种应用较为广泛的评估技术。在资产评估实际工作中，评估专业人员还可以利用使用年限法的原理，根据评估对象设计的总的工作量和评估对象已经完成的工作量、评估对象设计行驶里程和已经行驶的里程等指标，利用使用年限法测算资产的实体性贬值。因此，使用年限法可以被许多指标利用来评估资产的实体性贬值。

【例 5-9】 W 公司委托 AA 事务所评估一辆汽车，被评估车辆可行驶的总里程为 100 万公里。截至评估基准日，该车辆已经行驶 20 万公里，重置成本为 40 万元。假定不考虑其他因素，评估对象在基准日的实体性贬值额。

分析思路：已知车辆总里程为 100 万公里，已行驶 20 万公里，设备的实体性贬值率为 20%，根据实体性贬值额公式计算。

实体性贬值率 = 已行驶里程 ÷ 总里程 = 20 ÷ 100 = 20%

实体性贬值额 = 重置成本 × 实体性贬值率 = 40 × 20% = 8（万元）

对于更新改造过的资产而言，评估其实体性贬值时，还应充分考虑更新改造投入的资金对资产寿命的影响，否则可能会过高地估计实体性贬值。

对于更新改造问题，一般采取加权法来确定资产的实体性贬值。也就是说，先计算加权更新成本（或购建成本），再计算加权平均已使用年限。其计算公式为：

$$\text{加权更新成本} = \text{已使用年限} \times \text{更新成本} \tag{5-20}$$

$$\text{加权平均已使用年限} = \sum \text{加权更新成本} \div \sum \text{更新成本} \tag{5-21}$$

需要注意的是，这里所涉及的成本可以是原始成本，也可以是复原重置成本。尽管各时期的投资或更新金额并不具有可比性，但从方便以及可以获得数据而言，采用原始成本比重新确定成本更具可行性，同时也反映了各特定时期的购建或更新所经历的时间顺序。

（三）修复费用法

修复费用法是根据恢复资产功能所需支出的费用金额来直接估算资产实体性贬值的方法。修复费用包括资产零部件的更换或者修复、改造，停工损失等费用支出。如果资产可以通过修复恢复到其全新状态，就可认为资产的实体性损耗等于其修复费用。

【例 5-10】 W 公司委托 AA 事务所评估一台机床，评估基准日为 2023 年 10 月 15 日，已知机床 2018 年 10 月 15 日购建，购建成本为 100 万元，购建后立即投入使用。评估基准日该种型号的机床全新状态下市场价值为 85 万元。目前该设备数控主板损坏，更换费用为 20 万元。更换后，机床可以恢复功能生产。假设该机床的经济寿命为 20 年，机床残值率为 10%，假定无数控主板的残值率为 0，不考虑其他因素影响，试估算该机床当前的市场价值。

分析思路：根据上述条件，由于机床残值率为 10%，即包含数控主板部分。但机床数控主板已损坏且无残值，因此，在计算贬值时要剔除数控主板。设备构建于 2018 年 10 月 15 日，购建后立即投入使用，评估基准日为 2023 年 10 月 15 日，设备已使用 4 年。在使用过程中，机床整体都会出现损耗，因此被评估机床评估价值除了考虑数控主板的 20 万元贬值外，还要考虑机床因使用形成的实体性贬值。

无数控主板机床现行市场价值 = 85 − 20 = 65（万元）

无数控主板机床残值率 = (10% × 85 − 0 × 20) ÷ 65 = 13.08%

$$无数控主板机床重置成本 =65×（1-13.08\%）=56.50（万元）$$
$$无数控主板机床实体性贬值率 =4÷20=20\%$$
$$无数控主板机床贬值额 =56.50×20\%=11.3（万元）$$
$$被评估机床评估价值 =85-11.3-20=53.7（万元）$$

三、功能性贬值的估算方法

功能性贬值，是指由于技术进步引起的资产功能相对落后而造成的资产贬值。功能性贬值额可以根据资产的效用、生产能力、工耗、能耗、物耗水平等功能方面的差异造成的运营成本增加或效益降低，相应地确定。

功能性贬值的估算步骤如下：

（1）将被评估资产的年运营成本与功能相同且被广泛使用的主流资产的年运营成本进行比较。

（2）计算二者的差异，确定净超额运营成本。由于企业支付的运营成本是在税前扣除的，因此企业支付的超额运营成本会导致税前利润额下降。所得税额降低，使企业负担的运营成本低于其实际支付额。因此，净超额运营成本是超额运营成本扣除其抵减的所得税以后的余额。计算公式为：

$$净超额运营成本 = 超额运营成本×（1-所得税率） \qquad (5-22)$$

（3）估计被评估资产的剩余寿命。

（4）以适当的折现率将被评估资产在剩余寿命内每年的超额运营成本进行折现，这些折现值之和就是被评估资产的功能性损耗（贬值）。其计算公式为：

$$被评估资产功能性贬值额 =\sum（被评估资产年净超额运营成本×折现系数） \qquad (5-23)$$

【例5-11】 W公司委托AA事务所评估一台设备，评估基准日为2023年10月1日。经调查，被评估设备的月产量为10万件/月，工资成本为2元/件，预计可使用年限为5年。目前市场上此类设备类型已升级，升级设备的月产能不变，但工资成本为1.5元/件。假定评估设备与升级设备无其他差异，所得税率为25%，折现率按10%计算。计算其功能性贬值额。

分析思路： 首先比较被评估设备与升级设备的年运营成本，计算净超额运营成本，本题被评估设备与升级设备除了工资成本无其他差异，净超值额只考虑因工资成本差异造成的影响；净超值额为未来每年都会发生的损失，因此选用折现系数时，用年金现值系数（P/A，10%，5）计算。

$$新设备工资节约成本 =2-1.5=0.5（元/件）$$
$$年工资成本净超额支出 =（0.5×10）×12×（1-25\%）=45（万元）$$
$$功能性贬值 =45×（P/A,10\%,5）=45×3.7908=170.586（万元）$$

将新老技术设备进行对比时，除生产效率影响工资成本超额支出外，还可对原材料消耗、能源消耗以及产品质量等指标进行对比，计算其功能性贬值。

【例5-12】 W公司委托AA事务所评估一台设备，评估基准日为2023年10月1日。

经调查,被评估设备的月产量为 10 万件/月,每件产品的原材料为 10 元,预计可使用年限为 5 年。目前市场上此类设备类型已升级,升级设备的月产能不变,每件产品的原材料为 6 元。假定评估设备与升级设备无其他差异,所得税率为 25%,折现率按 10% 计算。计算其功能性贬值额。

分析思路:首先比较被评估设备与升级设备的年运营成本,计算净超额运营成本,本题被评估设备与升级设备除了材料成本无其他差异,净超值额只考虑因材料成本差异造成的影响;净超值额为未来每年都会发生的损失,因此选用折现系数时,用年金现值系数(P/A, 10%, 5)计算。

$$新设备材料节约成本 = 10 - 6 = 4(元/件)$$
$$年原材料成本净超额支出 = (4 \times 10) \times 12 \times (1 - 25\%) = 360(万元)$$
$$功能性贬值 = 360 \times (P/A, 10\%, 5) = 360 \times 3.7908 = 1364.688(万元)$$

由于技术进步造成被评估资产出现超额投资成本而形成的功能性贬值还可以通过对超额投资成本的估算进行评估,即超额投资成本可视同功能性贬值。其计算公式为:

$$功能性贬值 = 复原重置成本 - 更新重置成本 \tag{5-24}$$

功能性贬值主要是由于技术相对落后造成的贬值。在资产评估实践中,并不排除由于资产功能过剩而形成资产的功能性贬值。

四、经济性贬值的估算方法

资产的经济性贬值主要因为运营中的资产利用率下降,甚至闲置,并由此引起资产的运营收益减少。当有确凿证据表明资产已经存在经济性贬值时,可参考下面的方法估测其经济性贬值率或经济性贬值额。

(一)直接计算法

直接计算法,主要测算的是因收益额减少所导致的经济性贬值。

$$经济性贬值额 = 资产年收益损失额 \times (1 - 所得税率) \times (P/A, r, n) \tag{5-25}$$

【例 5-13】 W 公司委托 AA 事务所评估一条生产线,评估基准日为 2023 年 10 月 1 日。被评估生产线的设计生产能力为年产 20 万吨产品,因市场需求结构发生变化,在未来可使用年限内,每年产量估计要减少 5 万吨左右,每吨产品损失利润 10 万元,该生产线尚可继续使用 5 年,企业所在行业的投资回报率为 10%,所得税税率为 25%。按照直接计算法计算该生产线的经济性贬值额。

分析思路:该生产线因市场需求结构变化每年减产 5 万吨左右,每吨产品损失利润 10 万元,因此每年损失 50 亿元,按直接法公式计算。

$$经济性贬值额 = (5 \times 10) \times (1 - 25\%) \times (P/A, 10\%, 5) = 37.5 \times 3.7908 = 142.155(亿元)$$

在实际评估工作中也存在经济性溢价的情形,即当评估对象及其产品有良好的市场及市场前景,或有重大政策利好时,评估对象就可能存在经济性溢价。

(二)间接计算法

间接计算法主要测算的是因资产利用率下降所导致的经济性贬值。

1. 当确信被评估资产的功能与其价值呈指数关系时

经济性贬值率 =1-(资产预计可被利用的生产能力÷资产原设计生产能力)^x×100% (5-26)

式中,x 为功能价值指数,实践中多采用经验数据,数值一般在 0.4~1 中选取。

2. 当确信被评估资产的功能与其价值呈线性关系时

经济性贬值率 =1-(资产预计可被利用的生产能力÷资产原设计生产能力)×100% (5-27)

【例 5-14】 W 公司委托 AA 事务所评估一条生产线,被评估生产线的设计生产能力为年产 100 万吨产品。因市场需求结构变化,在未来可使用年限内,每年产量估计要减少 10 万吨,功能价值指数取 0.6。计算生产线的经济性贬值率。

分析思路:该生产线因市场需求结构变化每年减产 10 万吨左右,已知条件只涉及资产利用率下降导致的贬值,按间接法公式计算。

资产预计可被利用的生产能力 =100-10=90(万吨)

经济性贬值率 =1-(90÷100)$^{0.6}$×100%=1-93.87%=6.13%

在资产评估的实践中,当外部环境更有利于资产发挥功能和效用时,资产也存在经济性溢价。

五、成本法的评价

当市场交易活动不频繁、未来收益难以预测时,使用成本法能较为客观地反映出资产的价值。成本法在评估中充分考虑了资产的损耗,有利于评估单项资产和具有特定用途的资产。但是,由于成本法的理论基础是成本价值论,使用该方法所测算出的资产无法从未来收益的角度真实反映资产能为其投资者创造的价值。

成本法评估单项资产时是在重置成本的基础上,将由有形损耗造成的实体性贬值、由技术落后带来的功能性贬值以及由市场状况、政治因素等外部因素造成的经济性贬值扣除,使用成本法评估的价值相较于市场法或收益法会有较大差异。

成本法适用于资产的功能作用具有可替代性、资产可以重置且重置资产所需要的物化劳动易于计量的评估对象。

知识链接

《资产评估执业准则——资产评估方法》第十七条明确,当出现下列情况,一般不适用成本法:①因法律、行政法规或者产业政策的限制使重置评估对象的前提不存在;②不可以用重置途径获取的评估对象。

《资产评估执业准则——资产评估方法》第二十二条规定:当满足采用不同评估方法的条件时,资产评估专业人员应当选择两种或者两种以上评估方法,通过综合分析形成合理评估结论。

知识回顾

　　成本法是指按照重建或者重置被评估对象的思路，将重建或者重置成本作为确定评估对象价值的基础，扣除相关贬值，以此确定评估对象价值的评估方法的总称。成本法应用的前提条件：评估对象能正常使用或者在用；评估对象能够通过重置途径获得；评估对象的重置成本以及相关贬值能够合理估算。成本法的基本要素有：重置成本、实体性贬值、功能性贬值、经济性贬值。成本法评估资产需要估算评估对象的重置成本、实体性贬值、功能性贬值和经济性贬值四大参数。每种参数的估算方法因各自属性、特征的不同，具体估算方式也有差异。当市场交易活动不频繁、未来收益难以预测时，使用成本法能较为客观地反映出资产的价值。成本法在评估中充分考虑了资产的损耗，有利于评估单项资产和评估具有特定用途的资产。但是，由于成本法的理论基础是成本价值论，使用该方法所测算出的资产无法从未来收益的角度真实反映资产能为其投资者创造的价值。

　　资产评估专业人员应当熟知、理解并恰当选择评估方法。评估专业人员应当恰当选择评估方法，除依据评估执业准则只能选择一种评估方法的外，应当选择两种以上评估方法，经综合分析，形成评估结论，编制评估报告。资产评估专业人员应该在资产评估报告中对资产评估方法的选择及其理由进行披露。因适用性受限而选择一种评估方法的，应当在资产评估报告中披露其他基本评估方法不适的原因；因操作条件受限而选择一种评估方法的，应当对所受的操作条件限制进行分析、说明和披露。

实践任务

任务分组

班级		组号		共（ ）人	
组长		学号			
组员	学号	姓名	学号	姓名	

个人任务

任务工单1					
班级		组号		姓名	学号
项目	内容				
任务要求	学习模块知识，回答问题				
任务目标	掌握成本法评估的概念、前提条件、基本程序				
任务实施	1. 简述资产评估成本法的概念 2. 简述资产评估成本法的前提条件 3. 简述资产评估成本法的基本程序				
任务总结					

协作任务

任务工单 2

项目	内容
班级	组号　　　　姓名　　　　学号
任务内容	资产评估成本法的评估方法
任务要求	归纳总结资产评估成本法的评估内容
任务目标	熟悉资产评估成本法的评估方法
任务实施	
任务总结	

任务工单 3

项目	内容
班级	组号　　　　姓名　　　　学号
任务情境	根据本模块情景导入内容，分析讨论并形成结论。 1. 如果你是资产评估师，会考虑哪些信息？ 2. 你将如何确定该设备的评估价值？
任务目标	熟悉、运用资产评估成本法
任务要求	结合本模块知识点，分析、讨论模块情景导入中的问题并阐明原因
任务实施（思路）	1. 该设备是否满足成本法评估的基本条件？ 2. 运用成本法评估价值时需要确定哪些基本要素？ 3. 如何确定各要素价值？
任务总结	

任务工单 4							
班级		组号		姓名		学号	
项目	内容						
任务内容	小组案例分析						
任务要求	利用网络或图书资源,查找资产评估成本法的相关评估案例,并根据评估案例分析资产评估成本法的评估要点						
任务目标	掌握资产评估成本法的基本方法						
任务实施	案例简述						
	提出问题						
	分析问题						
	解决问题						
任务总结							

汇报任务

任务工单 5							
班级		组号		姓名		学号	
项目	内容						
任务内容	各工作小组选派一名成员,汇报任务内容						
任务要求	查阅资料,根据任务工单内容,总结并阐述知识要点						
任务目标	熟悉模块知识并能熟练运用						
任务实施	汇报任务 1						
	汇报任务 2						
	汇报任务 3						
任务总结							

任务评价

个人评价

任务工单6			
班级	组号	姓名	学号
序号	评价内容	分值（分）	分数
1	主动记录课堂要点，形成课堂笔记	10	
2	上课积极参与课堂问答和小组讨论	10	
3	理解、掌握课堂知识	10	
4	能运用课堂知识、技能分析和解决问题	10	
5	能有效利用网络、图书资源获取有用信息	10	
6	主动思考问题，具有创造性思维	10	
7	善于分析、总结，能有条理地表达观点	10	
8	尊重他人意见，善于发现合作伙伴的长处	10	
9	遇到挫折能相互鼓励、群策群力	10	
10	按时保质完成任务	10	
	合计	100	

小组评价

任务工单7			
班级		组号	
序号	评价内容	分值（分）	分数
1	模块知识掌握程度	20	
2	资源收集、整理能力	10	
3	团队分工、协作程度	20	
4	法律意识	10	
5	职业道德、职业素养（工作严谨性、规范性、专业性等）	20	
6	创新意识	10	
7	任务完成速度	10	
	合计	100	

班级评价

任务工单8			
班级		组号	
序号	评价内容	分值（分）	分数
1	展示汇报	40	
2	参与程度	30	
3	完成质量	30	
	合计	100	

 自测训练

自测题

自测题答案

扫码学习

课外阅读

课外阅读

悟道明理

模块六

流动资产评估

情景导入

北京 W 资产评估咨询有限公司接受 D 家具公司的委托,对委托部分流动资产价值进行评估。根据资产评估委托合同,委托人因企业资产置换进行评估,资产评估对象为部分原材料和办公家具。评估基准日为 2024 年 6 月 21 日。

评估项目组给资产评估实习生杨旭分配了现场调查和信息收集、整理的任务。

思考:如果你是杨旭,你将如何完成信息收集、整理的工作任务?

学习目标

知识目标	熟悉流动资产评估的特点、范围、程序;掌握库存材料、低值易耗品、在产品、产成品及库存商品、应收账款、应收票据及预付账款等流动资产的评估方法
能力目标	熟练运用资产评估基本方法对流动资产进行价值评估
素质目标	树立科学严谨的执业工作态度,严格遵守法律法规

资产评估

思维导图

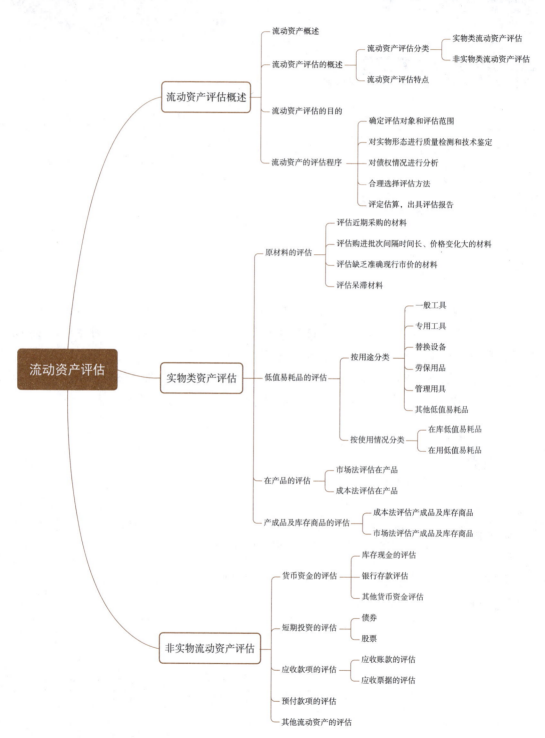

学习任务

任务导入

ZZD 回应"海参存货评估价过高":价格合理未与市场偏离

2020 年 1 月 9 日,ZZD 披露《对深圳证券交易所关于对 ZZD 集团股份有限公司的关注函的回复》(以下简称"公告"),对公司拟转让 4 宗海域使用的租赁权暨海底存货的事项进行了补充说明。公告显示,在本次存货的评估中,海参(包括 125 克及以上、60~125 克及 60 克以下)评估均价为 268.69 元/千克,高于广鹿分公司近三年海参销售均价 173.10 元/千克,且广鹿分公司 2019 年 80% 的海参收入是于当年 4-6 月份实现。深交所要求 ZZD 结合广鹿分公司海参的适销规格说明本次海参评估均价统一取 268.69 元/千克的合理性。

ZZD 援引评估师的意见称,本次评估海参平均单价是评估人员通过计算后得到,高于广鹿分公司最近三个年度的平均价格,评估公司认为主要有以下原因:首先,本次评估的海参产品是生长在这次需要转租出让的增养殖海域内的,其产品价值连同海域价值一同出售。海参产品评估价值作为本次交易定价的一部分参考,采用的价格是评估基准日时点的市场价格。在此基础上,结合市场供需关系,经买卖双方友好协商,最终确定交易的成交价格。不需要考虑公司内外部供给与需求以及快速变现等控制风险措施下的企业销售价格因素;因海底海参还在生长中,不需要考虑企业销售时间对于价格的影响因素。此外,评估公司指出,近年来海参资源因天气过热的原因,死亡较重,价格逐步攀升为业内共知。评估基准日时点的海参市场单价高于广鹿分公司最近三个年度的平均价格是合理的,不存在评估价格与市场偏离之说。

深交所指出,本次评估基准日为 2019 年 12 月 25 日,评估人员所询价为该评估时点的市场价,该时点恰处于冬季海参销售旺季,价格通常为全年中较高价格。要求公司充分论证本次海参评估单价取全年中较高价格的合理性,是否符合商业逻辑。

ZZD 援引评估师的意见称,评估基准日的市场价格取决于评估基准日的市场环境,不同基准日资产交易受当时市场状况影响可能存在价格差异。本次评估海参价格的选择和确定,是根据市场即时调研所获取的时效数据,本次评估根据基准日时点市场价格定价,不需要考虑已过时的经营数据。

(资料来源:http://finance.sina.com.cn/roll/2020-01-11/doc-iihnzhha1725402.shtml,节选)

学习任务一　流动资产评估概述

一、流动资产概述

（一）流动资产的概念

流动资产是指预计在一个正常营业周期中变现、出售或耗用，主要为交易目的而持有，预计在资产负债表日起一年内（含一年）变现的资产，自资产负债表日起一年内，交换其他资产或清偿负债的能力不受限制的现金或现金等价物等资产。

（二）流动资产的内容

流动资产一般包括现金、各种银行存款以及其他货币资金、交易性金融资产、应收票据、应收账款、预付款项、其他应收款、存货以及其他流动资产等，如表6-1所示。

表6-1　流动资产的主要类型

项目	分类
货币资金	库存现金指企业金库中存放的纸币、硬币等
	银行存款指企业存放在本地银行的货币资金
	其他货币资金指除现金和银行存款以外的货币资金，包括外埠存款、银行本票存款、银行汇票存款、信用卡存款、信用证保证金存款、存出投资款
交易性金融资产	企业为了近期内出售而持有的金融资产，如企业以赚取差价为目的从二级市场购入的股票、债券、基金等
应收票据及应收账款	应收票据是企业持有的还未到期、尚未兑现的商业票据
	应收账款指企业因销售商品或提供劳务，而应向购货或接受劳务单位收取的款项
预付款项	企业按照购货合同规定预付给供货单位的货款
其他应收款	除应收票据、应收账款、预付账款以外的其他各种应收暂收款项
存货	企业在日常经营活动中持有以备出售的产成品或商品、处在生产过程中的在产品、在生产过程或提供劳务过程中耗用的材料、物料等
其他流动资产	除货币资金、短期投资、应收票据、应收账款、其他应收款、存货等以外的流动资产

（三）流动资产的特点

企业经营成果的取得主要依靠流动资产的形态转换实现。流动资产以多种形态并存于企业的供产销环节，实现"货币→商品→货币"的循环，通过生产经营周期的一次周转，不断地改变形态、提升价值，不断创造财富。周转速度越快，创造财富的能力就越强。流动资产的变现能力强于非流动资产，可以在较短的时间内变现，是企业短期支付能力的重要保证。

流动资产虽然能短时间变现，但受外部经济环境、政策环境等因素的影响，流动资产的价值存在波动性，比如粮食、钢材等会受市场供求的影响而出现价值波动；羽绒服、冷饮会受季节因素影响而出现价值波动。

因此，流动资产具有周转速度快、变现能力强、多形态并存和波动性的特点。

二、流动资产评估的概述

（一）流动资产评估的分类

流动资产评估一般都是将单独的流动资产项目作为评估对象，根据资产评估的目的、原则、要求等确认价值。

流动资产评估包括实物类流动资产评估和非实物类流动资产评估，实物类流动资产评估主要涉及原材料、低值易耗品、在产品、产成品及库存商品等评估；非实物类流动资产评估涉及货币资金、交易性金融资产、应收账款、应收票据、预付款项等评估。

（二）流动资产评估的特点

受评估对象特点的影响，针对不同的流动资产，评估的技术特点也存在差异。

1. 流动资产评估是单项评估

流动资产在会计账簿和会计报表中独立核算，流动资产评估是对某项流动资产进行单独评估，评估时不需要以其综合获利能力进行综合性的价值评估。

2. 流动资产评估基准日要尽可能与评估结论使用时点接近

由于流动资产的周转能力强且价值具有波动性，而评估价值是评估基准日的时点价值，因此，流动资产评估基准日要尽可能与评估结论使用时点接近。

3. 流动资产评估受企业牵制较大、对企业会计核算资料依赖程度高

流动资产的种类繁多，特别是实务类流动资产，型号、批号、材质等对价值的影响极大，价值评估需要以企业的会计核算资料为主要依据。此外，评估人员还需要实地盘查以保证评估资料的准确性。

4. 流动资产评估突出重点，兼顾一般

现场清查需要企业相关部门的配合，保证评估人员能在相对静止的环境中开展盘点清

查工作。流动资产评估一般工作量较大,清查工作的细致与否直接影响流动资产评估的准确程度。细致的评估会对评估时间和评估成本产生影响。因此需要合理、科学地组织开展清查、评估工作,结合评估成本,确定评估时间,既要认真进行资产清查,又要分清主次,掌握重点,对不同类型的流动资产选择不同的方法进行清查和评估,做到突出重点,兼顾一般。

5. 流动资产的账面价值基本上可以反映其现值

在正常情况下流动资产周转速度快,变现能力强。在价格变化不大的情况下,流动资产的账面价值基本上可以反映出流动资产的现值。在特定情况下,也可以采用历史成本作为评估值。资产的实体性损耗的计算也只适用于低值易耗品以及呆滞、积压存货类流动资产的评估,评估流动资产时无须考虑资产的功能性贬值因素。

三、流动资产评估的目的

由于企业的存续周期、持有目的等不同,流动资产评估时采用的价值类型、评估方式也存在差异,具体如表 6-2 所示。

表 6-2 流动资产的评估目的和评估方式

企业状态	持有状态	评估目的	评估方式
持续经营	资产继续持有、在用	企业持续经营、资产在用前提下的企业改制、合资合作经营、联营、清产核资、会计核算、保险索赔等	按重置成本评估流动资产
	转移使用、出售	产权变动,生产经营方式改变,产品结构调整,未来生产经营对流动资产的需求减少或不需要	按变现净值评估流动资产
企业清算	不继续持有	流动资产快速变现	按快速变现净值评估流动资产

在正常情况下,由于经济行为需要单独对流动资产进行评估,因此其价值类型均为市场价值。在采用单项评估加总的方法确定企业价值的情况下,流动资产评估的价值类型为在用价值。在企业进行清算时,其价值类型为清算价格。

四、流动资产的评估程序

(一)确定评估对象和评估范围

进行流动资产评估前,首先要确定流动资产的对象和范围,这是保证评估质量的重要条件之一。被评估对象和评估范围应根据经济活动所涉及的资产范围而定。同时在实施评估前应做好下列工作:①鉴定流动资产的资产范围,防止疏漏和重复评估;②查核待评估流动资产的产权,存放在企业的商品、原料等,如果产权不属于企业,不应该作为评估对象;③对被评估流动资产进行抽查核实,验证基础材料,在抽查核实中发现原始资料或清查盘点工作可靠性较差时,应扩大抽查面,直至核查完全部流动资产。

（二）对实物形态进行质量检测和技术鉴定

对有实物形态的流动资产进行质量检测和技术鉴定，目的是了解这部分资产的质量状况，以便确定其是否具有使用价值，并核对其技术情况和等级与被评估资产清单的纪录是否一致。

（三）对债权情况进行分析

根据对评估企业与债务人经济往来活动中的资信情况，调查每一项债权资产的经济内容、发生时间的长短及未清理的原因等问题，综合分析确定这部分债务、票据等回收的可能、回收的时间、回收成本及风险。

（四）合理选择评估方法

资产评估专业人员应根据评估目的、评估对象、价值类型、资料收集等情况，分析市场法、收益法和成本法三种资产评估基本方法的适用性，从而选择评估方法。对于实物类流动资产评估，可以采用市场法和成本法。对于货币类流动资产，清查核实后的账面价值本身就是现值，不需要采用特殊方法进行评估，但需要将外币存款按评估基准日的汇率进行折算。对于债权类流动资产评估只适用于按可变现价值进行评估。对于其他流动资产，应分不同情况进行评估，其中有物质实体的流动资产，则应视其价值情形，采用恰当的方法进行评估。

（五）评定估算，出具评估报告

资产评估人员根据所采用的评估方法，进行分析、计算和判断，形成结果，并在评定、估算、形成评估结论后，编制、审核资产评估报告。

学习任务二　实物类资产评估

实物类流动资产主要是指存货类资产。存货是企业在日常生产经营过程中持有以备出售，或者仍然处在生产过程，或者在生产或提供劳务过程中将消耗的材料或物料等，包括各类材料、商品、在产品、半成品、产成品等。存货是企业资产的重要组成部分，对企业的财务能力有重要的影响。存货类资产处于生产经营的各个环节，存在的形态多样且数量庞大，因此评估时应对不同类型的存货资产采用不同的方法。评估时可以按 ABC 分析法分类存货，突出重点，兼顾一般。

知识链接

ABC 分析法，是指将库存物资按照重要程度分为特别重要库存（A 类物资）、一般重要物资（B类物资）和不重要物资（C类物资）三个等级，根据不同类型的物资进行分类管理和控制的方法。

由于企业的材料品种、规格繁多，而且单位价值不等，在实际进行资产评估时，可按照一定的目的和要求，对材料按照ABC分析法进行排队，分清主次，突出重点，着重对重点材料进行评估。在资产评估中，一般认为：A类品种占10%，价值占60%~75%；B类品种占20%~30%，价值占15%~25%；C类品种占60%~75%，价值小于15%。对库存材料进行评估时，可以根据材料购进情况的不同选择合适的评估方法。

存货的评估方法根据评估目的和待估存货的特点选择，主要是市场法和成本法。由于存货类资产的价值是一次性全部转移到产品中，周转的时间短、速度快，在价格变化不大的情况下，可以以账面核算成本为基础，分析估算存货价值；如果存货的价格变动较大，则以市场价格为基础。存货评估一般无须考虑其功能性贬值，实体性贬值只适用于低值易耗品及积压资产的评估。

一、原材料的评估

原材料是企业库存的各种材料，包括原料及主要材料、辅助材料、外购半成品、修理用备件、包装材料、燃料等。

企业原材料品种多、数量大、购进时间和自然损耗等都存在差异，在评估时要仔细清查材料，审核账实是否相符，查明材料有无霉烂、变质、呆滞、毁损等情况。在评估方法的选择上一般多采用成本法或市场法。因为原料、燃料、主要材料等流动资产在参与生产周转的过程中被消耗，所以即便是在投资的情况下，仍可采用成本法或市场法评估。当某种材料的市场活跃、供求平衡时，成本法和市场法二者可以替代使用。

（一）评估近期采购的材料

近期购进的原材料库存时间短，在市场价格变化不大的情况下，其账面价值与现行市价基本接近。因此，既可以采用成本法，又可以采用市场法。对于购进时发生了运杂费，如果是从外地购进的原材料，因运杂费发生额较大，评估时应将由被评估材料分摊的运杂费计入评估值；如果是从本地购进的，则运杂费发生额较少，评估时可以不考虑运杂费的因素。

【例6-1】 W公司委托AA事务所评估材料A，A型材料系一个月前从外地购进的，材料明细账的记载为：数量3 000千克，单价300元/千克，运杂费6 000元。根据材料消耗原始记录和清查盘点，评估时库存结余尚有1 200千克。评估人员询价，发现该材料近期市场价格变动不大，评估A型材料的价值。

分析思路：采购业务发生在一个月前，近期市场价格变动不大，按市场法评估，但评估时要注意运费的分摊。

每千克材料分摊的运费为6 000÷3 000=2（元/千克）

A型材料的评估值=1 200×（300+2）=362 400（元）

（二）评估购进批次间隔时间长、价格变化大的材料

对于购进批次间隔时间长、价格变化大的材料，选用最接近市场价格的材料价格或直接以评估基准日的市场价格作为其评估值。评估时要重点核查库存材料的实际数量，并按最接近市场价格计算其评估值。

知识链接

企业对存货采用的核算方法有先进先出法、加权平均法、双倍余额递减法、年数总和法，每种方法得出的存货账面余额存在差异。评估时会计核算的存货价值对评估价值的作用有限，因此，评估时要重点核查库存材料的实际数量。

【例6-2】W公司委托AA事务所对其库存的B型材料进行价值评估。该材料分两批购进，第一批购进时间为本年度2月份，购进量为1 000吨，单价为3 000元/吨；第二批购进时间为本年度5月份，数量为2 000吨，单价为4 000元/吨。本年6月1日进行价值评估，经核实，本年度2月份购进的该材料尚存200吨，本年度5月份购买的B型材料尚未使用。评估B型材料的价值。

分析思路：有两笔采购业务且采购单价不同，市场价格变动较大，按市场法评估，选用最接近市场价格的材料价格。

根据上述资料，可以确定该材料的评估值如下：

$$B型材料的评估值 = (200+2\ 000) \times 4\ 000 = 8\ 800\ 000（元）$$

【例6-3】根据例6-2的情形，评估人员通过市场询盘发现B型材料受国内市场影响，评估基准期市场交易价为4 800元/吨，评估B型材料的价值。

分析思路：选用评估基准日的市场价格作为其评估值。

根据上述资料，可以确定该材料的评估值如下：

$$B型材料的评估值 = (200+2\ 000) \times 4\ 800 = 10\ 560\ 000（元）$$

（三）评估缺乏准确现行市价的材料

对购进时间早、市场已经脱销、没有准确市场现价的库存材料进行评估需要结合市场相关材料的实际情况。

（1）通过寻找替代品的价格变动资料来修正材料价格。

（2）在市场供需分析的基础上，确定该项材料的供需关系，并以此修正材料价格。

（3）通过市场同类商品的平均物价指数进行评估。

【例6-4】W公司委托AA事务所对其库存的C型材料进行价值评估。盘查发现，C型材料目前账面数量为800件、实际数量为700件。经评估人员核实，C材料因工艺升级，市场已经停止销售，评估基准日市场可替代材料的市场价为500元/件，市场可替代材料与C型材料无明显差异，估算C型材料的价值。

分析思路：根据替代品的价格变动资料来修正材料价格。按实际数量计算。

根据上述资料，可以确定该材料的评估值如下：

C 型材料的评估值 =700×500=350 000（元）

（四）评估呆滞材料

呆滞材料，是指从企业库存材料中清理出来，存量过多、耗用极少、周转率极低的需要处理的那部分资产。不同企业对呆滞材料的划分标准不同。评估呆滞材料，应对其数量和质量进行核实和鉴定，然后分不同情况进行评估，对其中失效、变质、残损、报废、无用的材料，应通过分析计算，扣除相应的贬值额后，确定评估值。

二、低值易耗品的评估

低值易耗品，是指单位价值在规定限额以下，或者使用年限在 1 年以内，能多次使用而基本保持其实物形态的劳动资料。在评估过程中对低值易耗品的界定，可尊重企业原来的划分方法。低值易耗品的分类如表 6-3 所示。

表 6-3　低值易耗品的分类

分类标准	类型	内容
按用途分类	一般工具	直接用于生产过程的各种工具，如刀具、夹具、模具及其他各种辅助工具
	专用工具	专门用于生产各种产品或仅在某道工序中使用的各种工具，如专门模具、专用夹具等
	替换设备	容易磨损、更换频繁或为生产不同产品需要替换使用的各种设备，如轧制钢材用的轧辊、浇铸钢锭用的锭模
	劳保用品	用于劳动保护的安全帽、工作服和各种防护用品
	管理用具	管理部门和管理人员用的各种家具和办公用品，如文件柜、硒鼓等
	其他低值易耗品	不属于以上各类的低值易耗品
按使用情况分类	在库低值易耗品	企业购入后尚未投入使用，存放在仓库中的低值易耗品
	在用低值易耗品	企业已经从仓库领出正在使用且尚未报废的低值易耗品

按低值易耗品用途划分类别评估，可以简化评估工作；按低值易耗品使用情况划分类别评估，可以根据低值易耗品具体使用情况，选用不同的评估方法。在库低值易耗品的评估，可以采用与库存材料评估相同的方法；在用低值易耗品一般采用成本法进行评估。

全新低值易耗品的评估，可以根据现行市场价格确定；也可以在账面价值的基础上乘以其物价变动指数确定价值;如果价格变动不大,还可以直接采用其账面价值。

评估在用低值易耗品的计算公式为:

$$在用低值易耗品评估价值 = 全新低值易耗品的成本价值 \times 成新率 \quad (6-1)$$

在用低值易耗品使用期限短、周转速度快,其损耗的计算一般不考虑其功能性损耗和经济性损耗,只考虑实体性损耗对低值易耗品价值的影响。

其成新率的计算公式为:

$$成新率 = 1 - \frac{低值易耗品实际已使用月数}{低值易耗品可使用总月数} \times 100\% \quad (6-2)$$

在会计核算中,低值易耗品会采用一次摊销法、五五摊销法、分次摊销的方式将其价值转入成本、费用,摊销的目的是核算当期损益。但低值易耗品的会计摊销并不能完全反映其实际损耗程度。因此,在确定成新率时应该根据其实际损耗程度确定,不能完全按照其摊销方法确定。

【例6-5】 W公司委托AA事务所对其所有的一批生产模具进行价值评估。经核查,该批模具原价750元,预计使用9个月,现已使用3个月。该低值易耗品现行市价为900元。确定该批模具价值。

分析思路:生产模具属于低值易耗品,根据低值易耗品使用情况计算成新率,确定估价。

$$在用低值易耗品评估价值 = 900 \times (1 - 3 \div 9) = 600(元)$$

三、在产品的评估

在产品是指产品生产过程中尚未加工完毕的在制品和已加工完毕但不能单独对外销售的半成品。可直接对外销售的自制半成品视同产成品评估。

在产品的评估可采用市场法或成本法。

(一)市场法评估在产品

采用市场法评估在产品是用同类在产品的市场销售价格,扣除销售过程中预计发生的费用后确定在产品评估值的方法。其计算公式为:

$$某在产品评估价值 = 该种在产品实有数量 \times 可接受的不含税的单位市场价格 - 预计在销售过程中发生的费用 \quad (6-3)$$

如果在调剂过程中有一定的变现风险,还要考虑设立一个风险调整系数,计算可变现的评估值。

如果在产品属于不能继续生产又无法通过市场调剂出去的专用配件,则只能按废料回收价格进行评估。某报废在产品的评估值的计算公式为:

$$某报废在产品的评估值 = 可回收废料的重量 \times 单位重量现行的回收价格 \quad (6-4)$$

【例6-6】 W公司因产业升级、战略调整,准备停止生产B产品。经评估人员分析,确定B产品存在在产品,资料如表6-4所示。

表 6-4 B 产品在产品分布

分布	计量单位	数量	现行市价
从仓库中领出，但尚未加工的原料甲	吨	200	500 元 / 吨
从仓库中领出，但尚未加工的原料乙	吨	250	800 元 / 吨
已加工成部件，可在市场调剂流通的在产品丙	件	100	2 000 元 / 件
加工的部件无法流通，又不能继续加工，只能报废处理的在产品丁	件	10	—

评估人员调查发现报废的丁产品不能直接出售但可回收废料，在产品丁可回收的废料共 20 吨，回收价格为 100 元 / 吨。评估 B 产品的在产品价值。

分析思路： B 产品的在产品有三种类型，可在市场调剂流通的原材料和在产品可按市场价值评估，不能继续生产又无法通过市场调剂出去的专用配件，则只能按废料回收价格进行评估。

在产品评估价值 =200×500+250×800+100×2 000+20×100=502 000（元）

（二）成本法评估在产品

1. 评估生产周期长的在产品

评估时按相关市场价格、费用水平重置同等级在产品及自制半成品所需投入合理的料、工、费估算评估价值。

2. 评估生产周期较短的在产品

对于生产周期较短的在产品评估以其发生成本为依据，在没有变现风险时，可以根据账面价值进行调整。

（1）按价格变动系数调整成本确定估值。

对生产经营正常、会计核算水平较高的企业在产品评估，可参照实际发生的成本，根据到评估基准日时的市场价格变动情况，调整成重置成本。

评估时，首先要对被评估的在产品进行技术鉴定，将不合格在产品成本从总成本中剔除；其次要分析原成本，将不合理的费用从总成本中剔除；再次分析原成本中材料从其生产准备开始到评估基准日为止的市场价格变动情况，测算出价格变动系数；然后分析原成本中的工资、燃料、动力费用以及制造费用从开始生产到评估基准日有无显著变动，是否需要调整，根据变动情况测算出调整系数；最后根据技术鉴定、原始成本的分析及价格变动系数的测算，调整成本，确定评估值，必要时还要从变现的角度修正评估值。

具体的计算公式为：

某在产品的评估价值 = 原合理材料成本 ×（1+ 价格变动系数）+ 原合理工资、费用（含借款费用）×（1+ 合理工资、费用变动系数） （6-5）

（2）按社会平均消耗定额和现行市价确定估值。

按社会平均消耗定额和现行市价评估，是按照重置同类资产的社会平均成本确定被评估资产的价值。评估时需要掌握被评估在产品的完工程度，相关工序的工艺定额，正常生产经营情况下的合理工时、单位工时的取费标准以及相关耗材的近期市场价格。其计算公式为：

$$某在产品评估价值 = 在产品实有数量 \times (该工序单件材料工艺定额 \times 单位材料现行市价 + 该工序单件工时定额 \times 正常工资费用) \quad (6-6)$$

工艺定额可按行业的平均物料消耗标准计算，若无行业统一标准，可按企业现行的工艺定额计算。

【例 6-7】 W 公司委托 AA 事务所对其所有的一项在产品 C 进行评估。经核查，C 在产品有 100 件，已知每件在产品消耗甲型材料 50 千克，市场中甲型材料的单价为 8 元/千克；在产品的累计单位工时定额为 20 小时/件，每定额小时内，燃料和动力费用定额为 2 元、工资及附加费定额为 30 元、车间经费定额为 5 元、企业管理费用定额为 3 元。假设该在产品不存在变现风险。

分析思路：根据在产品的平均消耗定额计算。

$$甲材料成本 = 100 \times 50 \times 8 = 40\,000（元）$$
$$燃料和动力成本 = 100 \times 20 \times 2 = 4\,000（元）$$
$$工资成本 = 100 \times 20 \times 30 = 60\,000（元）$$
$$费用成本 = 100 \times 20 \times (5+3) = 16\,000（元）$$
$$在产品评估价值 = 40\,000 + 4\,000 + 60\,000 + 16\,000 = 120\,000（元）$$

（3）按在产品的完工程度计算评估值。

按在产品的完工程度计算评估值，采用约当产量法。约当产量法，是指将在产品的数量按其完工程度折算为相当于完工产品的数量（即约当产量），然后根据产成品的重置成本和约当产量计算在产品评估值的方法。其计算公式为：

$$在产品的评估价值 = 产成品重置成本 \times 在产品约当产量 \quad (6-7)$$
$$在产品的约当产量 = 在产品数量 \times 在产品完工程度 \quad (6-8)$$

公式中，在产品的完工程度可以根据已完成工序（工时）与全部工序（工时）的比例来确定，也可根据生产完成时间与生产周期的比例来确定。

【例 6-8】 W 公司委托 AA 事务所对其所有的一项在产品 D 进行评估。D 型在产品 40 件，材料随生产过程陆续投入。已知这批在产品的材料投入量为 75%，完工程度为 70%，该产品的单位定额成本为：材料定额 4 000 元，工资定额 1 000 元，费用定额 600 元。计算 D 型在产品的评估价值。

分析思路：根据在产品的完工程度计算。

$$在产品材料约当产量 = 40 \times 75\% = 30（件）$$
$$在产品工资、费用约当产量 = 30 \times 70\% = 21（件）$$
$$在产品评估价值 = 30 \times 4\,000 + 21 \times (1\,000 + 600) = 153\,600（元）$$

四、产成品及库存商品的评估

产成品是指已经完成全部生产过程,经过质量检测,并已经办理入库手续的产品。库存商品是指已经完成全部生产过程,经过质量检测并已经验收入库的商品。产成品和库存商品均为完工产品。产成品及库存商品的评估依据其变现的可能性和市场接受的价格通常可采用成本法和市场法进行评估。

(一)成本法评估产成品及库存商品

采用成本法评估产成品及库存商品,主要是根据生产、制造该项完工产品发生的成本费用确定评估值。

1. 评估基准日与产成品完工时间较接近

当评估基准日与产成品完工时间较接近,成本变化不大时,可以直接按产成品账面成本确定其评估值。计算公式为:

$$产成品评估价值 = 产成品数量 \times 单位产成品账面成本 \quad (6-9)$$

2. 评估基准日与产成品完工时间相距较远

当评估基准日与产成品完工时间相距较远时,成本费用通常会出现较大变化,产成品评估值需要根据现行价格调整。有两种计算方法:

$$产成品评估价值 = 产成品实有数量 \times (合理材料工艺定额 \times 材料单位现行价格 + 合理工时定额 \times 单位工时合理工资及费用开支) \quad (6-10)$$

$$产成品评估价值 = 产成品实际成本 \times (材料成本比率 \times 材料综合调整系数 + 工资费用成本比率 \times 工资费用综合调整系数) \quad (6-11)$$

【例6-9】 W公司委托AA事务所对其所有的一批产成品E进行评估。经核查,W公司产成品E的实有数为100件,根据该企业的成本资料,结合同行业的成本耗用资料分析,合理材料工艺定额为200千克/件,合理工时定额为25小时。评估时,生产该产成品的材料价格上涨,由原来的50元/千克涨至70元/千克,单位小时合理工时工资、费用不变,仍为20元/小时。根据上述分析和有关资料,估算该企业产成品的价值。

分析思路: 根据产成品的消耗定额计算。

$$产成品评估值 = 100 \times (200 \times 70 + 25 \times 20) = 1\,450\,000(元)$$

【例6-10】 W公司委托AA事务所对其所有的一批产成品F进行评估。F型产成品的实有数量为100台,每台的实际成本为150元,根据会计核算资料,生产该产品的材料费用与工资、其他费用的比例为65∶35,根据目前价格变动情况和其他相关资料,确定材料综合调整系数为1.8,工资、费用综合调整系数为1.2。根据上述分析和有关资料,估算该企业产成品的价值。

分析思路: 根据产成品的实际成本调整计算。

根据上述分析和有关资料,可以确定产成品的评估值为:

产成品评估值 =100×150×（65%×1.8+35%×1.2）=23 850（元）

（二）市场法评估产成品及库存商品

市场法是指按不含税的可接受市场价格，扣除相关费用后确定产成品评估价值的方法。在运用市场法时应注意以下几点：①对于产成品及库存商品的使用价值，评估人员要对产品本身的技术水平和质量进行鉴定，明确产品的使用价值及产品等级，进而确定合理的市场价格；②分析产品的市场供求关系和被评估产品的前景；③市场价格的选择应以公开市场上形成的产品近期交易价格为准，非正常交易情况下的交易价格不能作为评估的依据；④对于产成品及库存商品的损耗，如表面的残缺等可以根据其损坏程度，确定适当的调整系数来进行调整。

采用市场法进行评估时，市场价格中包含了成本、税金、利润等因素，对于利润和税金的处理应视产成品及库存商品的评估目的和评估性质而定。以出售为目的的评估，应直接以现行市场价格作为其评估值，而无须考虑扣除为实现销售而发生的销售费用和相关税金；以投资为目的的评估，要在市价中扣除各种税费和利润后，才能作为产成品评估值。

学习任务三　非实物流动资产评估

非实物类流动资产是指除存货外的其他流动资产。非实物类流动资产评估需要了解相关账项核算具体内容，抽查核实账目记录，选择与评估对象相适应的评估方法，评定估算。

非实物类流动资产的清查核实方法，视不同的资产种类有所不同。常用的清查核实方法有盘点、函证、抽查、访谈等。盘点一般用于库存现金的清查核实。

一、货币资金的评估

货币资金，包括库存现金、银行存款和其他货币资金。

（一）库存现金的评估

库存现金的评估是对已收到但未存入银行的现金、零用金、找换金等进行审查盘点，以核实后的实有数作为评估值的过程。

评估库存现金时，要盘点库存现金，可采取突击方式进行检查，盘点保险柜的现金实存数，编制"库存现金盘点表"，分币种、面值列示盘点金额。

盘点完成后要将盘点表（见表6-5）、现金收付凭证、明细账、总账、报表进行核对，编制现金作业分析表。如有非记账本位币时，按照评估基准日外汇汇率折算。估算完成后要编写库存现金评估说明。

表 6-5　库存现金盘点表（人民币）

面值	数量
100 元	
50 元	
20 元	
10 元	
5 元	
1 元	
5 角	
1 角	

出纳签字：

主管会计签字：

评估盘点员签字：

（二）银行存款评估

银行存款是企业存放在本地银行的货币资金。企业根据业务需要，在其所在地银行开设账户，运用所开设的账户，进行存款、取款以及各种收支转账业务的结算。中国人民银行制定的《银行账户管理办法》将企、事业单位的存款账户分为四类，即基本存款账户、一般存款账户、临时存款账户和专用存款账户。

银行存款评估，要获取银行存款申报表并与日记账、总账、报表进行核对；收集评估基准日"银行对账单"；检查会计人员编制的"银行存款余额调节表"，检查未达账项的真实性，并做好相关记录。评估时对银行基本账户，余额较多、零余额、透支的存款账户，必要时函证评估基准日余额，分析函证情况；对银行存款未达账项要重点审核，尤其要注意有无长期未达账项，如未达账项时间超过 3 年，应做坏账处理。外币账户，按评估基准日国家外汇牌价（汇买价）折算。

（三）其他货币资金评估

其他货币资金是指除现金、银行存款之外的货币资金，包括外埠存款、银行汇票存款、银行本票存款、信用卡存款、信用证保证金存款以及存出投资款等。

外埠存款，是指企业到外地进行临时或零星采购时，汇往采购地银行开立采购专户的款项。

银行汇票存款，是指企业为取得银行汇票按照规定存入银行的款项。

银行本票存款，是指企业为取得银行本票按照规定存入银行的款项。

信用卡存款，是指企业为取得信用卡按照规定存入银行的款项。

信用证保证金存款，是指企业为取得信用证按照规定存入银行的保证金。

存出投资款，是指企业已存入证券公司但尚未购买股票、基金等投资对象的款项。

其他货币资金评估，要获取其他货币资金申报表并与日记账、总账、报表进行核对；了解其他货币资金形成的原因或业务内容，抽查有关账务处理，核实原始单据；获得金融机构出具的余额对账单或存款凭证，检查企业会计人员编制的"余额调节表"，审查未达账项的真实性，并做好相关记录。

二、短期投资的评估

短期投资主要是企业为了利用正常营运中暂时多余的资金，购入一些可随时变现的有价证券，主要包括交易性金融资产和可供出售金融资产。由于企业的短期投资大多为有价证券，对于在证券市场上公开交易的有价证券，可按评估基准日的收盘价计算确定评估值；对于不能公开交易的有价证券，可按其本金加持有期利息计算评估值。

（一）债券

债券是政府、金融机构、企业等债务人为筹集资金，向投资者发行，同时承诺按一定利率支付利息并按约定条件偿还本金的债权债务凭证。债券作为一种有价证券，从理论上讲，它的市场价格是收益现值的市场反映。当债券可以上市交易时，一般采用市场法（现行市价）进行评估，按照评估基准日的收盘价确定评估值。如果企业购买的是不能在证券市场自由交易的非上市交易债券，则不能直接采用市场法评估。对距评估基准日1年内到期的债券，可以根据本金加上持有期间的利息确定评估值。

（二）股票

股票是股份公司为筹集资金而发行，作为持股凭证并借以取得股息和红利的一种有价证券。对于股票的价值评估，一般分为上市交易股票和非上市交易股票两类进行。上市交易股票是指企业公开发行的、可以在证券市场自由交易的股票。对上市交易股票的价值评估，正常情况下，可以采用现行市价法，即按照评估基准日的收盘价确定被评估股票的价值。但股票市场交易存在非法炒作时，股票的市场价格就不能完全作为评估的依据，而应以股票发行企业的经营业绩、财务状况及获利能力等影响的内在价值作为评估股票价值的依据，综合判断股票内在价值。依据股票市场价格进行评估，应在评估报告中说明所用的方法，并说明该评估结论应随市场价格变化而予以适当调整。非上市交易的股票，一般采用收益法评估，即综合分析股票发行企业的经营状况及风险、历史利润水平和分红情况、行业收益等因素，合理预测股票投资的未来收益，并选择合理的折现率确定评估值。

三、应收款项的评估

（一）应收账款的评估

1. 应收账款的概念

应收账款是指企业在正常的经营过程中因销售商品、产品、提供劳务等业务，应向购买单位收取的款项，包括应由购买单位或接受劳务单位负担的税金、代购买方垫付的各种运杂费等。应收账款是企业在销售过程中被购买单位所占用的资金。企业应及时收回应收账款以弥补企业在生产经营过程中的各种耗费，保证企业的持续经营；对于被拖欠的应收账款应采取措施，组织催收；对于确实无法收回的应收账款，凡符合坏账条件的，应在取得有关证明并按规定程序报批后，做坏账损失处理。

2. 应收账款的评估

（1）应收账款评估的特点。

应收账款评估的本质是对款项回收的"风险损失"及"未来回收价值现值"的判断。应收账款评估应该是"风险损失的预计"以及"未来回收价值现值"的确定，而不是对应收账款账面记录的重新估计。

①应收账款账面余额反映的是已经发生的经济业务和已经成立的债权价值，资产评估并不是对应收账款账面记录的重新估计或确定。

②应收账款评估的是"风险损失"。因债务人的信用和还款能力，应收账款的回收存在一定的风险。因此，应收账款评估是通过对债务人的信用和还款能力的分析，估算应收账款的"风险损失"额。

③应收账款评估的是"未来现金资产"。应收账款非现金，也非实际可用于企业经营的资产，而是在未来回收后才能作为实际资产，即"未来现金资产"。应收账款属于流动资产，变现性较强，但实务中大部分企业都有账龄存续时间超过1年的应收账款，即使在未来某一时点应收账款全额回收，但对于反映评估基准日资产价值的专业判断来说，应收账款评估考虑资金的时间价值，因此，未来回收的价值小于应收账款的账面记录。

（2）应收账款评估的内容。

应收账款评估值的计算公式：

$$应收账款评估价值 = 应收账款账面余额 - 已确定的坏账损失 - 预计可能发生的坏账损失与费用 \qquad (6-12)$$

确定应收账款的评估价值需要分别确定应收账款账面余额、已发生的坏账损失、可能发生的坏账损失。

①确定应收款项账面余额。

确定应收款项账面余额，一般采取账证核对、函证、抽查凭证等方法。获取应收账款申报表，与明细账、总账、报表进行核对；了解分析应收账款的形成依据，收集有关合同、协议、分配方案及分配预案等重要资料，查明每项款项发生的时间、发生的经济事项和原因、债务人的基本情况（信用和偿还能力）；选择重点明细项目（大额、有特殊情况、有疑问的），填写《往来函证单》实施函证等程序步骤，了解应收账款的真实性，根据债务人偿还动机和偿还能力判断应收账款全额收回的可能性。需要注意记录无误的"函证"不能得出"无回收风险"的结论。对部分债权以被评估企业名义发出的函证，只能核实账面记录的正确性，评估专业人员核实账面记录的正确性仅是评估作价的基础，而评估最重要的工作是根据核对无误的账面债权的可回收价值进行判断。债务人承认债务的存在、认可债务账面记录，并不说明债权方能够按时、全额收回欠款。

对组织内部独立核算的单位间的往来应收账款要进行双向核对，以免重记、漏记。

②确认已发生的坏账损失。

坏账损失是指因债务人已经死亡或破产倒闭以及有证明证实确实无法收回应收账款而产生的损失。发生的坏账损失是评估时有充分证据证实企业应收账款部分或全部无法收回造成的损失。

《财政部国家税务总局关于企业资产损失税前扣除政策的通知》《小企业会计准则》等都列式了坏账的确定条件，应收、预付账款符合下列条件之一的，即可作为坏账损失：债务人依法宣告破产、关闭、解散、被撤销，或者被依法注销、吊销营业执照，其清算财产不足清偿的；债务人死亡，或者依法被宣告失踪、死亡，其财产或者遗产不足清偿的；债务人逾期3年以上未清偿，且有确凿证据证明已无力清偿债务的；与债务人达成债务重组协议或法院批准破产重整计划后，无法追偿的；因自然灾害、战争等不可抗力导致无法收回的；国务院财政、税务主管部门规定的其他条件。

《企业资产损失税前扣除管理办法》第十六条规定：企业应收、预付账款发生符合坏账损失条件的，申请坏账损失税前扣除，应提供下列相关依据：法院的破产公告和破产清算的清偿文件；法院的败诉判决书、裁决书，或者胜诉但被法院裁定终（中）止执行的法律文书；工商部门的注销、吊销证明；政府部门有关撤销、责令关闭的行政决定文件；公安等有关部门的死亡、失踪证明；逾期3年以上及已无力清偿债务的确凿证明；与债务人的债务重组协议及其相关证明；其他相关证明。

评估操作中，判断已发生的坏账损失，要取得上述文件作为评估依据。

③确定可能发生的坏账损失。

可能发生的收不回部分款项实际上是对未来的判断，坏账损失并未在评估基准日现实发生。一般可以根据企业与债务人的业务往来和债务人的信用情况将应收账款分类，并按分类情况估计应收账款回收的可能性。

预计坏账损失定量分析的方法都是以历史的数据为基础分析的，主要有坏账比例法和账龄分析法两种方法。

a. 坏账比例法。

根据被评估企业前若干年（一般为3~5年）的实际坏账损失额与其应收账款发生额的比例确定。确定坏账损失比率时，还应该分析其特殊原因造成的坏账损失，若坏账损失产生的原因具有特殊性，不能直接作为未来预计损失计算的依据。计算公式为：

$$坏账比例 = \frac{评估前若干年发生的坏账数额}{评估前若干年应收账款余额} \times 100\% \quad (6-13)$$

如果一家企业的应收项目多年未清理,账面找不到处理坏账的数额,也就无法推算出坏账损失率,在这种情况下就不能采用这种方法。

【例6-11】W公司委托AA事务所对其全资子公司WA进行评估,涉及应收账款评估的资料如下:子公司评估基准日应收账款余额为2 456万元,前5年发生的坏账损失分别为150万元、110万元、90万元、160万元、210万元;前5年的应收账款余额分别为1 800万元、2 300万元、2 000万元、2 020万元、2 300万元。估算预计坏账损失额。

分析思路: 根据已知条件,按坏账比例法公式计算。

该企业的坏账比例为 =(150+110+90+160+210)÷(1 800+2 300+2 000+2 020+2 300)×100%
=6.91%

预计坏账损失额=2 456×6.91%=169.709 6(万元)

b. 账龄分析法。

账龄分析法是根据应收账款的时间长短来估计坏账损失的方法。一般来说,应收账款账龄越长,坏账损失的可能性越大。根据应收账款拖欠时间的长短将应收账款按账分组,按组分析判断坏账损失的可能性,确定各组的估计坏账损失百分比,再将各组的应收账款金额乘以对应的估计坏账损失百分比,计算出各组的估计坏账损失,将各组的估计坏账损失额求和就得到当期的坏账损失预计金额。

【例6-12】W公司委托AA事务所对其全资子公司WA进行评估,涉及应收账款评估的资料如下:经核实,评估基准日其子公司应收账款的实有数额为35 000元,应收账款明细表如表6-6所示。估算预计坏账损失额。

表6-6 WA公司应收账款明细表

应收账款账龄	应收账款余额/万元	预计坏账损失率/%	坏账损失额/万元
未到期	1 800	1	180
逾期1~3个月	1 000	2	20
逾期3~6个月	400	3	12
逾期6~12个月	300	4	12
逾期1~3年	200	5	10
预期3年以上	150	10	15
合计	3 850		249

分析思路: 根据账龄分析法计算每组坏账损失额,计算每组分坏账损失,求和。

评估实践中,应收账款评估以后,账面上的"坏账准备"科目按零值计算,评估结果中没有此项目。应收账款是按照实际可收回账款的可能性进行评估的,不再考虑"坏账准备"数额。

（二）应收票据的评估

应收票据，是指企业持有的未到期或未兑现的商业票据。应收票据的评估可采用本利和计算法或贴现法。

1. 按票据的本息计算

商业票据分为带息票据和不带息票据。不带息的商业票据，其票面金额即为评估值；对于带息商业汇票的评估值则是本金和利息的和。计算公式为：

$$应收票据评估值 = 本金 \times (1+ 利息率 \times 到评估基准日实际时间长短) \quad (6-14)$$

【例6-13】 W公司拥有一张期限为6个月的无息票据，票面金额为20万元，截至评估基准日离付款期尚差1个月的时间。评估应收票据价值。

分析思路：无息票据的评估价值为票据的面值。

$$应收票据评估值 = 20（万元）$$

【例6-14】 W公司拥有一张期限为6个月的票据，票面金额为20万元，月利息率为10‰，截至评估基准日离付款期尚差4个月的时间。评估票据价值。

分析思路：票据的评估价值为票据的面值加上应计利息，该票据应计息2个月。

$$应收票据评估值 = 20 \times (1+10‰ \times 2) = 20.4（万元）$$

2. 按票据的贴现值计算

贴现是指商业票据的持票人在汇票到期日前，为了取得资金，贴付一定利息将票据权利转让给银行的票据行为，是持票人向银行融通资金的一种方式。银行按票面金额扣除自贴现日至汇票到期日的利息，支付剩余金额给持票人（收款人）。按票据的贴现值评估应收账款就是对企业拥有的尚未到期的票据，按评估基准日可获得的银行贴现值计算确定评估值。其计算公式为：

$$应收票据评估值 = 票据到期价值 - 贴现息 \quad (6-15)$$

$$贴现息 = 票据到期价值 \times 贴现率 \times 贴现期 \quad (6-16)$$

【例6-15】 W公司持有Y公司2023年6月20日开具并承诺到期承兑的商业票据一张，该商业票据面值为1 000万元，期限为6个月的票据，到期日为2023年12月20日。现对该票据进行评估，基准日为2023年8月8日。贴现率按月息6‰计算。评估应收票据的价值。

分析思路：该商业票据期限为6个月，每月按30天计算，评估基准日到票据到期日为132天，贴现期为132÷30=4.4。

$$贴现息 = 1\,000 \times 6‰ \times 4.4 = 26.4（万元）$$

$$应收票据评估值 = 1\,000 - 26.4 = 973.6（万元）$$

四、预付款项的评估

预付款项的评估取决于其未来可产生效益的时间，只有在评估基准日以后仍将发挥作用的预付费用，才是评估的对象。

预付款项是在评估日之前企业已经支出，但日后才能产生效益的特殊资产，如预付的租金、预付的保险费等。它是一种未来可取得服务的权利，所以预付款项的评估也就是对未来可取得服务的权利价值进行评估，其依据主要是未来可产生效益的时间。如果预付款项的效益已在评估日前全部体现，只因发生的数额过大而采取分期摊销的方法，则这种预付款项评估中价值为0。只有那些在评估日之后仍将发挥效用的预付款项，才具有评估价值。

【例6-16】 W公司委托AA事务所对其全资子公司WA进行评估。评估基准日WA公司涉及预付款项的资料如下：预付1年的保险金为84万元，已摊销3个月；预付房租为200万元，租期为5年，尚有3年的使用权。评估预付款项价值。

分析思路：①根据保险金全年支付金额计算每月的分摊数额为84÷12=7（万元），保险金为84万元，已摊销3个月，剩余9个月未摊销，预付的保险金评估值为7×9=63（万元）。②预付房屋租金的评估。按总租金数额和合约规定的租期计算得出每年的租金为40万元（200÷5），预付的房屋的租期还有3年，房租评估值=40×3=120（万元）。

预付款项的评估值=63+120=183（万元）

五、其他流动资产的评估

其他流动资产主要是除货币资金、短期投资、应收票据、应收账款、其他应收款、存货等流动资产以外的流动资产。评估时需要结合评估对象特点，选用适当的评估方法。

知识回顾

流动资产评估一般都是将单独的流动资产项目作为评估对象，根据资产评估的目的、原则、要求等确认价值。流动资产评估是单项评估，流动资产评估基准日要尽可能与评估结论使用时点接近，流动资产评估受企业牵制较大、对企业会计核算资料依赖程度高，流动资产评估突出重点，兼顾一般，流动资产的账面价值基本上可以反映其现值。

存货的评估方法根据评估目的和待估存货的特点选择，主要有市场法和成本法。由于存货类资产的价值是一次性全部转移到产品中，周转的时间短、速度快，在价格变化不大的情况下，可以以账面核算成本为基础，分析估算存货价值；如果存货的价格变动较大，则以市场价格为基础。存货评估一般无须考虑其功能性贬值，实体性贬值只适用于低值易耗品及积压资产的评估。原料、燃料、主要材料等流动资产在参与生产周转的过程中被消耗，所以即便是在投资行为的情况下，仍可采用成本法或市场法评估。当某种材料的市场活跃、供求平衡时，成本法和市场法二者可以替代使用。在库低值易耗品的评估，可以采用与库存材料评估相同的方法；在用低值易耗品一般采用成本法进行评估。在产品的评估可采用市场法或成本法。产成品及库存商品依其变现的可能性和市场接受的价格通常可采用成本法和市场法进行评估。

非实物类流动资产评估需要了解相关账项核算的具体内容，抽查核实账目记录，选择与评估对象相适应的评估方法，评定估算。非实物类流动资产的清查核实方法，视不同的资产种类有所不同。常用的清查核实方法有盘点、函证、抽查、访谈等。盘点一般用于库存现金的清查核实。

对于在证券市场上公开交易的有价证券，可按评估基准日的收盘价计算确定评估值；对于不能公开交易的有价证券，可按其本金加持有期利息计算评估值。应收账款评估是对"风险损失"的预计和"未来回收价值现值"的确定，而不是对应收账款账面记录的重新估计，评估要确定应收款项账面余额，确认已发生的坏账损失，确定可能发生的坏账损失。应收票据的评估可采用本利和计算法或贴现法。预付款项的评估取决于其未来可产生效益的时间。

实践任务

任务分组

班级		组号		共（　）人	
组长		学号			
组员	学号	姓名	学号	姓名	

个人任务

任务工单 1					
班级		组号		姓名	学号
项目	内容				
任务要求	学习模块知识，回答问题				
任务目标	掌握流动资产评估的概念、特点、程序				
任务实施	1. 简述流动资产的概念、内容 2. 简述流动资产评估的特点 3. 简述流动资产评估的程序				
任务总结					

协作任务

任务工单 2						
班级		组号		姓名		学号	
项目	内容					
任务内容	流动资产评估方法					
任务要求	归纳总结各项流动资产适用的评估方法					
任务目标	熟悉流动资产的评估方法					
任务实施						
任务总结						

任务工单 3						
班级		组号		姓名		学号	
项目	内容					
任务情境	根据本模块情景导入内容，分析讨论并形成结论。 如果你是杨旭，你将如何完成信息收集、整理的工作任务？					
任务目标	熟悉、运用流动资产评估法					
任务要求	结合本模块知识点，分析、讨论模块情景导入中的问题并阐明原因					
任务实施 （思路）	1. 判断评估对象的特点。 2. 确定影响评估对象价值的因素。 3. 根据评估方法对所需要的信息进行整理					
任务总结						

任务工单 4							
班级		组号		姓名		学号	
项目	内容						
任务内容	小组案例分析						
任务要求	利用网络或图书资源,查找流动资产评估相关案例,并根据评估案例分析资产评估市场法的评估要点						
任务目标	掌握流动资产评估的基本方法						
任务实施	案例简述						
	提出问题						
	分析问题						
	解决问题						
任务总结							

汇报任务

任务工单 5							
班级		组号		姓名		学号	
项目	内容						
任务内容	各工作小组选派一名成员,汇报任务内容						
任务要求	查阅资料,根据任务工单内容,总结并阐述知识要点						
任务目标	熟悉模块知识并能熟练运用						
任务实施	汇报任务 1						
	汇报任务 2						
	汇报任务 3						
任务总结							

任务评价

个人评价

任务工单6							
班级		组号		姓名		学号	
序号	评价内容			分值（分）		分数	
1	主动记录课堂要点，形成课堂笔记			10			
2	上课积极参与课堂问答和小组讨论			10			
3	理解、掌握课堂知识			10			
4	能运用课堂知识、技能分析和解决问题			10			
5	能有效利用网络、图书资源获取有用信息			10			
6	主动思考问题，具有创造性思维			10			
7	善于分析、总结，能有条理地表达观点			10			
8	尊重他人意见，善于发现合作伙伴的长处			10			
9	遇到挫折能相互鼓励、群策群力			10			
10	按时保质完成任务			10			
	合计			100			

小组评价

任务工单7				
班级			组号	
序号	评价内容		分值（分）	分数
1	模块知识掌握程度		20	
2	资源收集、整理能力		10	
3	团队分工、协作程度		20	
4	法律意识		10	
5	职业道德、职业素养（工作严谨性、规范性、专业性等）		20	
6	创新意识		10	
7	任务完成速度		10	
	合计		100	

班级评价

任务工单 8			
班级		组号	
序号	评价内容	分值（分）	分数
1	展示汇报	40	
2	参与程度	30	
3	完成质量	30	
	合计	100	

自测训练

自测题

自测题答案

扫码学习

课外阅读

课外阅读

悟道明理

模块七

机器设备评估

 情景导入

北京 W 资产评估咨询有限公司接受 E 教育培训公司的委托，对委托人接受投资资产的价值进行评估。根据资产评估委托合同，资产评估对象为单项资产，评估范围是委托人申报的办学设备、设施等资产（见表 7-1），价值类型为市场价值类型。评估基准日为 2024 年 6 月 21 日。

表 7-1　资产清单

编号	设备名称	规格型号	生产厂家	计量单位	数量	购置日期	启用日期	原值/元
1	文件柜			套	5	2023 年 1 月	2023 年 3 月	3 000
2	办公桌			张	5	2017 年 1 月	2023 年 3 月	4 000
3	冰箱	BCD-118KA9	TCL	台	1	2017 年 1 月	2023 年 3 月	6 800
4	茶几			张	1	2023 年 1 月	2023 年 3 月	800
5	打印机	C5560	佳能	台	1	2017 年 1 月	2023 年 3 月	8 900
6	大班台			张	1	2023 年 1 月	2023 年 3 月	3 895
7	电脑	组装机		套	15	2017 年 1 月	2023 年 3 月	58 000
8	挂机空调	KFR-35GW	美的	套	7	2017 年 1 月	2023 年 3 月	36 000

续表

编号	设备名称	规格型号	生产厂家	计量单位	数量	购置日期	启用日期	原值/元
9	监控系统			个	15	2023年1月	2023年3月	4 500
10	教室椅子			张	200	2017年1月	2023年3月	15 680
11	空气净化器			台	7	2023年1月	2023年3月	14 000
12	老板椅			张	1	2023年1月	2023年3月	1 200
13	洽谈桌			张	2	2023年1月	2023年3月	1 350
14	沙发	3+1+1		套	1	2023年1月	2023年3月	2 200
15	铁皮文件柜			套	5	2023年1月	2023年3月	5 000
16	微波炉	美的		台	1	2023年1月	2023年3月	1 599
17	吸顶式空调	MDV-125Q4	美的	套	2	2023年1月	2023年3月	32 000
18	学生课桌			张	80	2017年1月	2023年3月	16 400
19	转椅			张	16	2023年1月	2023年3月	3 200

思考：资产评估师张芳和评估实习生杨旭负责该清单中机器设备的评估工作，他们应该如何开展工作？

学习目标

知识目标	掌握机器设备评估概念、要点和评估方法
能力目标	熟练运用资产评估基本方法对机器设备进行价值评估
素质目标	树立大国工匠意识，遵守职业规范

模块七 机器设备评估

思维导图

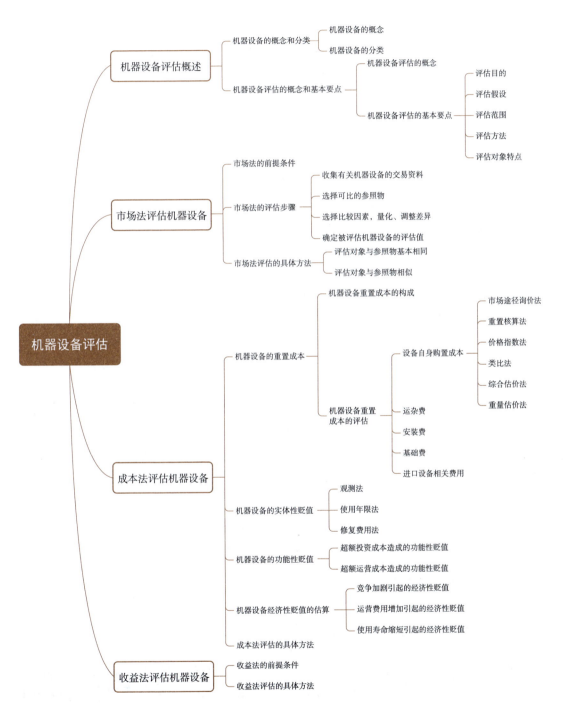

学习任务

任务导入

2023年2月24日，国家发改委、工业和信息化部、国务院国资委、国家能源局等九部门联合印发的《关于统筹节能降碳和回收利用加快重点领域产品设备更新改造的指导意见》，围绕加快节能降碳更新改造、完善回收利用体系、强化支撑保障3个方面，部署了11项重点任务。

我国是各类产品设备的生产、使用大国。积极做好重点领域产品设备更新改造、回收利用，对加快形成新发展格局，畅通国内、国外双循环意义重大，也是当前扩大有效投资和消费，积极稳妥推进碳达峰、碳中和的重要手段。

目前在我国能源、工业、建筑、交通、居民生活等领域，在用的锅炉、电机、电力变压器、制冷、照明、家用电器等产品设备保有量已超过50亿台；我国重点领域产品设备年运行能耗量约占全国能耗总量的80%，一些在用产品设备的能效水平偏低，高效节能产品设备的推广应用急需加强。

在加快节能降碳更新改造方面，《关于统筹节能降碳和回收利用加快重点领域产品设备更新改造的指导意见》明确，聚焦重点领域产品设备，对实施条件相对成熟、示范带动作用较强的锅炉、电机、电力变压器、制冷、照明等产品设备，要积极推动相关企业、单位开展更新改造，统筹做好废旧产品设备回收利用。

在此背景下，机器设备评估业务的需求旺盛。作为重要的经济手段和工具，机器设备评估有效服务了经济发展，保障了所有者权益，维护了市场秩序。企业贷款、保险抵押、企业合并、上市、破产清算通常都会涉及机器设备的价值评估。提高机器设备评估的科学性、准确性，对我国资产评估行业的发展意义重大。

学习任务一　机器设备评估概述

一、机器设备的概念和分类

（一）机器设备的概念

机器设备是指由金属材料或其他材料组成，若干零部件组装起来，在一种或者几种动力驱动下，能够完成生产加工运行等功能或效用的装置。它是人类利用机械原理以及其他科学原理制造的、是特定主体所拥有或者控制的有形资产。

《资产评估执业准则——机器设备》中的相关描述为："机器设备是指人类利用机械原

理以及其他科学原理制造的、特定主体拥有或者控制的有形资产,包括机器、仪器、器械、装置、附属的特殊建筑物等。"

机器设备作为主要劳动手段,具有单位价值高、使用期限长的特点。虽然机器设备属于有形资产,但其价值往往附着于与其相关的技术、工艺等无形资产。

（二）机器设备的分类

机器设备的种类很多,为满足不同管理工作的需求,通常将机器设备分类管理。机器设备分类如表7-2所示。

表7-2 机器设备分类

序号	划分依据	类别
1	《固定资产分类与代码》（GB/T 14887—2010）	（1）通用设备:机械设备、仪器仪表、电气元件、办公设备等
		（2）专用设备:电力工业专用设备、纺织设备、工程机械、医疗设备等
2	现行财会制度	（1）生产经营用机器设备
		（2）非生产经营用机器设备
		（3）租出机器设备
		（4）未使用机器设备
		（5）不需要用机器设备
		（6）融资租入机器设备
3	《资产评估执业准则》	（1）单台机器设备
		（2）机器设备组合

评估机器设备时,评估人员应当注意企业对机器设备的分类信息,根据机器设备在企业资产中的状态、重要程度,确定相应评估方法。

二、机器设备评估的概念和基本要点

（一）机器设备评估的概念

机器设备评估是指资产评估机构及其资产评估专业人员遵守法律、行政法规和资产评估准则,根据委托对评估基准日特定目的下单独的机器设备、资产组合或者作为企业资产组成部分的机器设备价值进行评定和估算,并出具资产评估报告的专业服务行为。

（二）机器设备评估的基本要点

1. 评估目的

《资产评估执业准则——机器设备》第三章规定:执行机器设备评估业务,应当了解评估结论的用途，明确评估目的。执行机器设备评估业务，应当根据评估目的等相关条件，选择恰当的价值类型。机器设备评估目的如表7-3所示。

表7-3 机器设备评估目的

类型	适用经济业务类型	选择的价值类型
作为企业价值或其他整体资产组合评估的组成部分评估	企业改制设立公司、企业股权转让或收购、兼并等	评估依据是替代原则，即采用同等功能的替代产品价格作为重置价值。 评估机器设备的续用价值
独立评估	出资、抵押、转让、保险、涉讼、涉税，以财务报告为目的的公允价值计量、资产减值测试等	评估机器设备的变现价值，即在二手设备市场所能实现的价值

2. 评估假设

机器设备评估时，应当根据机器设备的预期用途明确评估假设，包括：继续使用或者变现；原地使用或者移地使用；现行用途使用或者改变用途使用。对需要改变使用地点，按原来的用途继续使用，或者改变用途继续使用的机器设备进行评估时，应当考虑机器设备移位或者改变用途对其价值产生的影响。部分需要以某种方式安装在土地或建筑物上的机器设备，移地可能导致机器设备的部分损失或完全失效。

3. 评估范围

执行机器设备评估业务，应当根据评估目的、评估假设等条件，明确评估范围是否包括设备的安装、基础、附属设施，是否包括软件、技术服务、技术资料等无形资产。对于附属于不动产的机器设备，应当划分不动产与机器设备的评估范围，避免重复或者遗漏。

4. 评估方法

机器设备是企业整体资产的一部分，通常会与企业的其他资产，如厂房、专利技术等共同作用，实现特定的生产经营目标。因此，机器设备一般不具备独立获利能力，评估时通常采用重置成本法和市场法。

5. 评估对象特点

机器设备可单独存在并实现经营目标，也可通过机器组、生产线等有机整体实现经营目标。评估应注意机器组合的价值不只是单台设备价值之和。在对持续经营前提下的企业价值进行评估时，机器设备作为企业资产组成部分的价值可能有别于作为单项资产的价值，其价值取决于它对企业价值的贡献程度。

机器设备在存续过程中，由于物理或技术进步的原因会逐渐发生磨损而降低价值。机器设备的贬值因素比较复杂，科技发展、产业政策等都可能对设备的评估价值产生影响。机器设备磨损如表7-4所示。

表 7-4　机器设备磨损

贬值类型		磨损原因
有形磨损	物理损耗	设备使用时，设备的零件由于摩擦、振动、腐蚀和疲劳等产生磨损
		设备闲置时，因自然力的作用而腐蚀，或因管理不善而使设备遭受的有形损耗
无形磨损	价格损耗	相同结构设备重置价值下降导致的设备贬值，一般不需要更新
	功能磨损	由于技术迭代，设备功能、效率升级，导致原机器设备经济效果降低，原机器设备使用价值贬值

此外，机器设备评估，应当关注机器设备所依存资源的有限性、所生产产品的市场寿命、所依附土地和房屋建筑物的使用期限、法律、行政法规以及环境保护、能源等产业政策对机器设备价值的影响。

学习任务二　市场法评估机器设备

市场法评估机器设备，是根据目前公开市场上与被评估对象相似的或可比的参照设备的价格来确定被评估机器设备价格的方法。如果可比机器设备与被评估机器设备存在差异，则需要根据差异系数调整评估价值。

一、市场法的前提条件

市场法的前提条件有：评估对象的可比参照物具有公开的市场，以及活跃的交易；有关交易的必要信息可以获得。

公开的市场，强调了市场中机器设备充分竞争的客观环境。机器设备的交易双方在平等、自愿的前提下，基于公开的信息，进行平等交易。活跃的交易强调了机器设备交易的量，排除了个别交易的偶然性。可比参照物是指公开、活跃的市场上要有可比的机器设备及其交易活动，选择的可比参照物及其交易活动在近期公开市场上已经发生过，且与被评估机器设备的业务相同或相似。市场所提供的信息越充分，被评估资产的评估结果越贴近资产的真实价值。

二、市场法的评估步骤

（一）收集有关机器设备的交易资料

市场法的首要工作就是在掌握被评估设备基本情况的基础上，进行市场调查，收集与被评估对象相同或类似的机器设备交易实例资料。收集的资料一般包括设备的交易价格、交易日期、交易目的、交易方式、交易双方情况、机器设备的类型、功能、规格型号、已使用年限、设备的实际状态等。对所收集的资料还应进行查实，确保资料的真实性和可靠性。

（二）选择可比的参照物

根据收集的资料进行分析整理后，按可比性原则，选择所需的参照物。参照物选择的可比性应注意两个方面：一是交易情况的可比性；二是设备本身各项技术参数的可比性。

（三）选择比较因素，量化、调整差异

机器设备主要差异因素如表 7-5 所示。

表 7-5 机器设备主要差异因素

序号	差异因素	说明
1	交易因素	包括供求状况、交易双方情况、交易数量、付款方式等
2	时间因素	参照物交易日与评估基准日时间间隔
3	个别因素	包括生产厂家、批次、出厂日期、规格型号、新旧程度、技术标准等
4	地域因素	不同地区的市场供求、市场发育程度、购买能力等存在的差异

（四）确定被评估机器设备的评估值

对上述各差异因素量化调整后，得出初步评估结果。对初步评估结果进行分析，采用算术平均法或加权平均法确定最终评估结果。

三、市场法评估的具体方法

市场法评估主要是通过对市场参照物进行交易价格调整完成的。具体的操作方法与评估对象、参照物相似程度有关。

（一）评估对象与参照物基本相同

当被评估对象与参照物基本相同时，可直接进行比较，确定评估对象的价值。例如，被评估的机器设备，能在交易市场找到制造商、型号、规格、材质、附件都相同的参照物，只存在实体状态、使用程度的差异。在这种情况下，评估人员可直接将评估对象与交易市场上的参照物进行比较，确定价值。由于此时评估对象与市场参照物差异小，使用直接比较法评估相对比较简单，对市场的反映却最为客观，能最准确地反映评估对象的价值。

计算公式为：

$$评估值 = 参照物市场价值 \pm 差异调整 \tag{7-1}$$

【例 7-1】 W 公司委托 AA 事务所评估一台机器设备。经查，评估人员从市场上获得的市场参照物在型号、购置年月、生产厂商、材质及各系统的状况等方面与评估对象基本

相同，参照物市场售价为 120 000 元。区别之处在于：参照物的操纵杆的控制面板破损需要更换，更换费用约为 3 500 元；被评估设备加装了动力配件一套，价值为 5 000 元。确定评估对象的价值。

分析思路：评估设备与参照物型号、购置年月、生产厂商、材质及各系统的状况等方面基本相同，可比性高，可以采用直接比较法。

$$设备评估价值 = 120\ 000 + 3\ 500 + 5\ 000 = 128\ 500（元）$$

直接评估法适用于评估对象与市场参照物差异小的情形，使用该方法评估能便捷、准确地反映评估对象的价值。

（二）评估对象与参照物相似

当评估对象与市场参照物不相同，但存在较强相似性时，可以将与评估对象相似的市场参照物作为评估的基础，比较、调整因素差异，确定评估对象价值。

计算公式为：

$$评估值 = 参照物市场价值 \times 差异调整系数 \qquad (7-2)$$

采用相似交易比较时，要根据不同参照物的实际状态、交易情况等选择调整因素，确定评估价值。为保证结果的有效性，采用市场法评估时，要注意参照物选取的数量。

【例 7-2】W 公司委托 AA 事务所评估一台机器设备，评估人员经过市场调查，选择本地区近几个月已经成交的机器设备的 3 个交易实例作为比较参照物，被评估对象及参照物的有关情况如表 7-6 所示。

表 7-6　某企业机器设备及其评估参照物的有关资料

项目	参照物 A	参照物 B	参照物 C	被评估对象
交易价格	10 万元	12 万元	11 万元	—
交易状况	公开市场	公开市场	公开市场	公开市场
生产厂家	北京	济南	北京	沈阳
交易时间	2 个月前	1 个月前	3 周前	—

评估人员经过对市场信息进行分析得知，3 个交易实例都是在公开市场条件下销售的，不存在受交易状况影响导致价格偏高或偏低的现象，影响售价的因素主要是生产厂家（品牌）、交易时间和成新率。

（1）生产厂家（品牌）因素分析和修正。经分析，参照物 A 和参照物 C 是北京知名厂商生产的名牌产品，其价格同一般厂家生产的机器设备相比高 25% 左右。

（2）交易时间因素的分析和修正。经分析，市场参照物 A、B、C 的交易时间与被评估设备交易时间间隔较小且市场无明显波动，可忽略。

（3）实物状态因素分析和修正。经分析，评估时该设备与参照物 A、B、C 相比，其主要部件无过度磨损现象，状态综合打分情况：评估对象 80 分，参照物 A、B、C 分别为

66、78、82分。

不考虑其他因素，计算参照物A、B、C因素修正后的价格，估算初评结果。

分析思路：该设备的参照物选择为相似参照物，要根据各项参照物的调整因素（见表7-7）比率分别调整，计算评估价值。

表7-7　参照物的调整因素

项目	参照物A	参照物B	参照物C
交易价格	10万元	12万元	11万元
交易状况因素调整	公开市场	公开市场	公开市场
生产厂家因素调整	100/125	100%	100/125
实物状态因素调整	（80/66）	（80/78）	（80/82）

参照物A修正后的价格 = 10 × 80% × （80/66） = 9.70（万元）
参照物C修正后的价格 = 11 × 100% × （80/78） = 11.28（万元）
参照物B修正后的价格 = 12 × 80% × （80/82） = 9.37（万元）

对参照物A、B、C修正后的价格进行简单算术平均，求得被评估设备的评估值为：

被评估设备的评估值 = （9.70+11.28+9.37）÷ 3 = 10.12（万元）

评估时，若无法在市场上找到基本相同或相似的参照物时，可以利用市场交易数据进行统计分析，观察、确定同类型设备使用年限与售价的关系，以此评估价值。不同类型设备的函数关系是不同的，评估时要注意相关数据的选取。

学习任务三　成本法评估机器设备

采用成本法评估机器设备时，首先要估测被评估机器设备的重置成本，然后再判定和估测机器设备的实体性贬值、功能性贬值和经济性贬值，最后用机器设备的重置成本扣减各种贬值来测定被评估机器设备的价值。

成本法的计算公式为：

机器设备评估值 = 重置成本 – 实体性贬值 – 功能性贬值 – 经济性贬值　　（7-3）

采用成本法评估机器设备时，应当明确机器设备的重置成本包括购置或者购建设备所发生的必要的、合理的成本、利润和相关税费等，确定重置成本的构成要素；了解机器设备的实体性贬值、功能性贬值和经济性贬值，以及可能引起机器设备贬值的各种因素，采用科学的方法，估算各种贬值。对具有独立运营能力或者独立获利能力的机器设备组合进行评估时，成本法一般不应当作为唯一使用的评估方法。采用成本法评估机器设备应考虑的因素如图7-1所示。

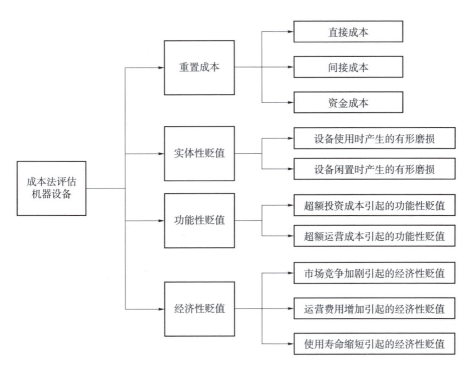

图 7-1 成本法评估机器设备的主要参数

一、机器设备的重置成本

机器设备的重置成本，是指按现行价格水平购置、购建与被评估机器设备相同或相似的全新设备所需的成本。

资产评估中，机器设备的重置成本通常分为复原重置成本和更新重置成本两种。复原重置成本是指采用与评估对象相同的材料、建筑标准或制造标准、设计、规格及技术等，以现时价格水平重新购建与评估对象相同的全新机器设备所发生的费用。复原重置成本适用于评估对象的效用只能通过按原条件重新复制评估对象的方式提供。更新重置成本是指采用新型材料，新制造标准，新型设计、规格和技术等，以现行价格水平购建与评估对象具有同等功能的全新机器设备所需要的费用。更新重置成本通常适用于使用当前条件所重置的资产可以提供与评估对象相似或者相同的功能，并且更新重置成本低于其复原重置成本。

两种重置成本在成本构成要素上的差别，要求评估师在运用成本法对机器设备进行估价时，需要准确把握所使用的重置成本，特别注意两种重置成本对机器设备的功能性贬值及成新率可能产生的不同影响。

（一）机器设备重置成本的构成

机器设备的重置成本一般包括设备自身的购置价格、运杂费、安装费、基础费及其他合理成本。作为评估对象的机器设备包括外购国产设备、进口设备以及自制设备等，由于机器设备的取得方式不同，其成本构成项目也不一致。重置成本的内容如表 7-8 所示。

表7-8 重置成本的内容

划分依据	类型		内容
按成本类型	直接成本		购置价格、运杂费、安装费、基础费及其他合理成本
	间接成本		管理费用、设计费、工程监理费、保险费等
	资金成本		融资活动产生的资金成本
按机器设备来源	外购	国产	购置价格、运杂费、安装费、基础费、资金成本、其他费用等
		进口	除上述费用,还包括国外运费、国外运输保险费、关税、消费税、增值税、银行财务费、公司代理手续费
	自制		直接材料费、燃料动力费、直接人工费、制造费用、期间费用分摊、利润、税金以及设计费(按评估基准日价格标准计算)
按机器设备是否需要安装	不需要安装		购置价格、运杂费等
	需要安装		购置价格、运杂费、安装费、基础费及其他合理成本

生产线以及工厂、车间等机器设备组合形式的资产,其重置成本还包括将单项资产组合成整体资产所发生的调试费、工厂设计费、管理费等。原地续用设备,重置成本一般包括设备运杂费、安装费、基础费等,而移地续用设备,重置成本一般不包括上述费用。

(二)机器设备重置成本的评估

机器设备重置成本的评估可以按照机器设备重置成本的构成分别估测,相加得到机器设备的重置成本。

1. 设备自身购置成本

(1)市场途径询价法。

市场询价法是通过市场途径,从生产厂家、销售部门或其他途径获得设备销售价格,在认真分析的基础上确定设备自身购置价格的方法,该方法简单、有效、可信,主要适用于评估时市场上有被评估设备在售的情况。

机器设备的制造商、销售商或不同的销售商之间的售价必然存在差异,因此,询价时要扩大询价的范围,分别向销售商、生产商询价。某些专用设备和特殊设备,生产厂家和交易数量有限,且没有公开的市场价格,在询问生产商报价的同时应向近期购买该生产商同类产品的其他客户了解实际成交价。市场途径询价法如表7-9所示。

表7-9 市场途径询价法

询价途径		注意事项
市场询价	评估人员直接从市场了解相同产品的现行市场销售价格	1. 询价对象不仅是销售商,还包括生产商
		2. 评估人员应该选择可能获得的最低售价
		3. 要考虑参照交易成交日与评估基准日的时间间隔,一般采用基准日近期交易价格

续表

询价途径		注意事项
使用价格资料	评估人员根据机器设备生产厂商、销售商提供的价格目录、报纸杂志上的广告、产品价格数据库等了解市场价格	停产、停售的机器设备，往往使用其替代产品的市场价格作为评估对象的更新重置成本

【例 7-3】 W 公司委托 AA 事务所评估一台机床，经查，生产厂家的产品目录和价格表中标示的价格为 65 万元，当地经销商的报价为 64.8 万元。评估人员调查了解到，该机床如果直接从生产厂家购买可以打九八折，但运费需 500 元；如果从当地经销商处购买则没有折扣，但可以赠送一套价值 3 000 元的备件。不考虑其他因素，评估机器设备购置价格。

分析思路： 评估人员应该选择可能获得的最低售价。设备本体的重置成本不包括运输、安装等费用。

根据生产厂家报价分析，得出购置价格 = 65 × 0.98 = 63.7（万元）

根据经销商报价分析，得出购置价格 = 64.8 – 0.3 = 64.5（万元）

被评估机床的自身购置价格为 63.75 万元。

（2）重置核算法。

重置核算法是根据设备建造时所消耗的材料、人工、燃料及动力，按现行价格水平和费用标准重新计算设备自身的生产成本，然后再加上合理的利润、税金等来确定被评估设备自身购置价格的方法。重置核算法主要适用于自制设备自身购置价格的评估。

运用重置核算法估测设备自身购置价格的计算公式为：

$$设备自身购置价格 = 生产成本 + 利润 + 税金 \qquad (7-4)$$

生产成本包括按照现行价格水平和费用标准计算的直接成本和间接成本；利润是以行业平均成本利润率计算的利润总额，利润率可以选择直接成本利润率或生产成本利润率等；税金包括增值税、城市维护建设税和教育费附加。

【例 7-4】 W 公司委托 AA 事务所评估一台机器设备，该设备是 3 年前企业自行设计和制造的，根据企业提供的账目，该设备制造过程中有关材料成本（不含税）、工时、制造费用等核算资料如表 7-10 所示。

表 7-10　自制设备核算表

项目	数量	单价	金额/元
钢材的消耗	8 吨	3 000 元/吨	24 000
铸铁的消耗	6 吨	2 000 元/吨	12 000
电机	1 台	20 000 元/台	20 000
工时消耗	700 工时	30 元/小时	21 000
直接成本合计			77 000
制造费用		30%*	23 100
生产成本合计			100 100

注：* 为制造费用占直接成本的比重。

评估人员经过市场调查和测算获得以下资料：行业平均成本利润率为10%；该评估设备涉及的税额（增值税、城市维护建设税、教育费附加等）一共适用7 800元。

不考虑其他因素，根据现行价格水平和费用标准，评估设备自身购置价格。

分析思路： 根据企业提供的资料分别计算设备生产成本、利润、税金，求和。

计算生产成本：

$$直接成本 = 8 \times 3\,000 + 6 \times 2\,000 + 20\,000 + 700 \times 30 = 77\,000（元）$$

$$制造费用 = 77\,000 \times 30\% = 23\,100（元）$$

$$生产成本 = 77\,000 + 23\,100 = 100\,100（元）$$

计算利润：

$$利润 = 100\,100 \times 10\% = 10\,010（元）$$

计算设备自身购置价格：

$$设备自身购置价格 = 100\,100 + 10\,010 + 7\,800 = 117\,910（元）$$

（3）价格指数法。

价格指数法是以被评估设备的原购置价格为基础，利用同类设备的价格指数将被评估设备的原购置价格调整为评估时购置价格的方法。在运用价格指数法时，可根据获得价格指数的情况，采用定基价格指数或环比价格指数进行调整。

【例7-5】 W公司委托AA事务所评估一台机器设备，该机器设备购置于2020年，当时的购置价格为100万元，2020年该类设备的定基价格指数为106%，2023年进行评估时，该类设备的定基价格指数为123%。不考虑其他因素，评估该机器设备的价值。

分析思路： 本题中的价格指数为定基指数，根据定基指数的特点，可将价格换算到基期，再乘以评估基准日价格指数。

$$被评估设备的购置价格 = 100 \times \frac{123\%}{106\%} = 116.04（万元）$$

【例7-6】 W公司委托AA事务所评估一台机器设备，被评估设备购置于2019年10月1日，当时的购置价格为50万元，2023年10月1日进行评估，该类设备2020—2023年的环比价格变动指数分别为4.5%、2.8%、-3%、4.8%。不考虑其他因素，评估该机器设备的价值。

分析思路： 本题中的价格指数为环比指数，根据环比指数的特点，需要逐年调整价格。

$$设备自身购置价格 = 50 \times (1+4.5\%) \times (1+2.8\%) \times (1-3\%) \times (1+4.8\%) = 54.60（万元）$$

【例7-7】 W公司委托AA事务所评估一台机器设备，该机器设备是2020年从美国进口的，当时的购置价格（离岸价）为12万美元，2023年对该设备进行评估。经调查，2023年时该类设备在美国的价格比2020年下降了8%，评估时，美元与人民币的比价为1∶6.866。不考虑其他因素，评估该设备的自身购置价格（离岸价）。

分析思路： 本题中的评估基准日价格变动比交易日下降8%，可直接根据交易日数据调整。估价时要注意汇率对评估价值的影响。

$$被评估设备的自身购置价格（离岸价）=12 \times \frac{1-8\%}{100\%} \times 6.866 = 75.80（万元）$$

（4）类比法。

类比法主要根据相似机器设备的生产能力价格来确定评估对象购置价格。当机器设备价格与生产能力呈现指数关系时，通过同类全新设备的市场价格、被评估设备的功能与参照设备的功能系数，计算评估机器设备自身购置价格。

当设备的价值与功能之间呈线性关系时，评估的计算公式为：

设备自身购置价格 = 参照机器设备的市场价格 ×（被评估设备的功能 ÷ 参照机器设备的功能）

（7-5）

【例7-8】 W公司委托AA事务所评估一台机器设备，被评估机器设备的生产能力为96吨/年，选择的与被评估对象具有相同性质和用途的全新参照物机器设备的生产能力为132吨/年，参照物机器设备的现行成本为30万元。经评估人员调查分析，发现该类机器设备资产的生产能力与成本之间呈线性关系。评估该机器设备的购置价格。

分析思路：根据评估机器设备和参照机器设备的生产能力系数调整参照机器设备的价格，得出被评估机器设备的购置价格。

$$设备自身购置价格 = 30 \times \frac{96}{132} = 21.82（万元）$$

当设备的价值与功能之间呈指数关系时，评估的计算公式为：

设备自身购置价格 = 参照设备市场价格 ×（被评估设备的功能 ÷ 参照设备的功能）^{x} （7-6）

式中，x为功能价值指数（或称规模效益指数），它是用来反映资产成本与其功能之间指数关系的具体指标。在机器设备评估中取值范围一般为0.6~0.8。

【例7-9】 接例7-8，经测算，该类设备的功能价值指数为0.7。评估该机器设备的价值。

分析思路：根据评估机器设备和参照机器设备的生产能力指数系数调整参照机器设备的价格，得出被评估机器设备的购置价格。

$$设备自身购置价格 = 30 \times \left(\frac{96}{132}\right)^{0.7} = 24.00（万元）$$

（5）综合估价法。

机器设备的主材费用和主要外购件费用与设备成本费用有一定的比例关系。综合估价法，是通过设备的主材费用、成本主材费率确定成本；再加上主要外购件费用，计算出设备的完全制造成本；最后根据企业利润和设计费等费用，计算设备本体的成本。该方法主要适用于非标设备的价值确定。

（6）重量估价法。

重量估价法，是假设人工费、车间经费、企业管理费及设计费是设备材料费的线性函数，根据相似设备的统计资料计算出单位重量的综合费率，以设备的重量乘以综合费率，并考虑利润和税金，根据设备的复杂系数进行适当调整后，确定设备本体的重置成本。

2. 运杂费

设备的运杂费是指设备从厂家到安装使用地点所发生的装卸、运输、保管、保险及其他有关费用。进口设备的国内运杂费除上述费用外，还包括港口费用、国外运输保险费等相关费用，但不包括运输超限设备时发生的特殊措施费。

运杂费计算法可以根据设备的生产地点、使用地点以及重量、体积、运输方式，以铁路、公路、船运、航空等部门的计费标准进行计算，也可以根据设备自身购置价格乘以运杂费率计算。

运杂费率计算公式为：

$$国产机器设备运杂费 = 机器设备原价 \times 国产设备运杂费率 \quad (7-7)$$

$$进口设备国内运杂费 = 进口设备到岸价 \times 进口设备国内运杂费率 \quad (7-8)$$

机械行业国产设备运杂费率和机械行业进口设备国内运杂费率可参考表7-11。

表7-11 机械行业设备国内运杂费率

地区类别		建设单位所在地	运杂费率%	备注
国产设备	一类	北京、天津、河北、山西、山东、江苏、上海、浙江、安徽、辽宁	5	指标中包括建设单位仓库离车站或码头50公里以内的短途运输费。当超过50公里时按每超过50公里增加1.5%费率计算，不足50公里者，可按50公里计算
	二类	湖南、湖北、福建、江西、广东、河南、陕西、四川、甘肃、吉林、黑龙江、海南	7	
	三类	广西、贵州、青海、宁夏、内蒙古	8	
	四类	云南、新疆、西藏	10	
进口设备	一类	内蒙古、新疆、黑龙江	陆 1~2	进口设备国内陆运运杂费指标是以离陆站距离划分指标上、下限：100公里以内为靠近陆站，取下限；100公里以上、300公里以内为邻近陆站，取中间值；300公里以上为远离陆站，取上限
			海 1~1.5	
	二类	青海、甘肃、宁夏、陕西、四川、山西、河北、河南、湖北、吉林、辽宁、天津、北京、山东	陆 2~3	
			海 1.5~2.5	进口设备国内海运运杂费指标是以离港口距离划分指标上、下限：20公里以内为靠近港口，取下限；20公里以上、50公里以内为邻近港口，取中间值；50公里以上为远离港口，取上限
	三类	上海、江苏、浙江、广东、安徽、湖南、福建、江西、广西、云南、贵州、西藏	陆 3~4	
			海 2.5~3.5	

3. 安装费

设备安装包括设备的装配和安装、锅炉及其他各种工业锅窑的砌筑、设备附属设施的安装、设备附属管线的铺设、设备及附属设施、管线的绝缘、防腐、油漆、保温等。设备安装费指上述工程发生时消耗的所有材料、人工、机械使用以及其他费用总合。

安装费可以根据设备原来安装过程中材料、人工、机械的消耗量，按照现行的价格水平和费用标准重新计算，再加上其他费用计算，也可以用设备的安装费率计算。

计算公式为：

$$安装费 = 材料费 + 人工费 + 机械费 + 其他费用 \quad (7-9)$$

$$国产设备安装费 = 相似国产设备价格 \times 国产设备安装费率 \quad (7-10)$$

$$进口设备安装费 = 进口设备到岸价 \times 进口设备安装费率 \quad (7-11)$$

国产设备安装费率可参考国家有关部门关于机械工程建筑项目概算指标的相关规定。一般而言，进口设备安装费率低于国产设备安装费率，进口设备安装费率可按照同类型国产设备的30%~70%确定，机械化、自动化程度越高，取值越低。如果设备的价格很低而安装较为复杂时，指标选择应考虑高于该取值范围。

4. 基础费

设备的基础是为安装设备而建造的特殊构筑物。设备基础费是建造设备基础的过程中发生的费用，主要包括机械使用费、人工费、材料费等。

计算公式为：

$$国产设备基础费 = 国产设备价格 \times 国产设备基础费率 \quad (7-12)$$

$$进口设备基础费 = 进口设备到岸价 \times 国产设备基础费率 \quad (7-13)$$

国产设备基础费率可参考国家有关部门关于机械工程建筑项目概算指标的相关规定，一般而言，进口设备基础费率低于国产设备基础费率，进口设备基础费率可按照同类型国产设备的30%~70%确定，机械化、自动化程度越高，取值越低。如果设备的价格很低而基础较为复杂时，指标选择应考虑高于该取值范围。

5. 进口设备相关费用

对进口设备进行评估时，除了上述相关费用，还需要获取国外运费、国外运输保险费、关税、消费税、增值税等费用，具体如表7-12所示。

表7-12 进口设备相关费用

项目	计算	备注
国外运费	海运费 = 设备离岸价 × 海运费率	远洋运输的海运费率一般取5%~8%；近洋运输的海运费率一般取3%~4%
国外运输保险费	国外运输保险费 = (设备离岸价 + 海运费) × 保险费率	保险费率可根据保险公司费率表确定，一般在0.4%左右
关税	关税 = 关税完税价格 × 关税税率	按照国家规定执行
消费税	消费税 = $\dfrac{关税完税价格 + 关税}{1 - 消费税税率}$ × 消费税税率	按照国家规定执行
增值税	增值税 = (进口关税完税价格 + 进口关税税额 + 消费税税额) × 增值税税率	按照国家规定执行
银行财务费	银行财务费 = 人民币货价 (FOB价) × 银行财务费率	现行银行财务费率一般为0.4%~0.5%

续表

项目	计算	备注
外贸手续费	外贸手续费＝设备到岸价×外贸手续费率	外贸公司进口业务的收费率一般为 1%~1.5%
车辆购置税	车辆购置税＝（到岸价人民币数＋关税＋消费税）×车辆购置税税率	按照国家规定执行

【例 7-10】 W 公司委托 AA 事务所评估一台进口的机器设备，评估人员经过调查了解到，该设备账面原值为 8 543 万元，净值为 7 562 万元。现在该设备从外国进口的离岸价为 100 万美元，海运费率为 6%，保险费率为 0.4%，该设备现行进口关税税率为 10%，增值税税率为 13%，银行财务费率为 0.5%，外贸手续费率为 1.5%。国内运杂费费率为 2%，安装费费率为 0.8%，基础费费率为 1.2%。假定：评估基准日外国货币同人民币的比价为 1：10。评估进口设备的重置成本。

分析思路： 该设备账面原值、净值均不能作为评估依据。估价时要根据构成进口设备价值的各项费用分别评估汇总。

国外运费 =100×6%=6（万元）(外币)

保险费 =(100+6)×0.4%=0.424（万元）(外币)

到岸价（外币计价）=100+6+0.424=106.424（万元）(外币)

到岸价（人民币计价）=106.424×10=1 064.24（万元）

关税 =1 064.24×10%=106.424（万元）

增值税 =(1 064.24+106.424)×13%=1 170.664×13%=152.186 32（万元）

银行财务费 =100×0.5%×10=5（万元）

外贸手续费 =1 064.24×1.5%=15.963 6（万元）

国内运杂费 =1 064.24×2%=21.284 8（万元）

安装费 =1 064.24×0.8%=8.513 92（万元）

基础费 =1 064.24×1.2%=12.770 88（万元）

进口设备重置成本 =1 064.24+106.424+152.186 32+5+15.963 6+21.284 8+8.513 92+12.770 88
=1 386.383 52（万元）

如果机器设备所需资金存在利息，评估时还需要考虑利息费用。

二、机器设备的实体性贬值

实体性贬值是资产在使用或持有过程中，因使用或自然力的作用导致的有形损耗引起的价值贬损。资产的实体性贬值通常用实体性贬值率表示。

$$实体性贬值率 = \frac{资产实体性贬值}{资产重置价值} \times 100\% \qquad (7\text{-}14)$$

对资产的实体性贬值估算方法主要包括观测法、使用年限法、修复费用法。

（一）观测法

观测法，也称成新率法，是通过具有专业知识和丰富经验的工程技术人员对机器设备各主要部位进行技术鉴定，综合分析机器设备的设计、制造、使用、维护、磨损、修理、大修理、改造情况以及物理寿命等因素，将评估对象与其全新状态进行比较，考察因使用磨损和自然损耗对机器设备的产能、精度、能耗等带来的影响，以此判断被评估资产的成新率，估算实体性贬值。

计算公式为：

$$实体性贬值率 = 1 - 机器设备成新率 \quad (7-15)$$

$$机器设备实体性贬值率 = \frac{机器设备实体性贬值}{机器设备重置价值} \times 100\% \quad (7-16)$$

$$机器设备实体性贬值 = 重置成本 \times (1 - 实体性成新率) \quad (7-17)$$

评估中，对机器设备实体性贬值的估测通常是估测其成新率。成新率的估测是机器设备成本法估价中的重点和难点问题。

直接观测法是首先确定和划分不同档次的成新率标准，然后根据被评估对象实际情况，经观测、分析、判断直接确定被评估机器设备的成新率。这种办法的特点是相对简便、省时、易行，但主观性强，精确度较差。一般适用于单位价值小、数量多、技术性不是很强的机器设备成新率的确定。机器设备成新率评估参考如表7-13所示。

表7-13 机器设备成新率评估参考

序号	新旧情况	有形损耗率/%	技术参数标准参考说明	成新率/%
1	新设备及使用不久设备	10以下	全新或刚使用不久的设备。在用状态良好，能按设计要求正常使用，无异常现象	100~90
2	较新的设备	11~35	已使用1年以上或经过第一次大修恢复原设计性能使用不久的设备，在用状态良好，能满足设计要求，未出现过较大故障	89~65
3	半新设备	36~60	已使用2年以上或大修后已使用一段时间的设备，在用状态较好，基本上能达到设备设计要求，满足工艺要求，需经常维修以保证正常使用	64~40
4	旧设备	61~85	已使用较长时间或几经大修，目前仍能维持使用的设备。在用状态一般，性能明显下降，使用中故障较多，经维护仍能满足工艺要求，可以安全使用	39~15
5	报废待处理设备	86~100	已超过规定使用年限或性能严重劣化，目前已不能正常使用或停用，即将报废待更新	15以下

观察法的重点是在全面了解被评估设备基本情况的基础上，对机器设备进行技术检测和鉴定。对于大型设备，为了避免主观因素的误差，可采用"德尔菲法"或"模糊综合判断法"。

知识链接

德尔菲法（Delphi Method）是在20世纪40年代由O.赫尔姆和N.达尔克首创，经过T.J.戈登和兰德公司进一步发展而成的。德尔菲这一名称起源于古希腊有关太阳神阿波罗的神话。

"德尔菲法"是在个人判断和专家会议的基础上形成的一种直观判断方法，它采取匿名方式征求专家的意见（即专家之间不得互相讨论，不发生横向联系，只能与调查人员发生关系），将他们的意见综合、归纳、整理、反馈，反复征询、归纳、修改，最后汇总成专家基本一致的看法，作为预测的结果。

这种方法具有广泛的代表性，较为可靠。

德尔菲法是预测活动中的一项重要工具，在实际应用中通常可以划分为三个类型：经典型德尔菲法、策略型德尔菲法和决策型德尔菲法。

（二）使用年限法

使用年限法，是假设机器设备在有限的使用寿命期间，实体性贬值与寿命缩短存在线性关系。机器设备在使用过程中，使用寿命越短，贬值程度越高。因此，能够使用设备的尚可使用年限与总的寿命年限的比确定设备的成新率，以此判断实体性贬值。

计算公式为：

$$机器设备成新率 = \frac{尚可使用年限}{已使用年限 + 尚可使用年限} \times 100\% \quad (7-18)$$

$$机器设备实体性贬值率 = \frac{已使用年限}{已使用年限 + 尚可使用年限} \times 100\% = 1 - 机器设备成新率 \quad (7-19)$$

按使用年限法计算机器设备实体性贬值率时，要考虑不同机器设备的工作特点，有的机器设备按时间单位衡量使用寿命，也有的机器设备按里程反映使用寿命。尽管反映寿命的单位不同，但评估成新率的计算原理与按"年"计量的评估方法基本一致，因此统称为使用年限法。

机器设备已使用年限，是指机器设备从开始使用到评估基准日所经历的时间。由于机器设备在使用中负荷程度及日常维护保养存在差异，已使用年限可分为名义使用年限和实际已使用年限。名义已使用年限，指会计记录记载的机器设备的已提折旧的年限；实际已使用年限，指机器设备在使用中实际磨损的年限。在机器设备评估中，应根据机器设备的名义已使用年限（折旧年限）考虑机器设备的使用班次、使用强度和维修保养水平，据实估测其实际已使用年限。

计算公式为：

$$实际已使用年限 = 名义已使用年限 \times 设备利用率 \quad (7-20)$$

$$设备利用率 = \frac{截至评估基准日设备累计实际工作时间}{截至评估基准日设备累计额定工作时间} \times 100\% \quad (7-21)$$

若机器设备利用率的计算结果小于1，则说明设备实际已使用年限小于名义已使用年限，机器设备开工不足；若机器设备利用率的计算结果等于1，则说明设备实际已使用年限等于名义已使用年限，机器设备按计划使用；若设备利用率的计算结果大于1，则说明实际已使用年限大于名义已使用年限，机器设备超负荷运转。

机器设备尚可使用年限，是从评估基准日开始到机器设备停止使用所经历的时间，也是从评估基准日开始的机器设备的剩余寿命。机器设备的尚可使用年限受到已使用年限、使用状况、维修保养状况以及设备运行环境的影响，评估人员应对上述因素进行全面分析和审慎考虑，以便合理确定尚可使用年限。

机器设备的总寿命年限等于已使用年限加上尚可使用年限。如果机器设备总寿命年限已确定，尚可使用年限就是总寿命年限扣除已使用年限的余额。总使用年限可以参照机器设备使用说明或会计折旧年限调整确定；还可以采用同类型机器设备的寿命均值计算。

知识链接

折旧年限是国家财务会计制度以法的形式规定的机器设备计提折旧的时间跨度。折旧年限要考虑机器设备物理使用寿命、技术进步因素、企业承受能力以及国家政策法规等因素。

从理论上讲，折旧年限并不等同于机器设备的总寿命年限，机器设备已折旧年限并不一定能全面反映出机器设备的磨损程度，因此，根据折旧计算机器设备的尚可使用年限及成新率时，一定要注意法定年限与机器设备的经济寿命是否相吻合，折旧年限与设备的实际损耗程度是否相吻合，并注明使用前提和使用条件。

对于国家明文规定限期淘汰禁止超期使用的设备，不论设备的现时技术状态如何，其尚可使用年限不能违反国家相关政策规定。

《企业所得税法实施条例》第六十条规定，除国务院财政、税务主管部门另有规定外，固定资产计算折旧的最低年限如下：

（1）房屋、建筑物，为20年。
（2）飞机、火车、轮船、机器、机械和其他生产设备，为10年。
（3）与生产经营活动有关的器具、工具、家具等，为5年。
（4）飞机、火车、轮船以外的运输工具，为4年。
（5）电子设备，为3年。

《企业所得税法》第三十二条规定：企业的固定资产由于技术进步等原因，确需加速折旧的，可以缩短折旧年限。

【例7-11】W公司委托AA事务所评估一批机器设备，机器设备信息如下：A为企业通勤汽车，按行驶里程设计的总使用寿命为80万公里，已运行10万公里；B为生产机床，生产机床额定公式为5万工时，已工作2万工时；C为电子设备，受外部因素影响，该类型电子设备平均使用寿命为4年，已使用2年。不考虑其他因素，计算实体性贬值率。

分析思路：A、B、C三种设备的贬值率计算方法不同。

A 设备实体性贬值率 =10÷80=12.5%

B 设备实体性贬值率 =2÷5=40%

C 设备实体性贬值率 =2÷4=50%

(三) 修复费用法

修复费用法，是根据修复磨损部件所需要的开支来确定机器设备实体性损耗及成新率的办法，机器设备的实体性贬值等于补偿实体性损耗所发生的费用。

修复费用法适用于某些特定结构、部件已经损耗，但能够以经济上可行的办法修复的机器设备。包括主要零部件的更换或者修复、改造费用等。

计算公式为：

$$成新率 =1- \frac{修复费用}{重置成本} \times 100\% \qquad (7-22)$$

使用这种方法时，应注意以下两点：

（1）应当将实体性损耗中的可修复磨损和不可修复磨损区别开来。两者之间根本的不同点在于可修复的实体性损耗不仅在技术上具有修复的可能性，而且在经济上是划算的；不可修复的实体性损耗则无法以经济上划算的办法修复。

（2）应当将修复费用中用于修复设备实体和用于对设备技术更新改造的支出区别开来。由于机器设备的修复往往同功能改进一并进行，这时的修复费用很可能不全用在实体性损耗上，而有一部分用在功能性贬值因素上，因此，在评估时应注意不要重复计算机器设备的功能性贬值。

【例 7-12】 W 公司委托 AA 事务所评估一台机器设备，该设备自投产以来，每天 24 小时连续运转。经调查，该台设备是 8 年前安装后直接投产的，现在需要对机器设备的发电机组、管道进行更换。更换后，该加工炉就能再运转 12 年。更换修复产生材料、配件、安装等费用预计为 22 万元，经济可行。采用成本法求得该加工炉的重置成本为 160 万元。计算实体性贬值及成新率。

分析思路：设备修复经济可行，可以使用修复费用法。机器设备的可修复损耗引起的贬值等于补偿该损耗所发生的费用 22 万元；设备 8 年前安装后直接投产，修复后能再运转 15 年，总寿命为 8+12=20 年，计算损耗率并根据损耗率计算不可修复部分产生的实体性损耗引起的贬值。

不可修复部分的重置成本 =160-22=138（万元）

不可修复部分的损耗率 =8÷(8+12)=40%

不可修复部分的损耗额 =138×40%=55.2（万元）

实体性贬值 =22+55.2=77.2（万元）

贬值率 =77.2÷160×100%=48.25%

三、机器设备的功能性贬值

机器设备的功能性贬值是由于新技术发展导致资产价值的贬损,按照造成贬值的原因,贬值主要包括超额投资成本造成的功能性贬值和超额运营成本造成的功能性贬值。

估测机器设备的功能性贬值,首先应该对已经确定的重置成本和成新率(实体性贬值)进行分析,看其是否已经扣除了功能性贬值的因素,比如采用价格指数法确定的设备重置成本中包含功能性贬值因素;采用功能价值法确定的设备重置成本已经扣除了功能性贬值。再如,采用使用年限法确定成新率,没有考虑功能性贬值的因素,而采用修复费用法可能扣除了全部或部分的功能性贬值。因此,机器设备的重置成本和成新率确定后,并不是直接进行功能性贬值的评估,而是要对重置成本和成新率进行分析,如果已经扣除了功能性贬值,就不要重复计算;如果未扣除功能性贬值,并且功能性贬值存在,则应采取相应的方法估测,其不可漏缺。

(一)超额投资成本造成的功能性贬值

超额投资成本造成的功能性贬值主要是由于新技术引起的布局、设计、材料、产品工艺、制造方法、设备规格和配置等方面的变化和改进,使购建新设备比老设备的投资成本降低。超额投资成本造成的功能性贬值表现为新设备的构建成本比老设备便宜,因此功能性贬值就等于设备的复原重置成本与更新重置成本之间的差额,即

$$机器设备的功能性贬值 = 设备复原重置成本 - 设备更新重置成本 \quad (7-23)$$

在评估操作中应注意的是,如果估测采用的重置成本是更新重置成本,则不必再去刻意寻找设备的复原重置成本和超额投资成本造成的功能性贬值。因此,选择重置成本时,在同时可得复原重置成本和更新重置成本的情况下,应选用更新重置成本。

(二)超额运营成本造成的功能性贬值

超额运营成本造成的功能性贬值,主要是由于技术进步,使原有设备与新式设备相比功能效率落后,运营成本增加。超额运营成本造成的功能性贬值与机器设备有形损耗无关,它是由于技术迭代所引起的贬值。

超额运营成本造成的功能性贬值计算步骤如下:

(1)对被评估设备的运营报告和生产统计进行分析,分析操作人员数量、维修保养人员数量与材料、能源和水电消耗、产量等超额运营成本因素。

(2)估测被评估设备的剩余经济寿命。

(3)计算被评估对象的年超额运营成本。

(4)从年超额运营成本中扣除税金,计算年净超额运营成本。

计算公式为:

$$年净超额运营成本 = 年超额运营成本 \times (1 - 所得税税率) \quad (7-24)$$

（5）折现，年净超额运营成本的现值，即功能性贬值额。
计算公式为：

$$功能性贬值 = 年净超额运营成本 \times 年金现值系数 \qquad (7-25)$$

【例 7-12】 W 公司委托 AA 事务所评估一台机器设备，该设备正常运转需 8 名操作人员，每名操作人员年工资及福利费约 5 万元，锅炉的年耗电量为 10 万千瓦时，目前相同能力的新式机器设备只需 4 个人操作，年耗电量为 7.5 万千瓦时。已知：电的价格为 1.2 元/千瓦时，被评估锅炉的尚可使用年限为 5 年，所得税税率为 25%，适用的折现率为 10%。不考虑其他因素，确定被评估机器设备的功能性贬值。

分析思路：超额运营成本由多支付的人员薪酬、电费构成。计算年净超额运营成本，折现。

被评估机器设备的年超额运营成本 = (8-4) × 5 + (10-7.5) × 1.2 = 23（万元）

年净超额运营成本 = 23 × (1-25%) = 17.25（万元）

由超额运营成本引起的功能性贬值额 = 17.25 × (P/A, 10%, 5) = 17.25 × 3.790 8
= 65.391 3（万元）

四、机器设备经济性贬值的估算

机器设备的经济性贬值是由于外部因素引起的贬值，主要原因有：市场竞争加剧，产品需求减少，导致设备开工不足，生产力相对过剩；原材料、能源等提价，造成生产成本提高；法律、法规要求使产品生产成本提高或使设备加速淘汰。

（一）市场竞争加剧引起的经济性贬值

当机器设备因外部因素，即经济衰退、产业结构调整、国家环保政策限制等影响，出现开工不足，致使设备的实际生产能力明显低于额定生产能力或设计生产能力而生产产生的经济性损耗。

计算公式为：

$$经济性贬值率 = \left[1 - \left(\frac{实际生产能力}{设计生产能力}\right)^x\right] \times 100\% \qquad (7-26)$$

式中，x 为规模效益指数，实践中多用经验数据。机器设备的 x 指数一般选为 0.6~0.7。

【例 7-13】 W 公司委托 AA 事务所评估一条生产线（机器设备组），该生产线的设计生产能力为每天生产 100 件产品，设备状况良好，技术上也很先进。由于市场竞争加剧，使该生产线开工不足，每天只生产 80 件产品。经评估，该生产线的重置成本为 1 000 万元，试估测该生产线的经济性贬值额（规模效益指数取 0.7）。

分析思路：竞争加剧引起的经济性贬值按公式直接计算贬值率。

经济性贬值率 = [1 - (80 ÷ 100)$^{0.7}$] × 100% = 14.46%

经济性贬值额 = 1 000 × 14.46% = 144.6（万元）

（二）运营费用增加引起的经济性贬值

运营费用增加引起的经济性贬值，主要是由于企业面临原材料涨价、劳动力费用上涨等情况，导致运营成本提高；政府因环境保护、节能减排等政策要求，对超过排放标准排污的企业加倍征收超标排污费，机器设备能耗超过限额的，按超限额浪费的能源量加价收费，导致高污染、高能耗设备运营费用的提高。

知识链接

2021浙江省发布《浙江省关于建立健全高耗能行业阶梯电价和单位产品超能耗限额标准惩罚性电价的实施意见（征求意见稿）》。该文件将八大高耗能行业列入了阶梯电价加价范围，包括纺织、非金属矿物制品、金属冶炼及压延加工、化学原料及化学制品制造、石油煤炭及其他燃料加工、造纸和纸制品、化学纤维制造、电力热力的生产和供应。该文件明确了阶梯电价分档加价标准和针对单位产品用能量超过能耗限额标准的惩罚性电价分档加价标准，具体如表7-14所示。

表7-14 阶梯电价和惩罚性电价分档加价标准

阶梯电价分档加价标准			惩罚性电价分档加价标准		
档次	分段/%	加价标准/（元·千瓦时$^{-1}$）	档次	分段/%	加价标准/（元·千瓦时$^{-1}$）
一档	0~10（含）	0.10	一档	0~5（含）	0.10
二档	10~20（含）	0.20	二档	5~10（含）	0.20
三档	20以上	0.30	三档	10以上	0.30

随着双碳目标的提出，国务院以及各地方政府都在逐步出台碳达峰实施方案以及能耗双控等措施确保向目标逐步推进，高能耗企业如果不会合理运用能效系统，企业的营运成本必然会上升。

【例7-14】 W公司委托AA事务所评估一台机器设备。该设备的寿命为12年，已使用7年，政府规定的可比单耗指标为600千瓦时/吨，该炉的实际单耗为711千瓦时/吨，该机器设备年产量为1 800吨，用电单价为1元/千瓦时。根据政府规定超限额10%~20%（含20%）的加价2倍。假定折现率为10%，计算因超限额能耗引起的经济性贬值额。

分析思路： 政府能耗标准600，实际单耗750，超额（711-600）÷600=18.5%，属于20%档位，加价2倍。

$$经济性贬值额 = 1 \times (711-600) \times 1\,800 \times 2 \times (P/A, 10\%, 5)$$
$$= 399\,600 \times 3.790\,8 = 1\,514\,803.68（元）$$

（三）使用寿命缩短引起的经济性贬值

使用寿命缩短引起的经济性贬值，主要涉及因国家环境保护、节能减排、产业升级等相关政策调整，国家对机器的环保、效能要求越来越高，对落后的、高能耗、高污染的机器设备施行强制淘汰制度，使设备的正常使用寿命减少，继而引发的经济性贬值。

【例7-15】W公司委托AA事务所评估一台机器设备。该设备设计寿命为20年，已使用10年，经核查评估，该设备未来仍可使用10年，但根据国家相关节能减排政策，该类设备将于3年后强制报废退出生产，假定该设备重置成本为100万元，计算经济性贬值额。

分析思路： 因为机器设备3年后强制报废，与设计使用寿命相比缩短了7年使用寿命，这7年的贬值属于因使用寿命缩短引起的经济性贬值。

$$\text{机器设备的经济性贬值率} = (20-10-3) \div 20 \times 100\% = 35\%$$

$$\text{机器设备经济性贬值额} = 100 \times 35\% = 35（万元）$$

五、成本法评估的具体方法

根据成本法公式：

机器设备评估值 = 重置成本 − 实体性贬值 − 功能性贬值 − 经济性贬值

= 重置成本 − 重置成本×实体性贬值率 − 重置成本×功能性贬值率 − 重置成本×经济性贬值率

= 重置成本×(1− 实体性贬值率 − 功能性贬值率 − 经济性贬值率)

= 重置成本×[1− (实体性贬值率 + 功能性贬值率 + 经济性贬值率)]

= 重置成本×综合成新率 　　　　　　　　　　　　　　　　（7-27）

综合成新率是评估机器设备的常用参数，实务中常采用综合成新率计算各种贬值扣除，进而对机器设备进行评估。通常采用使用寿命法和观察法分别得出成新率，采用加权平均法计算得到综合成新率。计算公式为：

综合成新率 = 年限法成新率×权重 + 观察法成新率×权重　　　（7-28）

成新率权重根据机器设备实际情况确定，一般年限法权重为40%，观察法权重为60%。使用综合成新率评估机器设备简单、方便，适合评估数量大、单价较低、类型相近的机器设备评估。

机器设备评估也会单独计算实体性贬值额、功能性贬值额和经济性贬值额。在单独评估功能性贬值额和经济性贬值额的情形下，综合成新率实际仅考虑了实体性贬值率，此时，综合成新率与实体性贬值率之和为1。

【例7-16】W公司委托AA事务所评估一台机床。经查，该机床评估基准日相关资料如下：该机床设计寿命为20年，已使用5年，仍可使用15年；设备重置成本为100万元。评估人员经过现场勘查、反复征询、整理得到表7-15所示信息。

表 7-15　机器设备（机床）成新率鉴定

设备名称		ABC	规格型号	ABC-DE-203	制造厂家	××××
购置时间		××××	已使用年限	5 年	近期大修日期/金额	—
序号	项目	标准分	鉴定内容及实际情况			得分
1	机床精度	55	（1）几何精度，如溜板移动在垂直平面内的直线度、主轴锥孔中心线的径向跳动等指标是否达到设计及有关要求 （2）工作精度，如精车轴类零件外圆的圆度和圆柱度、精车端面的平面度等指标是否达到有关要求			48
2	操作系统	6	变速及溜板操作手轮或手柄是否灵活轻便，丝杠与螺母之间的间隙是否过大			5
3	运动系统	8	包括主轴箱、进给箱的齿轮传动系统，各部位轴承有无振动及发热，各滑动面有无拉伤			6
4	润滑系统	10	润滑油泵出口压力是否达到额定值，油管是否有泄漏，油路是否畅通			5
5	电器系统	15	电控箱中电流开断装置（如磁力启动器、交流接触器、空气断路器）以及各种继电器触点有无烧损或接触不良，工作是否正常。电动机在运转中是否有发热升温超过正常值的现象			8
6	外观及其他	6	机床附件是否齐全，安全保护装置是否完好，外观有无锈蚀、碰伤及油漆剥落等			5
合计		100%		成新率		77%

不考虑其他因素，计算该机器设备的综合成新率、评估价值。

分析思路：该机床设计寿命为 20 年，已使用 5 年，仍可使用 15 年。根据年限法公式计算成新率；根据打分表得到观察法成新率为 77%。按 40%、60% 加权求和得到综合成新率。

年限法成新率 $=15 \div 20=75\%$

综合成新率 $=75\% \times 40\%+77\% \times 60\%=76.2\%$

机床评估价值 $=100 \times 76.2\%=76.2$（万元）

学习任务四　收益法评估机器设备

收益法，是指把一个特定期间内的固定或变化的经济收益流量进行折现，以其收益折现值作为评估价值的方法。收益法评估机器设备是把机器设备作为一个具有获利能力的整体来看待，以其营利能力为价值判断基础。

一、收益法的前提条件

收益法评估机器设备的前提条件有三条：机器设备具备独立的生产能力和获利能力；

能合理确定机器设备的折现率；能合理确定机器设备的折现期。

由于机器设备通常只能在有限年限内获得收益，因此，运用收益法评估其价值时，评估人员必须在搜集大量市场历史数据的基础上，分析影响机器设备未来收益状况、使用条件等情况，充分考虑相关因素，选择合适的预测方法，合理预测被评估设备的未来预期收益，并根据真实情况确定合理的收益率、使用期限。大部分单项机器设备并不具有独立的获利能力。因此，单项设备评估通常不采用收益法评估。对于自成体系的成套设备、生产线以及可以独立作业的运输车辆等设备，可以独立获利，一般可采用收益法评估。

二、收益法评估的具体方法

（一）预期收益每年相等

当预期的未来收益每年相等时，计算时可使用年金公式计算。
计算公式为：

$$PV = A \times (PVIFA, r, n) \quad (7-29)$$

式中：P 为机器设备评估值；A 为被评估机器设备的预测收益；r 为折现率；n 为机器设备的收益年限；$(PVIFA, r, n)$ 为年金现值系数，同 $(P/A, r, n)$。

注意：此公式只适用于未来各年预期收益相等的情况。

（二）预期收益每年不相等

当预期的未来收益每年不相等时，计算时可分别求取各年份预期收益现值并相加。
计算公式：

$$P = F_1 \times (PVIF, r, 1) + F_2 \times (PVIF, r, 2) + \cdots + F_n \times (PVIF, r, 3) \quad (7-30)$$

式中：P 为机器设备评估值；$F_1 \sim F_n$ 为被评估机器设备的各年预测收益；r 为折现率；n 为机器设备的收益年限。$(PVIF, r, n)$ 为复利现值系数，同 $(P/A, r, n)$。

【例7-17】W公司委托AA事务所评估一条生产线。经评估人员分析，该设备在未来5年净收益额分别是180万元、150万元、130万元、110万元、80万元。假定该设备组合在5年后停止使用，报废处理且残值为0，确定的折现率和资本化率为10%。评估目前该机器设备的价值。

分析思路： 已知该生产线未来5年净收益、折现率、期限。直接代入公式计算。

首先，确定未来5年收益额的现值。计算中的现值系数，可从复利现值表中查得。

$$P_1 = \sum_{t=1}^{5} \frac{Pt}{(1+i)^t}$$

$$= \frac{180}{1+10\%} + \frac{150}{(1+10\%)^2} + \frac{130}{(1+10\%)^3} + \frac{110}{(1+10\%)^4} + \frac{80}{(1+10\%)^5}$$

$$= 180 \times (PVIF, 10\%, 1) + 150 \times (PVIF, 10\%, 2) + 130 \times (PVIF, 10\%, 3) + 110 \times (PVIF, 10\%, 4) + 80 \times (PVIF, 10\%, 5)$$

$$=180\times0.909\ 1+150\times0.826\ 4+130\times0.751\ 3+110\times0.683\ 0+80\times0.620\ 9$$
$$=163.638+123.96+97.669+75.13+49.672$$
$$=510.069(万元)$$

对于对外出租的设备，其租金就是收益，而且租金通常是在一段时间内不变的。租金通过市场询价方式获得，可以通过分析比较可比的租赁设备的租金，调整估算被评估设备的预期收益。

知识回顾

机器设备是指人类利用机械原理以及其他科学原理制造的、特定主体拥有或者控制的有形资产，包括机器、仪器、器械、装置、附属的特殊建筑物等。机器设备评估，是指资产评估机构及其资产评估专业人员遵守法律、行政法规和资产评估准则，根据委托对评估基准日特定目的下单独的机器设备、资产组合或者作为企业资产组成部分的机器设备价值进行评定和估算，并出具资产评估报告的专业服务行为。执行机器设备评估业务，应当了解评估结论的用途，明确评估目的。执行机器设备评估业务，应当根据评估目的等相关条件，选择恰当的价值类型。一般不具备独立获利能力的机器设备，评估时通常采用重置成本法和市场法，可以单独获利的机器设备一般采用收益法。

市场法评估机器设备，是根据目前公开市场上与被评估对象相似的或可比的参照设备的价格来确定被评估机器设备价格的方法。如果可比机器设备与被评估机器设备存在差异，则需要根据差异系数调整评估价值。市场法估价的前提条件：评估对象的可比参照物具有公开的市场，以及活跃的交易；有关交易的必要信息可以获得。当评估对象与参照物基本相同时，可以直接比较，估算评估对象价值；当评估对象与市场参照物不相同，但存在较强相似性时，可以将与评估对象相似的市场参照物作为评估的基础，比较、调整因素差异，确定评估对象价值。

成本法机器评估设备，首先要估测被评估机器设备的重置成本，然后再判定和估测机器设备的实体性贬值、功能性贬值和经济性贬值，最后用机器设备的重置成本扣减各种贬值来测定被评估机器设备的价值。机器设备的重置成本，指按现行价格水平购置、购建与被评估机器设备相同或相似的全新设备所需的成本。资产评估中，机器设备的重置成本通常分为复原重置成本和更新重置成本两种。实体性贬值是资产在使用或持有过程中，因使用或自然力的作用导致的有形损耗引起的价值贬损。机器设备的功能性贬值是由于新技术发展导致资产价值的贬损，按照造成贬值的原因，贬值主要包括超额投资成本造成的功能性贬值和超额运营成本造成的功能性贬值。机器设备的经济性贬值是由于外部因素引起的贬值。

收益法评估机器设备，是把机器设备作为一个具有获利能力的整体来看待，将某一特定期间内的固定或变化的经济收益流量进行折现，以其收益折现值作为评估价值。收益法评估机器设备的前提条件有三条：机器设备具备独立的生产能力和获利能力；能合理确定机器设备的折现率；能合理确定机器设备的折现期。

实践任务

任务分组

班级		组号		共（　）人	
组长		学号			
组员	学号	姓名	学号	姓名	

个人任务

任务工单 1						
班级		组号		姓名		学号
项目	内容					
任务要求	学习模块知识，回答问题					
任务目标	掌握机器设备评估的概念、评估要点					
任务实施	1. 简述机器设备的概念及分类 2. 简述机器设备评估的要点					
任务总结						

协作任务

任务工单 2							
班级		组号		姓名		学号	
项目	内容							
任务内容	机器设备评估的具体方法						
任务要求	归纳总结机器设备评估的具体方法						
任务目标	熟悉机器设备评估的具体方法						
任务实施							
任务总结							

任务工单 3							
班级		组号		姓名		学号	
项目	内容							
任务情境	根据本模块情景导入内容，分析讨论并形成结论。 资产评估师张芳和评估实习生杨旭负责该清单中机器设备的评估工作，他们应该如何开展工作？						
任务目标	熟悉、运用机器设备评估方法						
任务要求	结合本模块知识点，分析、讨论模块情景导入中的问题并阐明原因						
任务实施（思路）	1. 识别列表中的机器设备类资产。 2. 明确评估业务实施阶段的步骤。						
任务总结							

任务工单 4							
班级		组号		姓名		学号	
项目	内容						
任务内容	小组案例分析						
任务要求	利用网络或图书资源,查找机器设备评估相关案例,并根据评估案例分析机器设备的评估要点						
任务目标	掌握机器设备评估的基本方法						
任务实施	案例简述						
	提出问题						
	分析问题						
	解决问题						
任务总结							

汇报任务

任务工单 5							
班级		组号		姓名		学号	
项目	内容						
任务内容	各工作小组选派一名成员,汇报任务内容						
任务要求	查阅资料,根据任务工单内容,总结并阐述知识要点						
任务目标	熟悉模块知识并能熟练运用						
任务实施	汇报任务 1						
	汇报任务 2						
	汇报任务 3						
任务总结							

任务评价

个人评价

		任务工单6			
班级		组号		姓名	学号
序号	评价内容		分值（分）		分数
1	主动记录课堂要点，形成课堂笔记		10		
2	上课积极参与课堂问答和小组讨论		10		
3	理解、掌握课堂知识		10		
4	能运用课堂知识、技能分析和解决问题		10		
5	能有效利用网络、图书资源获取有用信息		10		
6	主动思考问题，具有创造性思维		10		
7	善于分析、总结，能有条理地表达观点		10		
8	尊重他人意见，善于发现合作伙伴的长处		10		
9	遇到挫折能相互鼓励、群策群力		10		
10	按时保质完成任务		10		
	合计		100		

小组评价

	任务工单7		
班级		组号	
序号	评价内容	分值（分）	分数
1	模块知识掌握程度	20	
2	资源收集、整理能力	10	
3	团队分工、协作程度	20	
4	法律意识	10	
5	职业道德、职业素养（工作严谨性、规范性、专业性等）	20	
6	创新意识	10	
7	任务完成速度	10	
	合计	100	

班级评价

任务工单8				
班级			组号	
序号	评价内容		分值（分）	分数
1	展示汇报		40	
2	参与程度		30	
3	完成质量		30	
	合计		100	

自测训练

扫码学习

模块八

不动产评估

情景导入

北京 W 资产评估咨询有限公司接受 E 房地产公司委托，对委托人本区东街 182 号楼整栋不动产价值进行评估，该不动产面积为 18 000 平方米，评估基准日为 2024 年 6 月 21 日。资产评估项目小组根据评估程序进行评估，初步评估结果为 15 535 元/平方米。通过与委托人沟通得知，委托人在一个月以前分别委托了两家评估机构对该不动产进行评估，评估价值分别为 12 256 元/平方米和 155 825 元/平方米。

思考：为什么不同评估机构评估的价值各不相同？你认为导致评估结果差异的原因有哪些？

学习目标

知识目标	熟悉不动产评估的基本概念、对象、特点，掌握影响不动产价格的因素和评估方法
能力目标	熟练运用资产评估基本方法评估不动产价值
素质目标	树立正确的价值观念，树立保护国家、集体资产的意识

思维导图

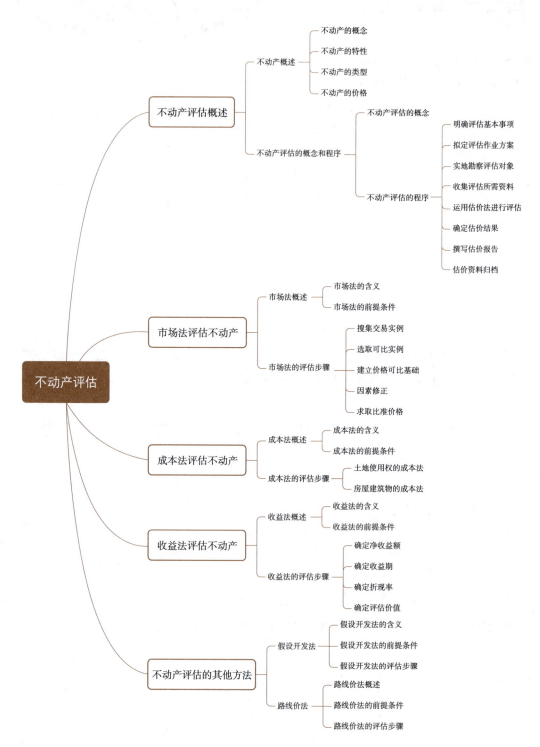

学习任务

任务导入

资料一：2022年7月25日，《台州晚报》报道，台州市椒江区综合行政执法局葭沚中队处理了一起因拆迁引发的房产评估违法案件，对涉事房地产土地资产评估有限公司做出罚款1.3万元的行政处罚。涉案的房地产评估公司，曾针对两处房屋出具了两份评估报告，但评估报告都未严格按照《房地产估价规范》的规定进行制作，缺少部分资料文件及说明，涉嫌违反了《房地产估价机构管理办法》的相关规定。执法人员第一时间迅速展开调查，并予以立案。根据《房地产估价机构管理办法》第五十三条的规定，椒江区综合行政执法局责令涉事房地产土地资产评估有限公司立即改正违法行为，并处以警告和罚款1.3万元的行政处罚。

资料二：2020年6月17日，东莞市中级人民法院开展了针对东莞大朗镇六宗工业用地及地上十三栋建筑物的强制腾退搬迁行动。起因是被执行人东莞市大朗镇XYZZ厂经营者认为法院委托的评估公司评估不合理，一直拒绝退场。

2019年7月4日，XYZZ厂171亩地被挂在了淘宝的司法拍卖上，有7人参与报名，评估价是371 438 074元，起拍价是261 000 000元，总共拍了46次，最后被竞买号k831即东莞市某公司以3.286亿元拍下。法院的司法竞拍价与该厂委托的评估公司出价相差近10倍。

深圳市GC公司给出的房产估价报告显示，评估的土地属于工业用途，报告中确实未提及土地已经变更为二类居住用地。深圳市GC公司给出的房产估价报告中显示，六个地块都是以工业用地的价格评估的，土地单价是每平方米3 000元。总估价是3.7亿元，按照最后拍出的价格，每亩是192万元，总价为3.1亿元。

同年4月，东莞市大朗镇竹山股份经济联合委托广东ZX资产评估房地产土地估价有限公司对东莞市大朗XYZZ厂的土地进行评估，该公司给出了（与）深圳市GC房地产土地估价有限公司截然不同的结果，评估总值超过31亿元。广东ZX资产评估房地产土地估价有限公司依据东莞市城乡规划局发布的《关于东莞市大朗镇高竹片区控制性详细规划的批后告示（东规告〔2013〕328号）》文件，做出了31亿元的评估报告。文件显示的规划区域（东莞市大朗XYZZ厂房地产所在地块）的规划用途为二类居住用地，按住宅用地性质进行评估。

深圳市GC房地产土地估价有限公司负责人表示，评估报告中已考虑影响地价的各项因素。估价过程中，估价师查询到估价对象所在位置土地更新为二类居住用地，而估价对象于2018年7月26日价值时点房产证上实际用途为工业用途，考虑到估价对象未来地价的升值，估价通过计算预期"三旧"改造后住宅用地地价，扣除土地开发成本、管理费等费用，得出估价对象土地价值。此次估价为房地产估价，而非土地使用权估价。因估价对象中有9栋建筑物未提供相关权属资料，且工业房地产通常缺少市场交易案例，一般不具备采用比较法估价的条件。

（资料来源：https://police.news.sohu.com/a/571143423_121371595?scm=9010.8003.0.0.0，部分节选；https://www.sohu.com/a/365325527_161795 部分节选）

思考：
1. 为什么学区房的价格高？
2. 不动产的价格受哪些因素影响？

学习任务一　不动产评估概述

一、不动产概述

（一）不动产的概念

动产与不动产的划分，是以物是否能够移动并且是否因移动而损坏其价值作为划分标准的。动产是能够移动而不损害其价值或用途；不动产则不能移动或者若移动会损害其价值或用途。不动产是指实物形态的土地和附着于土地上的改良物，包括附着于地面或位于地上和地下的附属物。一般包括土地、建筑物、构筑物以及添附于土地和建（构）筑物的物。《资产评估执业准则——不动产》第二条明确：不动产是指土地、建筑物及其他附着于土地上的定着物，包括物质实体及其相关权益。不动产不包含海域、林木等。

知识链接

《不动产登记暂行条例》第一章第二条第二款规定："本条例所称不动产，是指土地、海域以及房屋、林木等定着物。"

法律意义上的不动产本质上是一种财产权利，这种财产权利是指包含于不动产实体中的会导致经济利益流入的各种权利。

（二）不动产的特性

不动产包括土地和建筑物，其中土地是大自然的产物，是永存的；建筑物是定着在土地上由人工建造的。因此，不动产的特性是以土地的特性为基础表现，具体如表8-1所示。

表 8-1 不动产的特性

特性		说明
自然属性	不可移动性	不动产的不可移动性是由土地的不可移动性决定的。而不动产的不可移动性又决定了不动产只能就地开发、利用或消费，其价值要受制于其所在的空间环境的地理条件和社会条件（如温泉度假村、学区房等）。 不动产市场会被限定在一个地区性市场，其供求状况、价格水平和价格走势等都受区域影响
	独有性	不动产的不可移动性派生出了其独有性，可以说不动产市场上没有完全相同的两套房子。即使建筑物外观一模一样，但由于坐落的位置不同，周围环境、景观、层高等也会存在差异。不动产的独有性使不动产交易基本上是一物一价并容易受到个别行为的影响。因此，不动产估价时也需要到实地进行勘查
	寿命长久性	土地具有不可毁灭性，建筑物虽然不像土地那样具有不可毁灭性，但是一经建造完成，寿命通常可达数十年，甚至上百年。 我国土地使用权出让的最高年限，居住用地为 70 年，工业用地为 50 年，教育、科技、文化、卫生、体育用地为 50 年，商业、旅游、娱乐用地为 40 年，综合或者其他用地为 50 年
	稀缺性	土地是不可再生资源，土地上可建造的建筑物数量也是有限的。因此从长远看，不动产具有增值的趋势。但是地球的土地资源有限且不可再生导致土地具有稀缺性。特定地区、特定用途的土地更为稀缺
商品属性	流动性差	一般而言，不动产的不可移动性和稀缺的自然属性，导致其价值极高。不动产交易对资金规模、交易资质要求较高且交易手续较复杂、交易涉税事物较多等原因，使不动产的买卖活跃程度相对动产资源较低，不动产流动性差。强行加速不动产变现或会降低收益
	用途多	不动产也存在用途的多样性，以及不同用途间的可转化性，如农业、工业、商业、军事、教育等。不动产在持有期间可以向相关部门申报获批后改变用途
	相互影响性	不动产的价值不仅与其本身的状况有直接的关系，还受临近不动产的用途、开发等的影响。例如，名校周边的房地产的增值很大程度上受周围学校的办学能力、升学率影响，学校的运营行为使周围不动产持有者获得收益，但持有者并未因该项收益额外花费代价；福岛核泄漏事故后，方圆 20 公里内的不动产价值跌入谷底，而经济主体却没有为不动产价值跌值承担成本
	保值增值性	不动产能抵御通货膨胀发挥保值功能。 不动产的稀缺性、独有性会受城市基础设施不断完善、人口聚集、经济发展等因素的影响，其价值随着时间的推移而增加。不动产的价值增值速度能抵消货币的贬值速度
制度限制性		不动产具有相互影响性，世界上各个国家和地区都会对不动产的使用和支配进行一些限制。政府对不动产的限制一般是通过下列四种特权来实现的： （1）管制权，政府为增进公众安全、健康、道德和一般福利，可以直接限制某些不动产的使用，如通过城市规划对土地用途、建筑高度、容积率、建筑密度和绿化率等做出规定。 （2）征收或征用权，政府为了社会公共利益，如修公路、建学校等，可以依法征用单位和个人的不动产，并给予合理补偿。 （3）征税权，政府为经济调控，可以对不动产征税或提高不动产税收。 （4）充公权，政府可在不动产业业主死亡或消失而无继承人的情况下，无偿收回不动产

(三) 不动产的类型

不动产可按照不同的标准分类管理、评估。

不动产按照用途划分可分为商用不动产、农用不动产、工业使用不动产、居住不动产、综合不动产（兼具两种及以上用途）、特殊用途不动产（如车站、机场、码头、医院、学校、教堂、寺庙、墓地）等。一般情况下，土地利用的优先顺序为：商业→办公→居住→工业→耕地→牧场→放牧地→森林→不毛荒地。

不动产按照开发程度划分可分为：生地（不具有城市基础设施的土地，如荒地、农地）；毛地（具有一定城市基础设施，但地上有待拆迁房屋的城市土地）；熟地（具有完善的城市基础设施，土地平整，能直接在其上进行房屋建设的土地，按照基础设施完备程度，熟地又可分为"三通一平""五通一平""七通一平"等）；在建工程、现房（含土地）等。

不动产按其经营使用方式来划分可分为出售型不动产、出租型不动产、营业型不动产、自用型不动产。

不动产涉及的内容众多，不仅限于以上三种分类方式。

知识链接

三通一平——通电、通水、通路，地面平整。

五通一平——通水、通电、通路、通信、通气，平整土地。

七通一平——通给水、通排水、通电、通信、通路、通燃气、通热力，场地平整。

(四) 不动产的价格

不动产交易主要是实物和权益交易。实物包括土地、土地上的建筑物及其他永久定着物；不动产权益包括土地所有权、房屋及构筑物所有权、建设用地使用权、宅基地使用权、担保物权等。不动产价格就是交易不动产实物或不动产权益所支付的价格，通常用货币来表示。

不动产的价格受不动产交易对象的特征影响，与一般商品的价格表现不同，如表8-2所示。

表8-2 价格特点对比

项目	不动产	一般商品
价值构成	不动产土地的价值不是劳动价值，而是稀缺性价值表现	归集与机器设备的价值，包括料、工、费价值，是劳动价值
价值消耗	不动产的土地具有永续特征，当外部环境变化时，其价值会上涨	随时间的推移，一般商品产生的折旧，会导致价值下跌
价格差异	受地理空间位置影响，供应弹性小，通常一地一价、一房一价	可标准化、批量化生产，供应弹性大，可以设定标准价格

二、不动产评估的概念和程序

（一）不动产评估的概念

不动产评估是指资产评估机构及其资产评估专业人员遵守法律、行政法规和资产评估准则，根据委托对评估基准日特定目的下的不动产价值进行评定和估算，并出具资产评估报告的专业服务行为。不动产评估包括单独的不动产评估和企业价值评估中的不动产评估。

不动产评估受其评估对象内容、特点的影响，在评估时要明确评估范围。

（二）不动产评估的程序

不动产评估的前期工作，主要是指资产评估机构和注册资产评估师在接受评估委托后开展的明确评估基本事项、拟定评估作业方案、实地勘察评估对象、收集评估所需资料等工作。

1. 明确评估基本事项

（1）评估目的。

从本质上讲，评估目的作为资产评估结果的具体用途，在宏观上和微观上影响或决定着资产评估的条件，因此，不同评估目的下评估结果的价值内涵也不完全相同。

不动产的评估目的可按业务性质划分为：不动产转让，不动产抵押，不动产典当，不动产保险和损害赔偿，不动产课税，不动产征用拆迁补偿，处理不动产纠纷和有关法律诉讼，企业合资、合作、兼并、分立、租赁经营、承包经营、改制、上市、破产清算等。因此，在受理不动产评估业务时，必须了解评估目的并将其明确地写在资产评估业务约定书和资产评估报告中。

（2）评估对象。

明确评估对象，就是对不动产的类别、实体状况和产权状况进行了解和掌握，并在资产评估业务约定书和评估报告中写明评估的具体对象。

（3）评估价值类型。

不动产评估的价值类型，是不动产评估结果的价值属性及其表现形式，包括公开市场价值、投资价值、抵押价值、典当价值、保险价值、课税价值、征用价值等。不动产评估的价值类型的评估思路和方法可能相同，但其中参数选择的角度会有差异。如对不动产市场价值和投资价值的评估，都可以采用收益途径评估，但在评估市场价值时，折现率一般选择与该不动产的风险程度相对应的社会平均收益率；而在评估投资价值时，该折现率是某个具体的投资者所要求的最低收益率（通常称为最低期望收益率）。

（4）明确评估基准日。

评估基准日，是指不动产评估结果所对应的日期，通常用公历年、月、日表示。评估基准日通常由委托方提出，评估机构与委托方协商确定，一般选择与评估目的实现日较近的某个日期。不动产评估基准日的确定可有以下三种情形：①选择现在某个日期（现实性评估），通常将评估基准日选择在评估作业期的某个日期；②选择过去某个日期（追溯性评估）；通常用于不动产损害索赔中的不动产损失价值评估、不动产纠纷中对评估结果有争议而引起的复合评估等；③选择未来某个日期（预测性评估），用于不动产市场预测、为不动产投资分析提供价值依据的情形中。

在明确不动产评估基本事项的基础上，资产评估机构与委托方便可签订评估业务约定书，正式接受不动产评估委托，并用法律形式保护各自的权益。

评估业务约定书的内容一般包括委托方和评估机构名称、评估目的、评估对象和评估范围、评估价值类型、评估基本假设、评估基准日、委托方应提供的资料及对提供资料的真实性和合法性的承诺、评估服务费用及其支付方式、评估报告提交日期、违约责任和解决争议的方法、委托方和评估机构认为需要约定的其他事项等。

2. 拟定评估作业方案

在明确了评估基本事项的基础上，应对评估项目进行初步分析，确定评估投入的人员、确定评估作业步骤及进度安排、确定评估作业所需经费预算并拟订评估作业方案。

3. 实地勘察评估对象

不动产受空间影响程度较大，评估时应查明不动产的位置及周围环境，除了具体的坐标位置（如区、街、号）、四至、与相邻建筑物（或土地）及道路的关系，还要观察附近的建筑布局、道路及交通状况、绿化及卫生状况、地形及地势状况、日照及通风等状况，如果评估对象是商业不动产，还应对周边商业繁华状况进行调查了解。此外还要勘查不动产使用状况，查明被评估不动产的实际用途，判读其用途、权利状况是否与规定相一致，要查明建筑物的结构、建成时间、新旧程度、装修状况、设备状况，了解建筑面积、使用面积或可供出租和营业面积等。对不动产实际状况和周边环境的勘查，应做好详细的记录，并拍照或摄像，作为评估的工作底稿和存档的基础资料。

4. 收集评估所需资料

不动产评估的资料收集分为日常收集和评估时收集。日常收集，就是要求评估人员平常应留意和收集与不动产评估有关的资料，并将收集的资料分类和建立资料库，以备评估时使用。评估时收集，是根据初选的评估途径和方法，评估人员通过市场调查、委托人提供或现场勘察等获得本次评估所需资料。

影响不动产价格的因素众多，如土地的区位、面积、地形、容积率、土地使用权年限、建筑物的面积、结构、材料、设计、设备、施工质量、装修水平、新旧程度、不动产制度、土地使用权出让方式、税收政策、经济周期、金融环境、科技水平、地区的人口因素、城市发展和建设规划、不动产供求状况、居民收入和消费水平、交通便捷程度、环境质量、基础设施建设、公共医疗教育等。上述相关信息都会影响不动产价格。收集什么样的实例资料，主要取决于拟采用的评估途径和方法。具体应收集的内容，则要根据评估方法中计算所需的资料数据来决定。

5. 运用估价法进行评估

在选择评估方法时，要结合评估方法的适用范围、评估对象特征、评估目的以及评估前提等因素，综合评价。评估人员应深刻理解并能正确运用市场比较法、收益法、成本法、假设开发法、基准地价修正法等估价方法，并能综合运用这些估价方法。

评估时应注意：同一估价对象一般需同时采用两种或两种以上的估价方法，以使估价结果相互补充和印证；根据已明确的估价目的，评估对象适宜采用多种估价方法进行估价的，应同时采用这些估价方法进行估价，不得随意取舍；若必须取舍，则应在估价报告中予以说明并陈述理由；有条件采用市场比较法进行估价的，应将市场比较法作为主要的估价方法；具有收益性的不动产的估价，应选用收益法作为其中的一种估价方法；具有投资开发或再开发潜力的不动产估价，应选用假设开发法作为其中的一种估价方法；在无市场依据或市场依据不充分而不宜采用市场比较法、收益法、假设开发法进行估价的情况下，可采用成本法作为主要的估价方法。

6. 确定估价结果

不同的估价方法基于不同角度对不动产的价值进行估价，计算结果不尽相同。估价人员应对这些结果进行分析、处理，以确定最终估价额。

确定估价结果可分三个步骤进行：①分析不同估价方法的可靠性，当计算结果差异较大时，可根据计算过程是否有误、基础数据是否准确、参数选择是否合理、是否符合估价原则、公式选用是否恰当、选用的估价方法是否适宜估价对象和估价目的的顺序依次查验；②求出估价综合值，采用数学方法，计算均值；③确定最终估价额。均值计算结果通常不能直接认定为不动产的最终估价额，影响不动产价格的因素众多，估价人员需要依靠经验及不动产市场行情来确定最终价格并在估价报告中明确阐述理由。

7. 撰写估价报告

不动产估价报告一般由封面、目录、致委托人函、注册不动产估价师声明、估价的假设和限制条件、估价结果报告、估价技术报告、附件八大部分组成。

8. 估价资料归档

向委托人交付了估价报告之后，评估人员、评估机构应及时地对在该项估价业务中形成的各种文字、图标、照片、影像等不同形式的资料进行整理、分类并归档。

归档的估价资料在可能的情况下应当全面、完整，一般包括：向委托人出具的估价报告，委托人出具的《估价委托书》及与委托人签订的《估价委托合同》《估价对象实地查看记录》《估价报告内部审核表》《估价报告交接表》、估价项目来源、接洽情况记录、估价过程中的不同意见和估价报告定稿之前的重大调整后修改意见记录以及估价师和估价机构认为有必要保存起来的其他估价资料。

学习任务二　市场法评估不动产

一、市场法概述

（一）市场法的含义

市场法评估不动产，是将评估对象与在估价基准日近期有类似交易的不动产进行比较，对类似不动产的成交价格做适当的修正，以此估算评估对象价格的方法。

（二）市场法的前提条件

市场法使用的前提条件：评估对象的可比参照物具有公开、活跃的交易市场；有关交易的必要信息可以获得。

市场法在不动产评估中的适用对象是具有交易性质的不动产，如不动产开发用地、普通商品住宅、高档公寓、别墅、写字楼、商场、标准工业厂房等。对于那些极少发生交易或者不会发生交易的不动产，如学校、古建筑、教堂、寺庙、纪念馆等，不适用市场法估价。

二、市场法的评估步骤

（一）搜集交易实例

运用市场法估价，需要拥有大量真实、可靠的交易实例。只有拥有足够可靠的交易实例，才能准确把握市场行情，合理评估价格。搜集的交易实例的内容包括：交易双方的基本情况和交易目的；交易实例不动产的状况，如坐落位置、用途、土地状况、建筑物状况、周围环境、景观等；成交日期；成交价格；付款方式；交易情况；等等。

（二）选取可比实例

可比实例选取得恰当与否，直接影响到市场法评估出的价格的准确性。在可比实例选取时，应尽可能选取在地区、用途、建筑结构、规模、权利性质、估价目的、估价时点、交易环境等方面与评估对象相同或相近的可比实例。

（三）建立价格可比基础

建立价格可比基础包括付款方式、计价单位、币种和货币单位、计价标准、面积单位。

1. 统一付款方式

不动产交易的付款方式有一次结清和分期付款两种形式。分期付款的金额会受付款期限、利率等因素的影响。评估时可将分期付款的可比实例的成交价格折现计算。

2. 统一计价单位

不动产通常以面积为计量单位，但也有其他计量单位，如仓库以单位体积为比较单位，停车场以每个车位为比较单位。单位不同，计量的单价就存在差异，评估时，可比实例要进行修正，转化为统一单位。

3. 统一币种和货币单位

不同币种的价值有所差异，评估时应注意货币价格之间的换算，通常情况下，采用成交日期时的市场汇价。

4. 统一计价标准

在现实不动产交易中，有按建筑面积计价的，有按套内建筑面积计价的，也有按使用面积计价的。评估时要注意计价标准的差异。

5. 统一面积单位

在面积单位方面，中国大陆通常采用平方米（土地的面积单位有时还采用公顷、亩），美国、英国和中国香港地区习惯采用平方英尺，日本、韩国和中国台湾省一般采用坪。它们之间的换算如下：

$$平方米 = 亩 \div 666.67$$

$$平方米 = 公顷 \div 10\ 000$$

$$平方米 = 平方英尺 \times 10.764$$

$$平方米 = 坪 \times 0.331$$

（四）因素修正

可比实例与评估对象未必完全相同，对比差异后，要对比较因素进行修正，具体如表 8–3 所示。

表 8–3　因素修正

序号	修正因素	修正原因
1	交易因素	不动产的成交价格易受交易中一些特殊因素的影响，从而使其偏离正常的市场价格。例如，有利害关系人之间的交易，急于出售或急于购买的交易，一揽子交易等
2	日期因素	可比交易成交日期至估价基准日存在时间差异，随着时间的推移，不动产价格可能发生波动。当不动产价格平稳发展时，可不进行交易日期修正；当不动产价格上涨或下跌时，则必须进行交易日期修正，以使其符合估价时点的不动产市场状况
3	区位因素	不动产空间位置及周围交通、配套、景观、环境等存在差异，需要比较，并确定区位因素的差别所造成的价格差异程度（常用打分法计算修正系数）
4	个体因素	不动产个体情况存在差异，土地修正的内容主要包括面积大小、形状、基础设施完备程度（属于估价对象之内的部分）、土地平整程度、地势、地质水文状况等影响不动产价格的因素；建筑物修正的内容主要包括新旧程度、建筑规模、建筑结构、设备、装修、平面布置、工程质量等影响不动产价格的因素

续表

序号	修正因素	修正原因
5	权益因素	不动产权益包括土地使用权性质、土地使用权年限、城市规划限制条件、土地使用管制等。不动产权属越完善，价值越高；不动产权属限制越多，价值越低。设定限制权利的不动产价值低于未设限不动产

上述因素修正系数计算公式为：

$$因素修正系数 = 正常因素指数 \div 可比因素指数 \quad (8-1)$$

$$被评估不动产的价值 = 可比交易价格 \times 因素修正系数1 \times \cdots \times 因素修正系数5 \quad (8-2)$$

被评估不动产与可比交易的差异因素越少，需要计算的因素修正系数就越少，反之则需要逐项计算。

【例 8-1】 W 公司委托 AA 事务所评估一项不动产。该类不动产 2023 年 4—10 月的价格定基指数分别为 104.8%、105.4%、103.6%、105.6%、106.3%、107.5%、107.7%。其中某宗不动产在 2023 年 5 月的价格为 10 500 元/平方米，对其进行交易日期修正，假定评估基准日为 2023 年 10 月。不考虑其他因素，修正评估价格。

分析思路：已知价格指数在 2023 年 5 月为 105.4%，10 月为 107.7%，根据公式计算修正系数为 107.7%/105.4%。

$$10\ 500 \times \frac{107.7\%}{105.4\%} = 10\ 729.13（元/平方米）$$

【例 8-2】 W 公司委托 AA 事务所评估一项不动产。该不动产评估选取了下列可比实例：成交价格为 10 000 元/平方米，成交日期 2022 年 10 月末。另调查获知该类不动产价格 2022 年 6 月末—2023 年 2 月末平均每月比上月上涨 2%，2023 年 2 月末—2023 年 9 月末平均每月比上月上涨 3%。假定评估基准日为 2023 年 9 月。不考虑其他因素，修正评估价格。

分析思路：已知价格指数逐月上涨，涨幅分为两个阶段：第一阶段为 2022 年 10 月末—2023 年 2 月末，共计 4 个月；第二阶段为 2023 年 2 月末—2023 年 9 月末，共计 7 个月，需要分阶段逐步调整。

$$10\ 000 \times (1+2\%)^4 \times (1+3\%)^7 = 13\ 284（元/平方米）$$

【例 8-3】 W 公司委托 AA 事务所评估一项不动产。评估人员现场勘查，发现评估对象与可比实例交通、环境等存在差异并对其打分，评估对象为 97 分，可别实例为 103 分。假定该不动产与选取的可比实例仅存在区位差异，评估对象成交价为 10 000 元/平方米。修正评估价格。

分析思路：根据区位打分计算调整系数为 97/103。

$$10\ 000 \times \frac{97}{103} = 9\ 417.47（元/平方米）$$

（五）求取比准价格

将选取的多个可比交易实例，进行上述各项因素调整修正之后，综合考虑确定评估结果。常用的方法有平均数法和中位数法。

1. 平均数

平均数包括简单算术平均数和加权算术平均数。

简单算术平均数，是把修正出来的各个价格直接相加，再除以这些价格的个数，所得的数即为综合出的一个价格。

加权算术平均数，是在把修正出的各个价格综合成一个价格时，根据每个价格的重要程度，赋予不同权数，进行加权综合。

2. 中位数

中位数是把修正出的各个价格按从低到高或从高到低的顺序排列，当项数为奇数时，位于正中间位置的那个价格为综合出的一个价格；当项数为偶数时，位于正中间位置的那两个价格的简单算术平均数为综合出的一个价格。

【例8-4】 W公司委托AA事务所评估一项不动产。该估价对象为城市规划内属于住宅性质的一块空地，面积为6 000平方米，地形为长方形。评估基准日为2023年5月10日。

评估人员分析发现该种类型为土地较多的交易实例，故采用市场法进行评估，并搜集整理有关的评估资料。本次评估选择交易实例A、B、C作为参照物，成交单价分别为3 000元/平方米、2 500元/平方米、2 600元/平方米。

经查：交易实例A为正常买卖，无须进行交易情况修正；交易实例B较正常买卖价格偏低2%；交易实例C较正常买卖价格偏低3%；

根据调查，2023年1月1日以来该地区土地价格平均每季度上涨2%，A、B、C的交易日期分别为2023年4月28日、4月30日、5月10日；

交易实例A、B、C与被评估土地的区位因素存在差异，打分测评A为86分、B为103分、C为105分，被评估土地为98分；

交易实例A、B、C与被评估土地的个体因素存在差异，被评估土地的面积较大，有利于充分利用，地形地貌条件也比较好，判定比各交易实例的土地价格高2%。

假定A、B、C皆为商业用地，不考虑其他因素，计算被评估土地价值。

分析思路：计算各区位因素调整系数，逐项计算；因评估对象与交易实例的交易日期接近，可不予调整。

计算待估土地的初步价格：

交易实例A修正后的单价 = $3\,000 \times \dfrac{100}{100} \times \dfrac{98}{86} \times \dfrac{102}{100} = 3\,486.98$（元/平方米）

交易实例B修正后的单价 = $2\,500 \times \dfrac{100}{98} \times \dfrac{98}{103} \times \dfrac{102}{100} = 2\,475.73$（元/平方米）

交易实例C修正后的单价 = $2\,600 \times \dfrac{100}{97} \times \dfrac{98}{105} \times \dfrac{102}{100} = 2\,551.75$（元/平方米）

采用简单算术平均法求取评估结果为：

土地评估单价 = $(3\,486.98 + 2\,475.73 + 2\,551.75) \div 3 = 2\,838.15$（元/平方米）

土地评估总价 =2 838.15×6 000=17 028 900（元）

学习任务三　成本法评估不动产

一、成本法概述

（一）成本法的含义

成本法评估不动产，是通过估测被评估不动产的重新构建成本，然后扣除各种贬值，以确定不动产价值的方法。

不动产评估成本法，分为土地使用权的成本法和房屋建筑物的成本法。土地使用权的成本法（又称为成本逼近法），是以取得和开发土地所耗费的总费用为主要依据，加上一定的利润、利息、税金和土地所有权收益。房屋建筑物的成本法是以假设重新建造被评估不动产，按所需要的成本为依据评估房屋建筑物价值。评估时以重建的总费用为依据，加上一定的利润和税金，扣除贬值。

（二）成本法的前提条件

不动产成本的增加未必会引起价值的增值，其价格取决于其效用，因此不动产应是继续使用或假定继续使用状态。成本法评估建立在历史资料、指标分析的基础上，因此评估对象应当具备可以使用的历史资料且评估对象的属性、结构、功能要与假设重置全新的不动产具有可比性。

成本法一般适用于交易不频繁或设计独特或只针对个别用户的特殊需要而开发建造的不动产评估，如化工厂、钢铁厂、发电厂、油田、码头、机场、学校、图书馆、体育场馆、医院、政府办公楼、军队营房、公园等不动产。

二、成本法的评估步骤

不动产评估成本法，根据评估对象的价值特征及权益特征，分为土地使用权的成本法和房屋建筑物的成本法。

（一）土地使用权的成本法

土地使用权的成本法，又称为成本逼近法。

成本逼近法的基本思路是把对土地的所有投资，包括土地取得费用和基础设施开发费用作为基本成本，加上基本成本投资所应产生的相应利润和利息，组成土地价格的基础部分，加上土地所有权应得的收益，从而求得土地价格。

成本逼近法的计算公式为：

土地使用权价值＝土地取得费用＋土地开发费用＋利息＋税费＋利润＋土地增值收益

$$(8-3)$$

1. 土地取得费用

土地取得费用是为取得土地而向原土地使用者支付的费用。我国土地取得的方式有征收农村集体土地、取得已使用的城市土地。取得的土地不同，成本费用构成、估算方法也不相同。征用农村土地产生的费用可参照《中华人民共和国土地管理法》，城市土地的取得成本主要参照各省、市政府部门颁布的补偿标准。

> **知识链接**
>
> 《中华人民共和国土地管理法》第九条：城市市区的土地属于国家所有。农村和城市郊区的土地，除由法律规定属于国家所有的以外，属于农民集体所有；宅基地和自留地、自留山，属于农民集体所有。
>
> 《中华人民共和国土地管理法》第四十八条：征收土地应当给予公平、合理的补偿，保障被征地农民原有生活水平不降低、长远生计有保障。
>
> 征收土地应当依法及时足额支付土地补偿费、安置补助费以及农村村民住宅、其他地上附着物和青苗等的补偿费用，并安排被征地农民的社会保障费用。征收农用地的土地补偿费、安置补助费标准由省、自治区、直辖市通过制定公布区片综合地价确定。制定区片综合地价应当综合考虑土地原用途、土地资源条件、土地产值、土地区位、土地供求关系、人口以及经济社会发展水平等因素，并至少每3年调整或者重新公布一次。
>
> 征收农用地以外的其他土地、地上附着物和青苗等的补偿标准，由省、自治区、直辖市制定。对其中的农村村民住宅，应当按照先补偿后搬迁、居住条件有改善的原则，尊重农村村民意愿，采取重新安排宅基地建房、提供安置房或者货币补偿等方式给予公平、合理的补偿，并对因征收造成的搬迁、临时安置等费用予以补偿，保障农村村民居住的权利和合法的住房财产权益。
>
> 县级以上地方人民政府应当将被征地农民纳入相应的养老等社会保障体系。被征地农民的社会保障费用主要用于符合条件的被征地农民的养老保险等社会保险缴费补贴。被征地农民社会保障费用的筹集、管理和使用办法，由省、自治区、直辖市制定。

2. 土地开发费用

土地开发费是进行土地开发时所投入的费用总和，即生地变成熟地所需要的总费用。包括城市基础设施配套费、公共事业建设配套费和小区及宗地开发配套费。土地开发费用按待估宗地设定开发程度下应投入的各项客观费用估算。

> **知识链接**
>
> 宗地指土地使用权人的权属界址范围内的地块。一般情况下，一宗地为一个权属单位；同一个土地使用者使用不相连接的若干地块时，则每一地块分别为一宗。宗地是土地登记的基本单元，也是地籍调查的基本单元。历史上曾称宗地为"丘"。

红线内和红线外是以控制线划分，控制线范围之内称红线内，之外即红线外。红线即规划部门审批通过的用地控制线。

宗地红线外的土地开发费包括达到设定开发程度所需投入的各项开发费用；宗地红线内的土地开发费一般包括土地平整费。

根据估价目的和投资主体不同，确定是否计入宗地红线内各类开发费用。

属建成区内已开发完成的宗地，评估设定的开发程度最少应为宗地红线外通路、通上水、通电和宗地红线内土地平整。

3. 相关税费

土地使用权价值包含的税费是指土地取得、开发过程中所必须支付的税费。土地取得应向政府缴纳的税费一般包括耕地占用税、城市维护建设税、教育费附加、印花税、契税等。

4. 利息支出

土地开发涉及的投资金额规模较大，周期相对较长。投资所需资本源于筹资活动，筹集环节产生的利息支出也构成了土地使用权价值的一部分。一般而言，土地投资项目支出为初始取得、开发阶段而回收期为销售后，因此，计息期应为整个开发期和销售期。若土地开发费是均匀投入，则计息期为开发期的一半。

5. 利润

土地使用权价值包含了投资者要求的必要回报，即利润。利润计算的要点是确定投资回报率或利润率。计算基数可以按土地取得费用与土地开发费用的和，也可以按开发后土地的地价。

6. 土地增值收益

土地使用或开发期间，因使用用途或土地开发，达到某种利用条件而发生的价值增值。土地增值是长期的、渐进的、波动的。土地增值可区分为价格增值和价值增值两种形式。土地增值的收益根据土地所在区域内产生的价值增加额或增长率计算。

7. 修正确定土地使用权价值

初步测算土地价值后，应根据评估对象在区域内的位置和宗地条件，判断是否需进行因素修正并确定需要修正的因素。通过因素修正，得出土地使用权的最终评估值。

【例8-5】 W公司委托AA事务所评估一项土地使用权。该估价对象位于××县××工业园区，土地用途为工业，建设用地使用权类型为出让，土地使用权人为A有限责任公司，土地面积为12万平方米，终止日期为2063年7月9日。现评估该宗土地2023年10月30日的市场价值。

分析思路：按照《土地管理法》相关规定，结合土地所在市颁布的各项文件，运用成本逼近法评估土地使用权价值。过程如下：

1. 确定土地取得费用

土地取得费用指用地单位为取得土地使用权而支付的各项客观费用，该项费用主要包含土地补偿费、安置补助费、青苗及附着物补偿费、安排被征地农民的社会保障费用。

（1）土地补偿费与安置补助费。

根据省人民政府文件规定，该县统一年产值为20 000元/亩，补偿倍数为20，由于待估宗地原为林地及其他农用地，其征收补偿修正系数不低于0.3，本次评估取0.3。

$$待估宗地统一年产值标准 = 20\,000 \times 0.3 = 6\,000（元/亩）$$

$$土地补偿费与安置补助费合计 = 20\,000 \times 20 \times 0.3 \div 666.67 = 180（元/平方米）$$

（2）青苗及附着物补偿费。

结合当地实情，综合对评估对象所在区域近年来用地费用标准进行分析，××县青苗补偿费及附着物补偿费一般按当地实际损失补偿或前3年平均亩产值的2倍计算，按6 000元/亩的2倍计算。

$$青苗及附着物补偿费 = 6\,000 \times 2 \div 666.67 = 18（元/平方米）$$

（3）被征地农民社会保障费。

按照当地最低标准50 000元/亩计算，被征地农民社会保障费用为75元/平方米。

$$被征地农民社会保障费用 = 50\,000 \div 666.67 = 75（元/平方米）$$

$$土地取得费 = 土地补偿费安置补助费 + 青苗及附着物补偿费 + 被征地农民的社会保障费用$$
$$= 180 + 18 + 75$$
$$= 273（元/平方米）$$

2. 确定土地开发费用

土地开发费用是使土地达到开发建设条件而投入的各项费用，主要包括宗地内外的土地开发费用。

根据该县自然资源管理部门对新征土地开发基础设施配套情况的调查、土地开发成本的测算、评估人员实地勘察、委托人提供的资料等实际情况分析，确定区域内各项基础设施开发费用如下：道路建设投资为12元/平方米，电力设施建设投资为8元/平方米，供水设施建设投资为8元/平方米，排水设施建设投资为3元/平方米，通信设施建设投资为3元/平方米，土地平整费用为16元/平方米，考虑待估宗地实际开发程度为"五通一平"。

$$土地开发费用 = 12 + 8 + 8 + 3 + 3 + 16 = 50（元/平方米）$$

3. 确定税费

该土地使用权相关税费主要包括土地管理费、耕地开垦费、耕地占用税等。

（1）土地管理费。

根据省内文件规定，该评估对象的土地管理费按土地补偿费与安置补助费、青苗及附着物补偿费总额的2.5%计算。

$$土地管理费 =（180 + 18）\times 2.5\% = 4.95（元/平方米）$$

（2）耕地开垦费。

耕地开垦费按前3年平均亩产值的3倍计算。

$$耕地开垦费 = 6\,000 \times 3 \div 666.67 = 27（元/平方米）$$

（3）耕地占用税。

根据省内文件规定，耕地占用税为22.05元/平方米。

相关税费合计 =4.95+27+22.05=54（元/平方米）

4. 确定利息

根据评估对象的投资规模及土地开发的特点，经过调查，确定土地开发周期为2年，贷款利率为4%，土地取得费和税费均为一次性投入，土地开发费为均匀投入。

利息 =（土地取得费 + 税费）× [$(1+4\%)^2-1$] + 土地开发费 × [$(1+4\%)-1$]

=（273+54）× 8.16% + 50 × 4%

=26.68+2

=28.68（元/平方米）

5. 确定利润

经过评估调查，该地区近几年工业用地投资利润率为5%~12%，本次评估确定土地开发投资利润率为5%。

利润 =（土地取得费 + 税费 + 土地开发费）× 投资利润率

=（273+54+50）× 5%

=18.85（元/平方米）

6. 确定土地增值收益

调查该区域土地增值情况，工业用地的土地增益率一般为5%~15%，本次评估确定土地增值率为10%。

土地增值收益 =（土地取得费 + 税费 + 土地开发费 + 利息 + 投资利润）× 10%

=（273+54+50+28.68+18.85）× 10%

=42.45（元/平方米）

7. 修正土地价格

土地价格 = 土地取得费 + 税费 + 土地开发费 + 利息 + 利润 + 土地增值收益

=273+54+50+28.68+18.85+42.45

=466.98（元/平方米）

根据待估宗地所在区域的位置及宗地条件，个别因素修正系数为1。在评估基准日，土地剩余使用年限为40年，需要进行土地使用年期修正，土地还原利率以一年定期存款利率加上风险调整值取值，本次评估确认修正系数为7%。

单位土地评估价格 =466.98 × [$1-(1÷(1+7\%)^{40})$]=435.79（元/平方米）

宗地土地评估价格 =435.79 × 120 000=52 294 800（元）

知识链接

土地使用权出让最高年限：①居住用地70年；②工业用地50年；③教育、科技、文化、卫生、体育用地50年；④商业、旅游、娱乐用地40年；⑤综合或其他用地50年。

（二）房屋建筑物的成本法

房屋建筑物采用重置成本法评估，评估时用现时条件下被评估房屋建筑物全新状态的重置成本，减去房屋建筑物的实体性贬值、功能性贬值和经济性贬值。房屋建筑物的成本法仅用于地上建筑物、构筑物评估，不包括土地使用权价格。

计算公式为：

$$房屋建筑物评估价值 = 重置成本 - 实体性贬值 - 功能性贬值 - 经济性贬值 \quad (8-4)$$

$$房屋建筑物评估价值 = 重置成本 \times 综合成新率 \quad (8-5)$$

1. 重置成本

房屋建筑物的重置成本包括建筑工程、安装工程的造价、合理费用、利息及合理利润。

$$房屋建筑物重置成本 = 建安工程造价 + 相关费用 + 利息 + 合理利润 \quad (8-6)$$

（1）建安工程造价。

建安工程包括建筑工程（土建工程）和安装工程。建安工程造价是进行建筑安装工程所发生的一切费用，是基本建设预算的主要组成部分。一般根据现场调查情况和工程竣工图纸、工程结算资料收集情况，采用重编预算法、决算调整法、类比系数调整法、单方造价指标法等方法中的一种或同时运用几种方法，确定房屋建筑物建安工程综合造价。

知识链接

建安工程造价评估常用方法如表 8-4 所示。

表 8-4　建安工程造价评估常用方法

序号	方法	要点
1	重编预算法	根据工程竣工资料、图纸、预决算资料，结合现场堪察结果，重新编制工程量清单，重新计算评估基准日房屋建筑物的建安工程造价
2	决算调整法	竣工图纸、工程决算资料齐全的房屋建筑物，根据决算资料中已确认的工程量分析建安工程造价决算中各项构成费用，并根据评估基准日当地市场的料、工、费等价格信息调整决算价格，确定建安工程造价
3	类比系数调整法	通过可比实例的建筑面积、结构型式、施工质量、维修、维护等情况与评估对象进行比较，参考决算调整法测算料、工、费，类比调整确定建安工程造价。一般用于图纸及决算资料不齐全的房屋建筑物
4	单方造价指标法	年代久远、账面历史成本已不具备参考价值，且工程图纸、工程决算资料也不齐全的建筑物，可结合以往类似工程经验，计算建安工程造价

（2）相关费用。

建安工程的前期费用包括筹建费、可行性研究费、规划费、设计费、地质勘察费、场地平整费、水电气费、临时设施费用。

建安工程的期间费用包括建设单位管理费、工程建设监理费、人防工程易地建设费、城市基础设施配套费、拆迁管理费、建筑垃圾处置费、临时占道费和其他相关验收检测费等。

建安工程管理费用包括建设单位为管理和组织不动产开发经营活动而发生的各种费用，包括建设单位的人员工资、办公费、差旅费等。

计算相关费用时应避免与土地使用权评估费用重复，如拆迁管理费等。

（3）利息。

利息根据房屋建筑物建造项目正常、合理的建设工期，按照评估基准日相应期限的年贷款利率，以建安工程造价与相关费用的含税价之和为基数，复利计算。

（4）合理利润。

利润根据房屋建筑物持有目的、经济行为、评估目的等确定。自用的生产型房屋建筑物不计算利润，商业经营性质的房地产应以建安工程造价与相关费用的含税价之和为基数计算其合理利润。

被评估房屋建筑物如果存在涉税行为，还应考虑销售税费。销售税费是销售开发完成后的不动产所需的费用及应由开发商缴纳的税费，主要包括增值税、城市维护建设税、教育费附加、地方教育附加、印花税等。

【例8-6】W公司委托AA事务所评估房屋建筑物。该房屋建筑物土建工程造价为2 000万元，安装工程造价为1 500万元，建安工程相关费用占建安工程造价（不含税）的10%，假设工期为1年，评估基准日相应期限的年贷款利率为4%，投资报酬率为15%，假定工程造价及相关费用一次性投入，建安工程造价涉税税率为9%，不考虑其他因素，计算该房屋建筑物的重置成本。

分析思路：先确定重置成本，房屋建筑物重置成本=建安工程造价+相关费用+利息+合理利润。

$$建安工程造价 = 土建工程造价 + 安装工程造价$$
$$= 2\ 000 + 1\ 500$$
$$= 3\ 500（万元）$$
$$建安工程造价（含税）= 3\ 500 + 3\ 500 \times 9\%$$
$$= 3\ 815（万元）$$
$$相关费用 = 3\ 500 \times 10\%$$
$$= 350（万元）$$
$$利息 = (3\ 815 + 350) \times [(1+4\%) - 1]$$
$$= 166.6（万元）$$
$$合理利润 = (3\ 815 + 350) \times 15\%$$
$$= 624.75（万元）$$
$$重置成本 = 3\ 500 + 350 + 166.6 + 624.75 = 4\ 641.35（万元）$$

2. 综合成新率的计算与确定

房屋建筑物评估，可以单独计算实体性贬值、功能性贬值和经济性贬值，也可采用综合成新率计算各种贬值扣除。

知识链接

建筑物贬值是各种原因造成的真实的价值损失,是建筑物在估价时点的市场价值与其重新购建价格之间的差额。

房屋建筑物实体性贬值是建筑物在实体方面的损耗所造成的价值损失。引起贬值的原因包括四个方面:①自然作用,如风吹、日晒、雨淋等造成的建筑物腐朽、生锈、老化、风化、基础沉降等引起的贬值;②正常使用的磨损引起的贬值,居住用途的建筑物磨损要低于工业用途的建筑物磨损;③意外的破坏损毁引起的贬值,如地震、水灾、风灾、失火、碰撞等意外的破坏损毁;④延迟维修的损坏残存产生的贬值,如门窗有破损,墙或地面有洞或裂缝等。

房屋建筑物功能性贬值是指由于消费观念变更、规划设计更新、技术进步等原因导致建筑物在功能方面的相对残缺、落后和不适用所造成的价值损失,如老旧房屋。

房屋建筑物经济性贬值是指建筑物本身以外的各种不利因素所造成的价值损失,如供大于求、自然环境恶化、噪声、空气污染、交通、政府政策变化等引起的贬值。

综合成新率计算通常采用使用年限法和观察法分别得出成新率,再采用加权平均法计算综合成新率。

(1)观察法是通过现场勘察,结合有关工程资料,参考国家相关鉴定评分标准,对房屋建筑物的结构、设备、装修等情况打分(见表8-5),给出反映各部分新旧程度的分值,并赋予权重,计算得出建筑物的成新率。

计算公式为:

观察法成新率 = 结构打分 × 权数 + 设备打分 × 权数 + 装修打分 × 权数 （8-7）

各项目权数之和为1。

表8-5 房屋建筑物现场勘察打分情况表

资产占有单位:　　评估基准日:　　编制人及日期:　　复核人及日期:

资产编号:		工程名称:		竣工单方造价:		
结构类型:		竣工时间:		使用年限:		基础设施单方造价:
建筑面积:		长×宽:		檐高:		抗震等级:
层数:		层高:		跨度:		设计单位等级:
朝向:		吊车等级:				施工单位登记:
项目		基本状况	现状		标准分值	打分	合计

	项目	基本状况	现状	标准分值	打分	合计
结构部分	地面基础	柱基、砼、筏片、毛石	坚固□ 沉降□ 局部开裂□ 明显开裂□			
	承重构件	梁、板、柱、墙	坚固□ 沉降□ 局部开裂□ 明显开裂□			
	非承重墙	砖、预制砼、砼	坚固□ 沉降□ 局部开裂□ 明显开裂□			
	层面	板、瓦、防水	无渗漏□ 局部渗漏□ 较多渗漏□ 完全渗漏□			
	楼地面	大理石、水泥、花岗岩、木地板	平整□ 轻微磨损□ 局部开裂□ 不平残破□			

续表

装修部分	门窗	平开、推拉；钢、合金；单、双	完好□ 轻微变形□ 局部开裂□ 残破□			
	外墙	砂浆、涂料、墙砖、铝塑板	完好□ 轻微剥落□ 局部剥落□ 残破□			
	内墙	涂料、墙砖、墙纸、布艺	完好□ 轻微剥落□ 局部剥落□ 残破□			
	顶棚	吊顶、PVC、纤维板	完好□ 轻微剥落□ 局部剥落□ 残破□			
	其他					
设备部分	给排水	明管、暗管、PVC	完好□ 轻微陈旧□ 局部破损□ 无法使用□			
	采暖	集中供暖、中央空调系统	完好□ 轻微陈旧□ 局部破损□ 无法使用□			
	电梯	自动扶梯、客梯、货梯	完好□ 轻微陈旧□ 局部破损□ 无法使用□			
	通风	一级、二级、三级	完好□ 轻微陈旧□ 局部破损□ 无法使用□			
	照明	吊顶、射灯、壁灯	完好□ 轻微陈旧□ 局部破损□ 无法使用□			
	供配电	明管暗线、暗管暗线、明线	完好□ 轻微陈旧□ 局部破损□ 无法使用□			
	通信	ISDN、宽带、DDD	完好□ 轻微陈旧□ 局部破损□ 无法使用□			
	燃气	天然气	完好□ 轻微陈旧□ 局部破损□ 无法使用□			
	卫生洁具		完好□ 轻微陈旧□ 局部破损□ 无法使用□			
合计				100		

（2）使用年限法又称为使用寿命法，是根据尚可使用年限与总使用年限相比，得出成新率的方法。

计算公式为：

$$\text{使用年限法成新率} = \text{尚可使用年限} \div (\text{尚可使用年限} + \text{已使用年限}) \quad (8-8)$$

（3）将使用年限法成新率与观察法成新率加权平均，计算综合成新率。一般观察法成新率赋权重60%，使用年限法成新率赋权重40%。

【例8-7】 根据例8-6，AA事务所现场勘察打分，待评估房屋建筑物结构打分为98分，装修为95分，设备为95分；其权重分别为8∶1∶1。被评估房屋建筑物已使用5年，经评估，被评估建筑物尚可使用35年。确定被评估房屋建筑物价值。

分析思路： 计算使用年限法成新率和观察法成新率，加权平均计算综合成新率。

使用年限法成新率 $= 35 \div (35+5) = 87.5\%$

观察法成新 $= 98 \times 80\% + 95 \times 10\% + 95 \times 10\% = 97.4\%$

综合成新率 $= 97.4\% \times 60\% + 87.5\% \times 40\% = 93.44\%$

房屋建筑物评估价值 $= 4\,641.35 \times 93.44\% = 4\,336.877$（万元）

学习任务四 收益法评估不动产

一、收益法概述

（一）收益法的含义

收益法评估不动产，是通过估价对象不动产的预期净收益来估算不动产价值的方法。基于预期原理，不动产的价值不是历史价格或建造成本，而是不动产未来创造的预期收益。通过收益法估算得到的价格等于未来净收益的现值之和。

（二）收益法的前提条件

《资产评估执业准则——资产评估方法》第十条规定，资产评估专业人员选择和使用收益法时应当考虑收益法应用的前提条件：评估对象的未来收益可以合理预期并用货币计量；预期收益所对应的风险能够度量；收益期限能够确定或者合理预期。

《资产评估执业准则——不动产》第二十条规定，采用收益法评估不动产时，应当了解，不动产应当具有经济收益或者潜在经济收益；不动产未来收益及风险能够较准确地预测与量化；不动产未来收益应当是不动产本身带来的收益；不动产未来收益包含有形收益和无形收益。

收益法既可以用于评估不动产（房地合一）的价值，也可以用于评估土地或建筑物的价值。收益法适用于有商业经营性质，能产生可量化的收益或潜在收益的不动产价值评估，如写字楼、商场、酒店、公寓等，对于政府机关、学校、博物馆、图书馆、公园等非经营性不动产价值评估大多不适用。

二、收益法的评估步骤

收益法的评估需要依据大量评估资料，根据不动产交易合同，收入、成本、税费、利润等财务资料以及金融、市场环境等信息确定不动产净收益、收益期限、折现率，然后采用适当的收益法模型，估算不动产评估价值。

（一）确定净收益额

净收益是指不动产总收益扣除各种费用后的收益。净收益额一般以年为单位计算。

不动产的净收益分为实际净收益和客观净收益。实际净收益是被评估不动产在使用现状下实际取得的净收益，实际净收益由于受到多种因素的影响，通常不能直接用于评估。评估时需要对影响实际净收益的特殊、偶然因素进行修正、剔除。

客观净收益是实际净收益调整后的，反应正常市场条件下不动产最佳利用状态下的净收益，其中还应考虑未来收益和风险的合理预期。

（二）确定收益期

不动产评估可分为单独的土地评估、地上建筑物评估、土地与建筑物结合体评估。不同的项目收益期也存在差异。因此，不动产的收益期限应根据具体的评估对象的寿命及评估时采用的假设条件等来确定。不动产收益期计算方法如表8-6所示。

表8-6 不动产收益期计算方法

评估对象	收益期计算方法
土地	根据土地使用权年限，扣除不动产开发建设期限
建筑物	根据建筑物经济寿命，扣除不动产开发建设及装修等期限
建筑物+土地	建筑物寿命＞土地使用权年限，根据土地使用权年限确定收益期
	建筑物寿命＝土地使用权年限，根据土地使用权年限确定收益期
	建筑物寿命＜土地使用权年限，根据建筑物经济寿命，扣除不动产开发建设及装修等期限，确定收益期

当评估对象为土地与建筑物结合体时，要注意建筑物寿命与土地使用权年限不相等时，不动产剩余价值的折现问题。

（三）确定折现率

折现率是通过折现的方式将不动产的预期收益转换为价值的比率，是特定条件下的收益率，反映了资产取得该项收益的收益率水平。在收益一定的情况下，收益率越高，意味着单位资产增值率越高。折现率的计算方式有三种。

1. 市场提取法

市场提取法是通过评估人员选取市场上近期可比交易的不动产的净收益、价格、收益期等资料，计算其折现率，再用算术平均法或加权算术平均法计算均值，作为评估对象折现率。该方法要求评估人员必须能搜集、整理出足够与待估不动产情况相似的可比对象交易信息作为参照。

2. 安全利率加风险报酬率法

安全利率加风险报酬率法，是用无风险报酬率与风险补偿之和作为折现率的方法。
计算公式为：

$$折现率 = 无风险报酬率 + 风险报酬率 \tag{8-9}$$

安全利率，即无风险报酬率。通常选择国债或银行定期存款利率为安全利率。

风险报酬率，是根据社会经济环境、投资风险、变现风险以及通货膨胀等因素对不动产投资的影响综合确定。

3. 各种投资收益率排序插入法

各种投资收益率排序插入法是通过收集市场上各种投资的收益率资料，为各项投资收益率的大小排队，制成图表，将被评估不动产与各类投资风险程度进行分析比较，判断出同等风险的投资，确定评估对象风险程度所处的位置，以此确定评估对象的折现率。

（四）确定评估价值

采用收益法评估不动产价值就是将不动产所带来的未来净收益折现的过程。

$$PV = a \times (P/F, r, 1) + b \times (P/F, r, 2) + \cdots + z \times (P/F, r, n) \quad (8\text{-}10)$$

式中，a、b、$\cdots$、z 为各期预期收益；r 为折现率；n 为折现期。

不动产预期净收益可能呈现规律性变化或无规律变化，计算时，应根据不动产预期净收益额的特征选择不同的计算公式。具体计算如模块四所示。

【例8-8】 W公司委托AA事务所评估不动产一项。该不动产占地面积为500平方米，房屋建筑面积为900平方米。该不动产于获取土地使用权的2年后建成，总使用年限为50年。目前重置价格为1万元/平方米，用于出租。

该不动产附近类似不动产月租金为100元/平方米，管理费为租金的3.5%，维修费为10万元/年，保险费为4万元/年，每年相关税费合计1万元。

假设国债利率为3%，该地区不动产风险报酬率为5%。土地使用权年限为50年，使用年限届满，由国家无偿收回。

用收益法评估该不动产价值。

分析思路：

（1）确定净收益。

$$\text{总收入} = 900 \times 100 \times 12 = 1\,080\,000（元）= 108（万元）$$

$$\text{总成本费用} = 管理费 + 维修费 + 保险费 + 税费$$
$$= 108 \times 3\% + 10 + 4 + 1$$
$$= 18.24（万元）$$

$$\text{不动产净收益额} = 108 - 18.24 = 89.76（万元）$$

（2）确定折现率。

$$\text{折现率} = 3\% + 5\% = 8\%$$

（3）确定收益期。

不动产评估时，若土地使用权年限到期后地上建筑物随同土地使用权无偿收回，则以土地使用权年限作为未来可获收益的期限；若土地使用权年限到期后地上建筑物的残余价值可以得到补偿，在以土地使用权年限确定未来可获收益期限的基础上，要将土地年限到期时地面建筑物的残余价值折现到评估基准日。

该写字楼总使用年限为50年。土地使用年限为50年，使用年限届满，由国家无偿收回。该写字楼于获取土地使用权的2年后建成，因此写字楼实际可使用年限为48年。

（4）确定评估价值。

若该不动产未来用途不变、租金收入不变，

不动产评估价值 =89.76×（P/A，8%，48）=1 094.1（万元）

若该不动产未来用途改变，收入成本用途发生变化，不动产价值为每年净收益额的现值和。

学习任务五 不动产评估的其他方法

不动产评估除了可以使用市场法、成本法、收益法三种基本评估方法外，还可以使用假设开发法、路线价法。

一、假设开发法

（一）假设开发法的含义

假设开发法又称剩余法，是根据不动产开发完成后形成的预期价值，减去合理的开发成本、利润和税金后，确定不动产价值的方法。

（二）假设开发法的前提条件

运用假设开发法评估时，不动产需具备以下前提条件：
（1）不动产开发必须在有效期内有明确规划并已得到相关规划部门批准。
（2）假定不动产的存续状态为最佳开发利用方式。
（3）成本与价格的测算必须符合合法、合理原则，与区域内市场实际情况相适应。

假设开发法适用于具有投资开发价值的不动产估价，如待开发土地估价，包括生地、毛地、熟地；待拆迁改造的再开发房地产的估价；现有新旧房地产地价的单独评估；仅将土地或房产整理成直接利用的土地或房地产的估价。

（三）假设开发法的评估步骤

1.调查待开发不动产的基本情况

调查的内容包括以下几方面：
（1）不动产的产权情况。如不动产权益包含的内容，不动产的使用年限、用途限制；不动产容积率、覆盖率、建筑高度、结构等规划限制；不动产交易、转让、抵押等规定。
（2）不动产的地理位置。土地位置、地质状态、临街状况、环境状况。
（3）不动产自身状况。不动产面积大小、形状、结构、材质、基础设施等；建设期的不动产，还应调查工程进度、完工情况、开发成本的投入情况等。
（4）不动产其他情况。不动产周边土地及建筑物的条件及利用状况。

2. 确定不动产最佳的开发利用方式

根据城市规划所允许土地用途、建筑容积率、覆盖率等要求，最重要的是选择最佳的不动产用途及设计方案。不动产最佳的开发方式，要基于现实社会需求和未来发展趋势进行合理判断。

3. 预测不动产开发周期

不动产开发周期的时间跨度一般较长。在不动产开发过程中，材料、人工成本、市场供求变化等因素会随着时间跨度增加而变大，货币时间也会受到影响。因此，合理估计开发周期非常重要。

4. 预测开发完成后的不动产价值

开发完成后，不动产价值可根据同区域内类型、用途、规模等相同或相似的不动产现行市场价格比较确定。

5. 估测不动产的开发成本、费用

不动产的待开发成本包括如果评估对象是待开发的土地开发成本。

（1）取得土地使用权所支付的金额，包括为取得土地所有权所支付的地价、按国家统一规定缴纳的相关费用。

（2）不动产开发的成本、费用。不动产开发成本是不动产开发项目实际发生的成本，包括土地征用及拆迁补偿费、勘察设计费、前期工程费、建筑安装工程费、基础设施费、公共配套设施费和开发间接费用等。不动产开发费用是指与房地产开发项目有关的销售费用、管理费用、财务费用。

（3）不动产投资利息。不动产开发资金规模大、投资回收周期长，绝大多数不动产开发资金需要通过外部融资实现，继而产生融资成本。即便不动产融资源于内部资金，在不动产投资过程中，因资金流向不动产项目，又会产生资金使用的机会成本。因此，在不动产投资过程中还应考虑资金使用过程中的成本问题，根据资金投入的时点计算投资利息。

（4）与不动产交易相关的税金。与不动产交易相关的税金是指在转移不动产时缴纳的土地增值税、城市维护建设税、教育费附加、印花税等。

6. 估算不动产开发的合理利润

不动产开发的合理利润是通过预测的不动产正常条件下所能获得的平均利润，不是实际利润，也不是不动产项目的期望利润。开发利润一般是按一定成本基数乘以同一市场上类似房地产开发项目所要求的相应平均利润率来计算。

7. 计算并确定待开发不动产价值

上述各项指标确定后，可根据假设开发法的评估计算公式计算待开发不动产价值。
计算公式为：

待开发不动产价值 = 开发完成后不动产价值 – 开发成本 – 管理费用 – 投资利息 – 销售费用 – 开发利润 – 相关税费 　　　　　　　　（8–11）

假设开发法评估用于出租的不动产时，可根据不动产的租赁收益和市场租金水平，推算出租不动产的净收益，并将其折算成现值，步骤如下：①根据不动产所在地区、物业类

型、物业特点等因素，确定该不动产的市场租金水平；②确定物业的租赁净收益，即不动产租赁所产生的租金收入、管理费、维护费用等；③确定不动产的剩余年限，即物业租赁合同的尚可使用期限；④根据不动产的租赁收益、市场租金水平、不动产尚可使用年限、评估基准日等因素折现，估算不动产价值。

《资产评估执业准则——不动产》第二十六条规定，采用假设开发法评估不动产时，应当了解：①假设开发法适用于具有开发和再开发潜力，并且其开发完成后的价值可以确定的不动产；②开发完成后的不动产价值是开发完成后不动产状况所对应的价值；③后续开发建设的必要支出和应得利润包括后续开发成本、管理费用、销售费用、投资利息、销售税费、开发利润和取得待开发不动产的税费等；④假设开发方式通常是满足规划条件下的最佳开发利用方式。

二、路线价法

（一）路线价法概述

路线价法是土地估价方法中的一种方法，用于城市土地地价的评估。路线价法是依据路线价，设定深度指数（离道路距离远近的标准）和其他修正系数（宽度、容积率、朝向、宽深比率等修正系数），计算该深度上多宗宗地地价的方法。路线价求取的是特定街道上的价格，而不是标准深度土地的价格。

（二）路线价法的前提条件

路线价法认为城市内各宗地土地的价格，随其距离道路的远近程度即临街深度的增加而递减；接近道路的宗地利用价值大，地价高；距道路远的宗地利用价值小，地价也低。

路线价法与市场比较法基本原理类似，是在各样点宗地价格的基础上，分析宗地地价与影响地价的临街深度等因素的关系，通过因素修正估算地价。因此，路线价法运用的前提条件是：评估对象要有较为完善的道路系统和排列整齐的宗地；可以确定合理、准确的深度修正率以及其他修正率。

路线价法适用于对城市土地中较为繁华的地区和街道比较整齐的区域进行评估，特别适用于土地课税、征地拆迁、土地重划或对大量土地进行评估的情况。

（三）路线价法的评估步骤

1. 划分路线价区段

路线价区段是指具有相同路线价的地段。划分路线价区段时，一般将相近地段划分为同一路线价区段，但同一街道繁华程度不同时，要将街道划分为多段，分别设定不同的路线价。

2. 确定标准宗地

标准宗地，是从城市一定区域中沿主要街道的宗地中选定的深度标准、宽度标准和形状标准的宗地。路线价是标准宗地的单位价格。路线价的设定必须先明确标准宗地面积。

3. 确定路线价

路线价是设定在路线上的标准地块的单位地价。通常根据标准地块的形状、大小、地价水平、街道状况、公共设施等情况，在同一路线价区域内选出若干标准地块，用市场法、收益法等评估方法，分别估算各标准地块单位地价，再以标准地块的单位地价算术平均数或众数作为路线价。

4. 制定深度指数表和其他修正率表

深度指数是指宗地地价随临街深度变化的程度。地块的各部分价格随临街程度变化而变化，深度越深，接近性越差，价格就越低。将地块临街深度和价格差异关系编制成深度指数表。此外，还要根据地块形状、宽窄、位置、面积等的影响，编制其他修正率表，进行因素修正。

5. 计算各地块的价格

根据得出的路线价、深度指数表和其他修正率表，计算各地块的评估价格。

计算公式为：

$$土地单价 = 路线价 \times 深度价格修正率 \times 其他价格修正率 \tag{8-12}$$

$$土地总价 = 路线价 \times 深度价格修正率 \times 其他价格修正率 \times 土地面积 \tag{8-13}$$

知识回顾

《资产评估执业准则——不动产》第二条明确规定：不动产是指土地、建筑物及其他附着于土地上的定着物，包括物质实体及其相关权益。不动产不包含海域、林木等。不动产具有不可移动性、独有性、寿命长久性、稀缺性、流动性差、用途多、相互影响性、保值增值性、制度限制性等特性。不动产按照用途可划分为商用不动产、农用不动产、工业使用不动产、居住不动产、综合不动产、特殊用途不动产等。不动产按照开发程度划分可分为生地、毛地、熟地、在建工程、现房（含土地）等。不动产按其经营使用方式可划分为出售型不动产、出租型不动产、营业型不动产、自用型不动产。一般情况下，土地利用的优先顺序为：商业→办公→居住→工业→耕地→牧场→放牧地→森林→不毛荒地。不动产的土地价值不是劳动价值，而是稀缺性价值表现，当外部环境变化时，其价值会上涨，受地理空间位置影响，通常表现为一地一价、一房一价。

不动产评估是指资产评估机构及其资产评估专业人员遵守法律、行政法规和资产评估准则，根据委托对评估基准日特定目的下的不动产价值进行评定和估算，并出具资产评估报告的专业服务行为。不动产评估包括单独的不动产评估和企业价值评估中的不动产评估。

不动产评估的程序有：①明确评估基本事项；②拟定评估作业方案；③实地勘察评估对象；④收集评估所需资料；⑤运用估价法进行评估；⑥确定估价结果；⑦撰写估价报告；⑧估价资料归档。

市场法评估不动产，是将评估对象与在估价基准日近期有类似交易的不动产进行比较，对类似不动产的成交价格做适当的修正，以此估算评估对象价格的方法。市场法使用的前提条件：评估对象的可比参照物具有公开、活跃的交易市场；有关交易的必要信息可以获得。市场法在不动产评估中的适用对象是具有交易性质的不动产，如不动产开发用地、普通商品住宅、高档公寓、别墅、写字楼、商场、标准工业厂房等。对于那些极少发生交易或者不会发生交易的不动产，如学校、古建筑、教堂、寺庙、纪念馆等，不适用市场法估价。市场法的评估步骤：①搜集交易实例；②选取可比实例；③建立价格可比基础；④因素修正；⑤求取比准价格。

成本法评估不动产，是通过估测被评估不动产的重新构建成本，然后扣除各种贬值，以确定不动产价值的方法。不动产评估成本法，分为土地使用权的成本法和房屋建筑物的成本法。土地使用权的成本法（又称为成本逼近法），是以取得和开发土地所耗费的总费用为主要依据，加上一定的利润、利息、税金和土地所有权收益。房屋建筑物的成本法是以假设重新建造被评估不动产，按所需要的成本为依据评估房屋建筑物价值。评估时以重建的总费用为依据，加上一定的利润和税金，扣除贬值。

收益法评估不动产，是通过估价对象不动产的预期净收益来估算不动产价值的方法。基于预期原理，不动产的价值不是历史价格或建造成本，而是不动产未来创造的预期收益。通过收益法估算得到的价格等于未来净收益的现值之和。

假设开发法又称剩余法，是根据不动产开发完成后形成的预期价值，减去合理的开发成本、利润和税金后，确定不动产价值的方法。

路线价法是土地估价方法中的一种方法，用于城市土地地价的评估。路线价法是依据路线价，设定深度指数（离道路距离远近的标准）和其他修正系数（宽度、容积率、朝向、宽深比率等修正系数），计算该深度上多宗宗地地价的方法。

实践任务

任务分组

班级		组号		共（　）人	
组长		学号			
组员	学号	姓名	学号	姓名	

个人任务

任务工单 1					
班级		组号		姓名	学号
项目	内容				
任务要求	学习模块知识，回答问题				
任务目标	掌握不动产的概念、特征、类型；不动产评估的概念、程序				
任务实施	1. 简述不动产的概念、特征 2. 简述不动产评估的类型 3. 简述不动产评估的基本程序				
任务总结					

协作任务

任务工单 2							
班级		组号		姓名		学号	
项目	内容						
任务内容	不动产评估方法						
任务要求	归纳总结不动产评估的方法						
任务目标	熟悉不动产评估的具体方法						
任务实施							
任务总结							

任务工单 3							
班级		组号		姓名		学号	
项目	内容						
任务情境	根据本模块情景导入内容，分析讨论并形成结论。 1. 为什么不同评估机构评估的价值各不相同？ 2. 你认为导致评估结果差异的原因有哪些？						
任务目标	熟悉、运用资产评估市场法						
任务要求	结合本模块知识点，分析、讨论模块情景导入中的问题并阐明原因						
任务实施（思路）	1. 不动产评估的原则。 2. 评估程序与评估价值的关系。 3. 评估方法与评估价值的关系						
任务总结							

任务工单 4						
班级		组号		姓名	学号	
项目	内容					
任务内容	小组案例分析					
任务要求	利用网络或图书资源，查找不动产评估相关案例，并根据评估案例分析不动产评估要点					
任务目标	掌握不动产评估的基本方法					
任务实施	案例简述					
	提出问题					
	分析问题					
	解决问题					
任务总结						

汇报任务

任务工单 5						
班级		组号		姓名	学号	
项目	内容					
任务内容	各工作小组选派一名成员，汇报任务内容					
任务要求	查阅资料，根据任务工单内容，总结并阐述知识要点					
任务目标	熟悉模块知识并能熟练运用					
任务实施	汇报任务 1					
	汇报任务 2					
	汇报任务 3					
任务总结						

任务评价

个人评价

		任务工单6					
班级		组号		姓名		学号	
序号	评价内容			分值（分）		分数	
1	主动记录课堂要点，形成课堂笔记			10			
2	上课积极参与课堂问答和小组讨论			10			
3	理解、掌握课堂知识			10			
4	能运用课堂知识、技能分析和解决问题			10			
5	能有效利用网络、图书资源获取有用信息			10			
6	主动思考问题，具有创造性思维			10			
7	善于分析、总结，能有条理地表达观点			10			
8	尊重他人意见，善于发现合作伙伴的长处			10			
9	遇到挫折能相互鼓励、群策群力			10			
10	按时保质完成任务			10			
	合计			100			

小组评价

	任务工单7			
班级		组号		
序号	评价内容		分值（分）	分数
1	模块知识掌握程度		20	
2	资源收集、整理能力		10	
3	团队分工、协作程度		20	
4	法律意识		10	
5	职业道德、职业素养（工作严谨性、规范性、专业性等）		20	
6	创新意识		10	
7	任务完成速度		10	
	合计		100	

班级评价

任务工单 8				
班级			组号	
序号	评价内容		分值（分）	分数
1	展示汇报		40	
2	参与程度		30	
3	完成质量		30	
	合计		100	

 自测训练

自测题

自测题答案

扫码学习

课外阅读

课外阅读

悟道明理

模块九

资产评估报告与工作底稿

 情景导入

北京 W 资产评估咨询有限公司评估实习生杨旭正参加转正考核,其中一道考核题要求杨旭针对近期 ZWZX(北京)资产评估有限公司资产评估执业未勤勉尽责被证监会依法行政处罚的案例进行深入、细致的分析,指出问题并予以评价。

2020 年 4 月 25 日,ZWZX 就 YJGS 的 1 162 台人造钻石专用设备(以下简称压机)出具《YJGS 固定资产减值测试评估项目资产评估报告》(以下简称《固定资产评估报告》),就 YJGS 的报废及闲置、技术落后设备出具《YJGS 部分固定资产减值测试评估项目资产评估报告》(以下简称《部分固定资产评估报告》),就 YJGS 及其子公司华晶超硬材料销售有限公司(以下简称华晶超硬)的部分存货出具《YJGS 存货资产减值测试评估项目资产评估报告》(以下简称《存货评估报告》),签字评估师均为金×、丁×,评估业务收入为 247 524.75 元。

ZWZX 在评估压机设备时,将压机重量作为计算压机重置成本的重要参数。ZWZX 根据 YJGS 提供的电子表格的数据确认压机重量,未获取经 YJGS 盖章确认的书面材料,未对各型号压机的重量进行充分核查。ZWZX 依据上述电子表格认定的 800 型压机重量与评估底稿中 YJGS 盖章确认的《六面顶压机改造情况说明》中 800 型压机的重量不符,其未就此做进一步核查。

YJGS 委估资产中有 739 台压机存在 2 次改造的记录,第一次由洛阳启明超硬材料有限公司进行改造,每台压机的改造费用为 45 万元。第二次由河南润矽超硬材料有限公司进行改造,每台压机的改造费用为 55 万元。经证监会另案查明,YJGS 上述改造业务均为虚构。ZWZX 未对上述改造情况进行充分核查验证,未收集设备改造的发票等相关资料,即将 YJGS 虚构的 739 000 000 元改造费用纳入了重置成本。YJGS 委估报废设备中有

2台微波等离子体化学气相沉积系统（以下简称微波设备），由YJGS向洛阳正荣机械有限公司（以下简称洛阳正荣）采购，设备账面价值为88 701 822元。经证监会另案查明，YJGS与洛阳正荣的微波设备采购交易为虚构交易。

《部分固定资产评估报告》记载委估资产权属依据包括发票等相关资料，但ZWZX未获取微波设备购置发票，也未在评估报告中说明权属资料不完整的情况。评估底稿中微波设备采购合同记载的生产厂商和型号与ZWZX在现场调查时拍摄的设备铭牌上的生产厂商和型号不符。而ZWZX在并不能辨认盘点对象是否为该微波设备的情况下，即制作了记载实盘数量与账面数量相符的盘点表，未实施有效的现场调查程序，导致将YJGS虚增的固定资产纳入评估范围。

评估底稿记载共有2 056件《大公报创刊号》金画、400件"大公报创刊号"和3 444件《香港回归二十周年》纪念金册等镀金工艺品存放于深圳市一号云仓储运有限公司仓库（以下简称一号云仓）。ZWZX未对上述存货进行现场调查和盘点数量，也未向一号云仓进行函证，仅通过线上远程查看后，即根据YJGS提供的销售合同、仓储合同变更说明、记账凭证和部分发票等材料，对上述存货的数量和权属予以认可。

《固定资产评估报告》记载对于委估资产采用成本法评估，通过重置价值乘以成新率确定公允价值，再扣减处置费用确定可回收价值。其中现场勘查成新率是"通过检查设备的实际使用状况，根据打分法综合确定其成新率"。而ZWZX在计算成新率时并未使用打分法，评估底稿也未见打分法的相关记录。

ZWZX聘请专家刘某强（非ZWZX员工）对YJGS委估设备进行评估，测算压机等设备的评估值等评估工作主要由刘某强完成。ZWZX未综合分析评判专家的专业能力，未在《部分固定资产评估报告》《固定资产评估报告》中说明聘请专家工作的内容，评估底稿中也未见对刘某强专业能力的分析记录和刘某强的资格证件、身份信息等资料。

（资料来源：https://finance.sina.com.cn/wm/2024—02—26/doc—inakkcya7339892.shtml，选编）

思考：如果你是杨旭，会如何作答？

学习目标

知识目标	熟悉资产评估报告和资产评估工作底稿的基本概念、作用、种类，掌握资产评估报告的基本内容、编制要点，了解资产评估工作底稿的管理要求
能力目标	运用资产评估知识阅读、编制资产评估报告
素质目标	树立严谨的工作态度，严格遵守职业规范

模块九 资产评估报告与工作底稿

思维导图

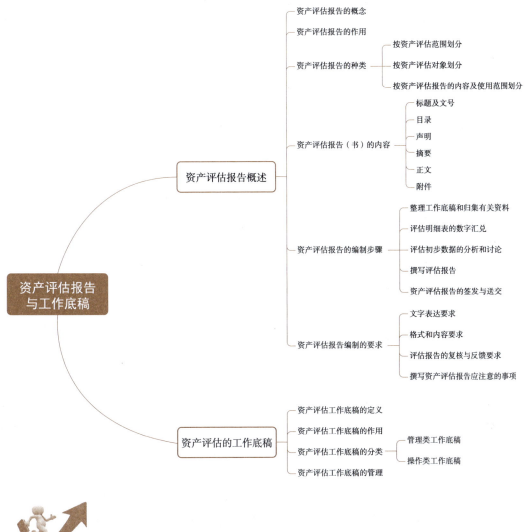

任务导入

四川评协发布风险提示第 1 号——资产评估违法行为面临行政处罚的风险提示

为了进一步贯彻落实中共中央办公厅、国务院办公厅《关于进一步加强财会监督工作的意见》，帮助机构增强风险意识，健全内部管理，防范执业风险，2023 年 3 月 28 日，四川省资产评估协会发布风险提示第 1 号——资产评估违法行为面临行政处罚的风险提示（以下简称《风险提示》）。

《风险提示》介绍了《资产评估法》关于资产评估违法行为法律责任的有关规定，对近年财政部门涉及资产评估的行政处罚案例进行了分析，梳理出可能受到行政处罚的几类资产评估违法行为：一是未履行资产评估基本程序，出具重大遗漏的评估报告；二是评估参数应用错误或计算错误造成评估结果差异较大，出具重大遗漏的评估报告；三是工作底稿缺失，重要评估参数选取没有依据，评估结论明显不合理或者工作底稿不能有效支撑报告结论，构成重大遗漏；四是签署本人未承办业务的评估报告，或允许他人以本人名义从事业务；五是冒用他人名义从事业务，或聘用不符合规定的人员从事评估业务；六是评估专业人员同时在两个以上评估机构从事业务的；七是其他可能受到行政处罚的评估违法行为，比如利用开展业务之便，牟取不正当利益等行为等。

《风险提示》还向全省资产评估机构及其从业人员提出风险防范建议：一是树立正确的执业理念，认真学习贯彻《资产评估法》《资产评估基本准则》等法律法规及行业规定，在评估工作全过程中规范自身的行为，降低执业风险；二是提升专业人员执业能力，加强对评估专业人员的专业胜任能力、道德素质、执行能力等综合能力的培训；三是勤勉谨慎地从事业务，始终诚实守信，保持独立、客观、公正的立场，遵守评估准则，履行调查职责，独立分析估算；四是进一步完善评估机构内部治理机制及质量控制制度，实现资产评估专业人员、评估机构和行业和谐发展。

（资料来源：http://www.cas.org.cn/dfxx/a83b2281dad54c6684ea73b6156b7a9d.htm）

学习任务一　资产评估报告概述

一、资产评估报告的概念

资产评估报告是指资产评估机构及其资产评估专业人员遵守法律、行政法规和资产评估准则，根据委托履行必要的资产评估程序后，由资产评估机构对评估对象在评估基准日特定目的下的价值出具的专业报告。

资产评估报告按照一定格式和内容反映了评估目的、程序、标准、依据、方法、结果及适用条件等基本情况。资产评估报告有广义和狭义之分。广义的资产评估报告是指一种工作制度，规定评估机构在完成评估工作之后必须按照一定的程序和要求，用书面形式向委托方报告评估过程和结果；狭义的资产评估报告即资产评估结果报告书，是资产评估机构针对评估的公正性报告，也是评估机构履约情况的总结，还是评估机构、评估人员为资产评估项目承担相应法律责任的证明文件。

二、资产评估报告的作用

资产评估报告用文字的形式，对受托进行资产评估的目的、背景、范围、依据、程序、方法等过程和评定的结果进行阐述、说明和总结，体现了评估机构的工作成果，是被委托评估资产作价的参考依据，也是反映和体现资产评估工作情况及有关方面责任的根据。

资产评估报告是反映评估机构和评估人员职业道德、职业能力、评估质量的重要依据。相关管理部门通过审核资产评估报告，可以有效地对评估机构的业务开展情况进行监督和管理。

三、资产评估报告的种类

按照资产评估的资产范围、工作业务性质、资产评估报告的使用及使用的范围不同，可以对资产评估报告进行以下分类：

（一）按资产评估范围划分

按资产评估的资产范围不同，资产评估报告可分为整体资产评估报告和单项资产评估报告。单项资产评估报告是对某一特定部分或资产（如金融不良资产、机器设备、不动产等）进行评估所出具的资产评估报告。整体资产评估报告是对所有资产（如企业价值、整体单位价值、整体业务价值等）进行评估所出具的资产评估报告。两种资产评估报告的基本格式一样，但整体资产评估与单项资产评估的具体业务不同，内容上必然会存在差异。

（二）按资产评估对象划分

按资产评估对象的不同，资产评估报告可分为不动产评估报告、动产评估报告、无形资产评估报告、企业价值评估报告等。

（三）按资产评估报告的内容及使用范围划分

按资产评估报告的内容及使用范围的不同，资产评估报告可分为完整评估报告、简明评估报告、限制用途评估报告三种类型。完整评估报告对评估所用资料进行全面描述和分析，所有适合的信息均包括在报告中；简明评估报告是对评估工作资料的总结和综合分析，以浓缩的方式提供信息；限制用途评估报告对评估方法和技术及评估结论只做陈述性说明，是一种扼要型报告，标明有关支持信息资料需要参照工作底稿。

四、资产评估报告（书）的内容

资产评估报告的内容包括标题及文号、目录、声明、摘要、正文、附件。

（一）标题及文号

资产评估报告的标题应包括企业名称、经济行为关键词、评估对象、资产评估报告。例如，A公司拟×××涉及的B公司××资产评估报告。

资产评估报告的文号一般由资产评估机构特征字、种类特征字、年份、报告序号构成。例如，××评报字（202×）第×××号。

（二）目录

目录指评估报告中每一部分的标题和对应页码。

（三）声明

评估报告的声明应当包括以下内容：
（1）注册资产评估师恪守独立、客观和公正的原则，遵循有关法律、法规和资产评估准则的规定，并承担相应的责任。
（2）提醒评估报告使用者关注评估报告特别事项说明和使用限制。
（3）其他需要声明的内容。

> **知识链接**
>
> **评估报告的声明样式**
>
> （1）委托人或者其他资产评估报告使用人应当按照法律、行政法规规定和本资产评估报告载明的使用范围使用本资产评估报告；委托人或者其他资产评估报告使用人违反前述规定使用本资产评估报告的，本资产评估机构及资产评估专业人员不承担责任。
> （2）本资产评估报告仅供委托人、资产评估委托合同中约定的其他资产评估报告使用人和法律、行政法规规定的资产评估报告使用人使用；除此之外，其他任何机构和个人不能成为本资产评估报告的使用人。
> （3）本资产评估机构及资产评估专业人员提示资产评估报告使用人应当正确理解评估结论，评估结论不等同于评估对象可实现价格，评估结论不应当被认为是对评估对象可实现价格的保证。

（四）摘要

评估报告摘要应当提供评估业务的性质、评估对象的复杂程度、委托人要求等主要信息及评估结论。资产报告中的摘要应与评估报告揭示的相关内容一致，不得有误导性内容。

（五）正文

评估报告正文应当包括下述十四项内容：
（1）委托方、产权持有者和委托方以外的其他评估报告使用者。资产评估报告使用人包括委托人、资产评估委托合同中约定的其他资产评估报告使用人和法律、行政法规规定的资产评估报告使用人。
（2）评估目的。评估报告载明的评估目的应当唯一，表述应当明确、清晰。
（3）评估对象和评估范围。资产评估报告中应当载明评估对象的基本情况，包括法律权属状况、经济状况和物理状况要做具体描述。

（4）价值类型及其定义。资产评估报告应当说明选择价值类型的理由，并明确其定义。

（5）评估基准日。资产评估报告载明的评估基准日应当与资产评估委托合同约定的评估基准日保持一致，可以是过去、现在或者未来的时点。

（6）评估依据。资产评估报告应当说明评估遵循的法律依据、准则依据、权属依据及取价依据等。

（7）评估方法。资产评估报告应当说明所选用的评估方法及其理由，因适用性受限或者操作条件受限等原因而选择一种评估方法的，应当在资产评估报告中披露并说明原因。

（8）评估程序实施过程和情况。资产评估报告应当说明评估程序实施过程中现场调查、资料收集与分析、评定估算等主要内容。

知识链接

若因条件限制，无法或者不能完全履行资产评估基本程序，经采取措施弥补程序缺失，且未对评估结论产生重大影响的，可出具资产评估报告并在报告中说明资产评估程序受限情况、处理方式及其对评估结论的影响；若因资产评估基本程序无法或者不能完全履行，对评估结论产生重大影响或无法判断影响程度的，不应出具资产评估报告。

（9）评估假设。资产评估报告应当披露评估假设及其对评估结论的影响。

（10）评估结论。注册资产评估师应当在评估报告中以文字和数字形式清晰地说明评估结论。通常评估结论应当是确定的数值。经与委托方沟通，评估结论可以使用区间值表达。

（11）特别事项说明。特别事项指在已确定评估结论的前提下，资产评估专业人员在评估过程中已发现可能影响评估结论，但非执业水平、执业能力所能评定估算的有关事项。特别事项说明通常包括：权属等主要资料不完整或者存在瑕疵的情形；委托人未提供的其他关键资料情况；未决事项、法律纠纷等不确定因素；重要的利用专家工作及相关报告情况；重大期后事项；评估程序受限的有关情况、评估机构采取的弥补措施及对评估结论影响的情况；其他需要说明的事项。注册资产评估师应当说明特别事项可能对评估结论产生的影响，并重点提示评估报告使用者予以关注。

（12）评估报告使用限制说明。资产评估报告的使用限制说明应当载明：使用范围；委托人或者其他资产评估报告使用人未按照法律、行政法规规定和资产评估报告载明的使用范围使用资产评估报告的，资产评估机构及其资产评估专业人员不承担责任；除委托人、资产评估委托合同中约定的其他资产评估报告使用人和法律、行政法规规定的资产评估报告使用人之外，其他任何机构和个人不能成为资产评估报告的使用人；资产评估报告使用人应当正确理解和使用评估结论。评估结论不等同于评估对象可实现价格，评估结论不应当被认为是对评估对象可实现价格的保证。

（13）评估报告日。资产评估报告载明的资产评估报告日通常为评估结论形成的日期，可以不同于资产评估报告的签署日。

（14）注册资产评估师签字盖章。资产评估报告应当由至少两名承办该项业务的资产评估专业人员签名并加盖资产评估机构印章。

（六）附件

资产评估报告的附件通常包括以下内容：
（1）评估对象所涉及的主要权属证明资料。
（2）委托方和相关当事方的承诺函。
（3）评估机构及签字注册资产评估师资质、资格证明文件。
（4）评估对象涉及的资产清单或资产汇总表。

评估报告内容的陈述应当清晰、准确，不得使用误导性的表述。评估报告的详略程度，可以根据评估对象的复杂程度、委托方要求来合理确定。评估报告应当使用中文撰写。需要同时出具外文评估报告的，以中文评估报告为准。评估报告一般以人民币为计量币种，使用其他币种计量的，应当注明该币种与人民币的汇率。评估报告应当明确报告的使用有效期。通常，只有当评估基准日与经济行为实现日相距不超过1年时，才可以使用评估报告。

五、资产评估报告的编制步骤

资产评估报告的编制是评估机构完成评估工作的最后一道工序，也是资产评估工作中的一个重要环节。

（一）整理工作底稿和归集有关资料

资产评估现场工作结束后，评估人员应对现场工作底稿进行整理，按资产的性质进行分类。对有关询证函、被评估资产背景材料、技术鉴定情况和价格取证等有关资料进行归集和登记。对现场未予确定的事项，仍须进一步落实和查核。现场工作底稿和有关资料都是编制资产评估报告的基础。

（二）评估明细表的数字汇总

在完成现场工作底稿和有关资料的归集任务后，评估人员应进行评估明细表的数字汇总。明细表的数字汇总应根据明细表的不同级次先明细表汇总，然后分类汇总，再到资产负债表汇总。

（三）评估初步数据的分析和讨论

在完成评估明细表的数字汇总，得出初步的评估数据后，应召集参与评估工作过程的相关人员，对评估报告初步数据进行比较、分析、讨论，复核工作底稿，调整不合理的评估数据。

（四）撰写评估报告

撰写评估报告分为两个阶段：第一，由参加评估工作的负责人员汇总结果，撰写初步评估报告；第二，将评估基本情况和评估报告初稿的初步结论与委托方交换意见，听取委托方的反馈意见后，在坚持独立、客观、公正的前提下，认真分析委托方提出的问题和建议，考虑是否应该修改评估报告，对评估报告中存在的疏忽、遗漏和错误之处进行修正，待修改完毕即可撰写资产评估正式报告书。

（五）资产评估报告的签发与送交

资产评估报告完成后，由负责承办该项目的资产评估师签章（两名或两名以上），再送复核人审核签章，最后送评估机构负责人审定签章并加盖机构公章。资产评估报告签名盖章后即可连同评估明细表送交委托单位。

六、资产评估报告编制的要求

（一）文字表达要求

资产评估报告既是一份对被评估资产价值有咨询性和公正性作用的文书，又是一份用来明确资产评估机构和评估人员工作责任的文字依据。因此，资产评估报告的文字表达要求清楚、准确、全面、公正。陈述要简明扼要，有理有据，不得带有任何诱导性的陈述。资产评估报告撰写应使用中文，需同时出具外文资产评估报告的，以中文资产评估报告内容为准。

（二）格式和内容要求

对资产评估报告格式和内容方面的技能要求，应当遵循《资产评估执业准则——评估报告》，涉及国有资产评估的，还要遵循《企业国有资产评估报告指南》。评估报告一般根据评估项目的具体情况及委托方的合理要求确定报告信息的范围、详细程度，但报告应提供使资产评估报告使用者正确理解、使用评估结论的必要信息。

（三）评估报告的复核与反馈要求

资产评估报告的复核与反馈也是资产评估报告编制的具体要求。通过对工作底稿、评估说明、评估明细表和报告正文的文字、格式及内容的复核和反馈，可以将有关错误、遗漏等问题在出具正式报告书之前进行修正。大多数资产委托方对被评估资产的具体情况会更熟悉，所以，在出具正式报告之前征求委托方意见，收集并反馈意见有助于提高评估结论的准确性。收集反馈意见应谨慎对待，遵循独立、客观、公正的原则。

资产评估报告复核，必须建立起多级复核和交叉复核的制度，明确复核人的职责，防止流于形式的复核。

（四）撰写资产评估报告应注意的事项

（1）实事求是，切忌出具虚假报告。报告书必须建立在真实、客观的基础上，不能脱离实际情况，更不能无中生有。报告拟定人应是参与该项目并较全面了解该项目情况的主要评估人员。

（2）坚持一致性做法，切忌出现表里不一。报告书文字、内容前后要一致，摘要、正文、评估说明、评估明细表内容与口径、格式、数据要一致。

（3）提交报告书要及时、齐全和保密。在正式完成资产评估工作后，应按业务约定书的约定时间及时将评估报告送交委托方。要做好客户资料保密工作，尤其是对评估涉及的商业秘密和技术秘密，谨防泄密事件。

评估报告签收单如表9-1所示。

表9-1 评估报告签收单　　　　索引号：×××

文件名称	序号	内容	册数	收到份数	备注
报告名称					
报告文号					
	1				
	2				
	3				
收文单位					
收文人签字：			送达人签字：		
收文日期：			备注：		

知识链接

委托方在使用资产评估报告及有关资料时必须要注意以下几个方面：

（1）只能按报告所揭示的评估目的使用报告，一份评估报告只允许按一个用途使用。

（2）只能在报告书有效期内使用报告，超过报告书的有效期，则评估结果无效。若要使用报告，必须由评估机构重新调整相关数据，并得到有关部门重新认可后方能使用。

（3）在报告书有效期内，资产评估数量发生较大变化时，应由原评估机构或资产占有单位按原评估方法做相应调整后才能使用。

（4）涉及国有资产产权变动的评估报告及有关资料必须经国有资产行政主管部门确认或授权确认后方可使用。

（5）作为企业会计记录和调整企业账项使用的资产评估报告及有关资料，必须由有关机关批准或认可后方能生效。

学习任务二　资产评估的工作底稿

一、资产评估工作底稿的定义

资产评估工作底稿是指资产评估人员执行评估业务形成的，反映评估程序实施情况，指出评估结论的工作记录和相关资料。资产评估人员及时编制资产评估工作底稿，有助于提高评估工作的质量，便于在出具评估报告之前，对获取的信息和得出的评估结论进行有效复核和评价。一般情况下，在评估工作执行过程中编制和获取的工作底稿比事后编制和获取的工作底稿更准确。

二、资产评估工作底稿的作用

资产评估工作底稿记录了被评估资产的状态，以及资产评估人员选用的评估方法、作价依据和作价计算过程等，是形成评估报告的直接依据，也是考核评估人员的专业能力、工作质量以及业绩的依据。资产评估工作底稿全面记录了评估人员的工作过程，可以规避评估风险是澄清评估师是否按行业标准评估操作、有关方面是否提供了真实准确的法律文件的证据。按一定的规范格式和内容编写评估工作底稿，是约束注册资产评估师的职业行为和控制评估质量的重要手段。

工作底稿可以是纸质文档、电子文档或者其他介质形式的文档，资产评估机构及其资产评估专业人员应当根据资产评估业务具体情况和工作底稿介质的理化特性谨慎选择工作底稿的介质形式。资产评估的工作底稿样表如表9-2所示。

表9-2　资产评估的工作底稿样表

通用底稿			
被评估单位名称：	经办：_____	日期：_____	索引号：_____
评估基准日：	复核：_____	日期：_____	页次：_____

三、资产评估工作底稿的分类

工作底稿通常分为管理类工作底稿和操作类工作底稿。

（一）管理类工作底稿

管理类工作底稿是指注册资产评估师在执行评估业务的过程中，为承接、计划、控制和管理评估业务所形成的工作记录及相关资料。

管理类工作底稿通常包括资产评估业务基本事项的记录、资产评估委托合同、资产评估计划、资产评估业务执行过程中重大问题处理记录、资产评估报告的审核意见。

（二）操作类工作底稿

操作类工作底稿是指注册资产评估师在履行现场调查、收集评估资料和评定估算程序时所形成的工作记录及相关资料。

操作类工作底稿的内容因评估目的、评估对象和评估方法等不同而有所差异，通常包括以下内容：

（1）现场调查记录与相关资料，包括：委托方提供的资产评估申报资料，现场勘察记录，函证记录，主要或者重要资产的权属证明材料，与评估业务相关的财务、审计等资料，其他相关资料。

（2）收集的评估资料，包括：市场调查及数据分析资料，相关的历史和预测资料，询价记录，其他专家鉴定及专业人士报告，委托方及相关当事方提供的说明、证明和承诺，其他相关资料。

（3）评定估算过程记录，包括：重要参数的选取和形成过程记录，价值分析、计算、判断过程记录，评估结论形成过程记录，其他相关资料。

四、资产评估工作底稿的管理

资产评估专业人员收集委托人或者其他相关当事人提供的资产评估明细表及其他重要资料作为工作底稿，应当由提供方对相关资料进行确认，确认方式包括签字、盖章或者法律允许的其他方式。资产评估项目所涉及的经济行为需要批准的，应当将批准文件归档。

资产评估专业人员应当根据资产评估业务特点和工作底稿类别，编制工作底稿目录，建立必要的索引号，以反映工作底稿间的勾稽关系。

资产评估专业人员通常应当在资产评估报告日后 90 日内将工作底稿、资产评估报告及其他相关资料归集形成资产评估档案，并在归档目录中注明文档介质形式。

 **知识链接**

资产评估档案管理要求

资产评估档案,是指资产评估机构开展资产评估业务形成的,反映资产评估程序实施情况、支持评估结论的工作底稿、资产评估报告及其他相关资料。

《资产评估执业准则——资产评估档案》规定:资产评估机构应当按照法律、行政法规和本准则的规定建立健全资产评估档案管理制度并妥善管理资产评估档案;资产评估档案自资产评估报告日起保存期限不少于十五年;属于法定资产评估业务的,不少于三十年;资产评估档案应当由资产评估机构集中统一管理,不得由原制作人单独分散保存;资产评估机构不得对在法定保存期内的资产评估档案非法删改或者销毁;资产评估档案的管理应当严格执行保密制度,除国家机关依法调阅、资产评估协会依法依规调阅、其他依法依规查阅外,资产评估档案不得对外提供。

资产评估业务存档资料登记、使用表如表9-3所示。

表9-3 资产评估业务存档资料登记、使用表

报告名称			×××评估咨询报告			
报告编号		××××评报字(2022)0123号	报告册数、页数	共1册 其中:第 册 页;第 册 页		
报告出具日期		20××/×/×	项目负责人	×××		
进档时间			交接 记录	交付人:	接收人:	
报告使用情况	外借记录	时间				
		借阅人				
		批准人				
	复印记录	时间				
		复印人				
		批准人				
	利用记录	时间				
		经办人				
		批准人				

资产评估事务所签章

> **知识链接**
>
> 资产评估执业准则——资产评估报告
>
> 第一章　总　则
>
> **第一条**　为规范资产评估报告编制和出具行为，保护资产评估当事人合法权益和公共利益，根据《资产评估基本准则》制定本准则。
>
> **第二条**　本准则所称资产评估报告是指资产评估机构及其资产评估专业人员遵守法律、行政法规和资产评估准则，根据委托履行必要的资产评估程序后，由资产评估机构对评估对象在评估基准日特定目的下的价值出具的专业报告。
>
> **第三条**　资产评估机构及其资产评估专业人员以"资产评估报告"名义出具书面专业报告，应当遵守本准则。
>
> 第二章　基本遵循
>
> **第四条**　资产评估报告陈述的内容应当清晰、准确，不得有误导性的表述。
>
> **第五条**　资产评估报告应当提供必要信息，使资产评估报告使用人能够正确理解评估结论。
>
> **第六条**　资产评估报告的详略程度可以根据评估对象的复杂程度、委托人要求合理确定。
>
> **第七条**　执行资产评估业务，因法律法规规定、客观条件限制，无法或者不能完全履行资产评估基本程序，经采取措施弥补程序缺失，且未对评估结论产生重大影响的，可以出具资产评估报告，但应当在资产评估报告中说明资产评估程序受限情况、处理方式及其对评估结论的影响。如果程序受限对评估结论产生重大影响或者无法判断其影响程度的，不得出具资产评估报告。
>
> **第八条**　资产评估报告应当由至少两名承办该项业务的资产评估专业人员签名并加盖资产评估机构印章。法定资产评估业务的资产评估报告应当由至少两名承办该项业务的资产评估师签名并加盖资产评估机构印章。
>
> **第九条**　资产评估报告应当使用中文撰写。同时出具中外文资产评估报告的，中外文资产评估报告存在不一致的，以中文资产评估报告为准。资产评估报告一般以人民币为计量币种，使用其他币种计量的，应当注明该币种在评估基准日与人民币的汇率。
>
> **第十条**　资产评估报告应当明确评估结论的使用有效期。通常，只有当评估基准日与经济行为实现日相距不超过一年时，才可以使用资产评估报告。
>
> 第三章　资产评估报告的内容
>
> **第十一条**　资产评估报告的内容包括：标题及文号、目录、声明、摘要、正文、附件。
>
> **第十二条**　资产评估报告的声明通常包括以下内容：

（一）本资产评估报告依据财政部发布的资产评估基本准则和中国资产评估协会发布的资产评估执业准则和职业道德准则编制。

（二）委托人或者其他资产评估报告使用人应当按照法律、行政法规规定和资产评估报告载明的使用范围使用资产评估报告；委托人或者其他资产评估报告使用人违反前述规定使用资产评估报告的，资产评估机构及其资产评估专业人员不承担责任。

（三）资产评估报告仅供委托人、资产评估委托合同中约定的其他资产评估报告使用人和法律、行政法规规定的资产评估报告使用人使用；除此之外，其他任何机构和个人不能成为资产评估报告的使用人。

（四）资产评估报告使用人应当正确理解和使用评估结论，评估结论不等同于评估对象可实现价格，评估结论不应当被认为是对评估对象可实现价格的保证。

（五）资产评估报告使用人应当关注评估结论成立的假设前提、资产评估报告特别事项说明和使用限制。

（六）资产评估机构及其资产评估专业人员遵守法律、行政法规和资产评估准则，坚持独立、客观、公正的原则，并对所出具的资产评估报告依法承担责任。

（七）其他需要声明的内容。

第十三条 资产评估报告摘要通常提供资产评估业务的主要信息及评估结论。

第十四条 资产评估报告正文应当包括下列内容：

（一）委托人及其他资产评估报告使用人；

（二）评估目的；

（三）评估对象和评估范围；

（四）价值类型；

（五）评估基准日；

（六）评估依据；

（七）评估方法；

（八）评估程序实施过程和情况；

（九）评估假设；

（十）评估结论；

（十一）特别事项说明；

（十二）资产评估报告使用限制说明；

（十三）资产评估报告日；

（十四）资产评估专业人员签名和资产评估机构印章。

第十五条 资产评估报告使用人包括委托人、资产评估委托合同中约定的其他资产评估报告使用人和法律、行政法规规定的资产评估报告使用人。

第十六条 资产评估报告载明的评估目的应当唯一。

第十七条 资产评估报告中应当载明评估对象和评估范围，并描述评估对象的基本情况。

第十八条 资产评估报告应当说明选择价值类型的理由,并明确其定义。

第十九条 资产评估报告载明的评估基准日应当与资产评估委托合同约定的评估基准日保持一致,可以是过去、现在或者未来的时点。

第二十条 资产评估报告应当说明资产评估采用的法律法规依据、准则依据、权属依据及取价依据等。

第二十一条 资产评估报告应当说明所选用的评估方法及其理由,因适用性受限或者操作条件受限等原因而选择一种评估方法的,应当在资产评估报告中披露并说明原因。

第二十二条 资产评估报告应当说明资产评估程序实施过程中现场调查、收集整理评估资料、评定估算等主要内容。

第二十三条 资产评估报告应当披露所使用的资产评估假设。

第二十四条 资产评估报告应当以文字和数字形式表述评估结论,并明确评估结论的使用有效期。评估结论通常是确定的数值。经与委托人沟通,评估结论可以是区间值或者其他形式的专业意见。

第二十五条 资产评估报告的特别事项说明包括:

(一)权属等主要资料不完整或者存在瑕疵的情形;

(二)委托人未提供的其他关键资料情况;

(三)未决事项、法律纠纷等不确定因素;

(四)重要的利用专家工作及相关报告情况;

(五)重大期后事项;

(六)评估程序受限的有关情况、评估机构采取的弥补措施及对评估结论影响的情况;

(七)其他需要说明的事项。

资产评估报告应当重点提示资产评估报告使用人对特别事项予以关注。

第二十六条 资产评估报告的使用限制说明应当载明:

(一)使用范围;

(二)委托人或者其他资产评估报告使用人未按照法律、行政法规规定和资产评估报告载明的使用范围使用资产评估报告的,资产评估机构及其资产评估专业人员不承担责任;

(三)除委托人、资产评估委托合同中约定的其他资产评估报告使用人和法律、行政法规规定的资产评估报告使用人之外,其他任何机构和个人不能成为资产评估报告的使用人;

(四)资产评估报告使用人应当正确理解和使用评估结论。评估结论不等同于评估对象可实现价格,评估结论不应当被认为是对评估对象可实现价格的保证。

第二十七条 资产评估报告载明的资产评估报告日通常为评估结论形成的日期,可以不同于资产评估报告的签署日。

第二十八条 资产评估报告附件通常包括:

(一)评估对象所涉及的主要权属证明资料;

（二）委托人和其他相关当事人的承诺函；
（三）资产评估机构及签名资产评估专业人员的备案文件或者资格证明文件；
（四）资产评估汇总表或者明细表；
（五）资产账面价值与评估结论存在较大差异的说明。

第四章 附则

第二十九条 本准则自 2019 年 1 月 1 日起施行。中国资产评估协会于 2017 年 9 月 8 日发布的《关于印发〈资产评估执业准则——资产评估报告〉的通知》（中评协〔2017〕32 号）中的《资产评估执业准则——资产评估报告》同时废止。

知识回顾

资产评估报告是指资产评估机构及其资产评估专业人员遵守法律、行政法规和资产评估准则，根据委托履行必要的资产评估程序后，由资产评估机构对评估对象在评估基准日特定目的下的价值出具的专业报告。资产评估报告按照一定格式和内容反映了评估目的、程序、标准、依据、方法、结果及适用条件等基本情况。资产评估报告即资产评估结果报告书，是资产评估机构针对评估的公正性报告，也是评估机构履约情况的总结，还是评估机构、评估人员为资产评估项目承担相应法律责任的证明文件。资产评估报告是反映评估机构和评估人员职业道德、职业能力、评估质量的重要依据。相关管理部门通过审核资产评估报告，可以有效地对评估机构的业务开展情况进行监督和管理。按资产评估的资产范围不同，资产评估报告可分为整体资产评估报告和单项资产评估报告；按资产评估对象的不同，资产评估报告可分为不动产评估报告、动产评估报告、无形资产评估报告、企业价值评估报告等；按资产评估报告的内容及使用范围的不同，资产评估报告分为完整评估报告、简明评估报告、限制用途评估报告三种类型。资产评估报告的编制步骤：整理工作底稿和归集有关资料；评估明细表的数字汇总；评估初步数据的分析和讨论；编写评估报告；资产评估报告的签发与送交。

资产评估工作底稿是指资产评估人员执行评估业务形成的，反映评估程序实施情况，指出评估结论的工作记录和相关资料。资产评估工作底稿记录了被评估资产的状态，以及资产评估人员选用的评估方法、作价依据和作价计算过程等，是形成评估报告的直接依据，是考核评估人员的专业能力、工作质量以及业绩的依据，也是约束注册资产评估师的职业行为和控制评估质量的重要手段。工作底稿通常分为管理类工作底稿和操作类工作底稿。资产评估专业人员通常应当在资产评估报告日后 90 日内将工作底稿、资产评估报告及其他相关资料归集形成资产评估档案，并在归档目录中注明文档介质形式。重大或者特殊项目的归档时限为评估结论使用有效期届满后 30 日内。

实践任务

任务分组

班级		组号		共（ ）人	
组长		学号			
组员	学号	姓名	学号	姓名	

个人任务

任务工单1					
班级		组号		姓名	学号
项目	内容				
任务要求	学习模块知识，回答问题				
任务目标	熟悉资产评估报告的概念、作用、种类、内容				
任务实施	1. 简述资产评估报告的概念、作用 2. 简述资产评估报告的种类 3. 简述资产评估报告的内容 4. 简述资产评估工作底稿的概念、作用 5. 简述资产评估工作底稿的分类 6. 列举资产评估工作底稿的管理要求				
任务总结					

协作任务

任务工单 2							
班级		组号		姓名		学号	
项目	内容						
任务情境	根据本模块情景导入内容，分析讨论并形成结论。 分析案例，指出问题并予以评价						
任务目标	熟悉资产评估报告的内容						
任务要求	结合本模块知识点，分析、讨论模块情景导入中的问题并阐明原因						
任务实施 （思路）	1. 案例中的违规行为有哪些？ 2. 违规行为对资产评估报告产生了哪些影响？						
任务总结							

任务工单 3							
班级		组号		姓名		学号	
项目	内容						
任务内容	小组案例分析						
任务要求	利用网络或图书资源，查找、阅读 3 份资产评估报告，对比分析，评价资产评估报告并总结资产评估报告的编制要点						
任务目标	掌握资产评估报告的编制要点						
任务实施	评估报告名称、来源 对比分析 要点归纳						
任务总结							

汇报任务

任务工单 4								
班级		组号		姓名		学号		
项目	内容							
任务内容	各工作小组选派一名成员,汇报任务内容							
任务要求	查阅资料,根据任务工单内容,总结并阐述知识要点							
任务目标	熟悉模块知识并能熟练运用							
任务实施	汇报任务 1							
	汇报任务 2							
	汇报任务 3							
任务总结								

任务评价

个人评价

	任务工单 5			
班级		组号	姓名	学号
序号	评价内容		分值（分）	分数
1	主动记录课堂要点，形成课堂笔记		10	
2	上课积极参与课堂问答和小组讨论		10	
3	理解、掌握课堂知识		10	
4	能运用课堂知识、技能分析和解决问题		10	
5	能有效利用网络、图书资源获取有用信息		10	
6	主动思考问题，具有创造性思维		10	
7	善于分析、总结，能有条理地表达观点		10	
8	尊重他人意见，善于发现合作伙伴的长处		10	
9	遇到挫折能相互鼓励、群策群力		10	
10	按时保质完成任务		10	
	合计		100	

小组评价

	任务工单 6		
班级		组号	
序号	评价内容	分值（分）	分数
1	模块知识掌握程度	20	
2	资源收集、整理能力	10	
3	团队分工、协作程度	20	
4	法律意识	10	
5	职业道德、职业素养（工作严谨性、规范性、专业性等）	20	
6	创新意识	10	
7	任务完成速度	10	
	合计	100	

班级评价

任务工单 7			
班级		组号	
序号	评价内容	分值（分）	分数
1	展示汇报	40	
2	参与程度	30	
3	完成质量	30	
	合计	100	

 自测训练

自测题　　　　自测题答案

 扫码学习

悟道明理

模块十

资产评估法律体系及行业管理

情景导入

北京 W 资产评估咨询有限公司组织全体资产评估人员学习、讨论 ZWZX（北京）资产评估有限公司评估 YJGS 被依法行政处罚的案例。（案例内容见模块九情景导入）

思考：分析并指出 ZWZX 触犯的法律法规条例。

学习目标

知识目标	熟悉资产评估行业法律体系，了解资产评估行业监管的主要形式
能力目标	运用资产评估基本知识理解资产评估法律法规
素质目标	树立法律意识，养成依法执业的行业自律行为

思维导图

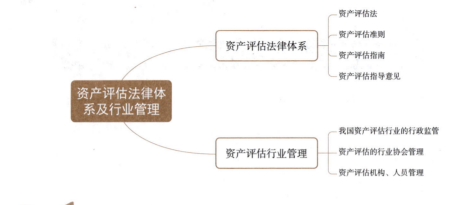

任务导入

2022 年 11 月，财政部发布了《关于 2021 年度资产评估机构联合检查情况的公告》。2021 年 6—8 月，财政部监督评价局与中国资产评估协会联合组织 7 家财政部监管局，对 15 家证券评估机构进行了检查，共抽查资产评估报告 262 份。现场检查结束后，对部分涉嫌构成重大遗漏的资产评估报告的问题，组织了专业技术论证，并按照"一查双罚"原则，分别就检查中发现的问题进行了行政处罚和自律惩戒。

山东××资产评估咨询有限公司出具的某公司股东全部权益价值资产评估报告，存在未按评估报告中列明的指引实施评估程序、计算模型中未考虑部分重要参数、营业外收支净额应用错误导致评估结果差异巨大、现场调查不规范等问题，上述事项构成重大遗漏。财政部依法给予该公司警告、责令停业 3 个月的行政处罚；给予签字资产评估师都××、李××警告、责令停止从业 6 个月的行政处罚。四川××资产评估有限公司出具的某公司 2 项注册商标所有权市场价值评估报告，存在运用收益法进行商标资产评估时折现系数计算错误导致评估值高估、未剔除与评估商标没有关联的拆迁安置收入导致评估值高估等问题，上述事项构成重大遗漏。财政部依法给予签字资产评估师李××、王××警告的行政处罚。就其他检查发现的问题，予以行业自律惩戒。

公告表示，总的来看，此次检查的证券评估机构基本能够遵循评估准则和职业道德开展业务，但在机构内部治理、专业胜任能力、质量控制体系和项目执业质量等方面仍存在一些问题。主要包括：部分机构总分所一体化管理不到位，未建立完善的内部管理制度，或虽有制度但未有效执行；收入成本核算不实、薪酬费用化、挂名执业现象还较为普遍；部分新证券评估机构对证券业务复杂性认识不足，风险意识薄弱，实务处理不当，未达到相应执业质量要求；部分机构评估报告三级复核流于形式，未根据新准则内容及时调整优化风险评价、专业胜任能力评价、评估计划等程序；部分新证券评估机构执业质量控制制度和责任追究机制不健全，未建立风险控制委员会和独立的质控部门等；部分项目存在业务委托合同签订不规范，评估资料收集不充分，现场调查程序履行不到位，缺少实质性勘查记录，评定估算结论公式、参数选用错误，选取的参数缺少分析测算依据或过程，评估报告信息披露不充分等问题。

下一步，财政部将坚决贯彻落实党中央、国务院决策部署，切实履行财会监督主责，加大对资产评估机构的执法检查力度，严惩重罚重大违规评估、出具不实报告等案件，保持"严监管、零容忍"高压态势不动摇，持续规范行业秩序，提升行业执业质量，促进资产评估行业健康发展。

（资料来源：李忠峰，财政部发布首份资产评估行业联合检查公告，中国财经报，2022-11-24，节选）

学习任务一　资产评估法律体系

一、资产评估法

2016年7月2日，第十二届全国人大常委会第二十一次会议审议通过了《中华人民共和国资产评估法》，国家主席习近平签署第46号主席令予以公布，自2016年12月1日起施行。

知识链接

中华人民共和国资产评估法

第一章　总则

第一条　为了规范资产评估行为，保护资产评估当事人合法权益和公共利益，促进资产评估行业健康发展，维护社会主义市场经济秩序，制定本法。

第二条　本法所称资产评估（以下称评估），是指评估机构及其评估专业人员根据委托对不动产、动产、无形资产、企业价值、资产损失或者其他经济权益进行评定、估算，并出具评估报告的专业服务行为。

第三条　自然人、法人或者其他组织需要确定评估对象价值的，可以自愿委托评估机构评估。

涉及国有资产或者公共利益等事项，法律、行政法规规定需要评估的（以下称法定评估），应当依法委托评估机构评估。

第四条　评估机构及其评估专业人员开展业务应当遵守法律、行政法规和评估准则，遵循独立、客观、公正的原则。

评估机构及其评估专业人员依法开展业务，受法律保护。

第五条 评估专业人员从事评估业务，应当加入评估机构，并且只能在一个评估机构从事业务。

第六条 评估行业可以按照专业领域依法设立行业协会，实行自律管理，并接受有关评估行政管理部门的监督和社会监督。

第七条 国务院有关评估行政管理部门按照各自职责分工，对评估行业进行监督管理。

设区的市级以上地方人民政府有关评估行政管理部门按照各自职责分工，对本行政区域内的评估行业进行监督管理。

第二章　评估专业人员

第八条 评估专业人员包括评估师和其他具有评估专业知识及实践经验的评估从业人员。

评估师是指通过评估师资格考试的评估专业人员。国家根据经济社会发展需要确定评估师专业类别。

第九条 有关全国性评估行业协会按照国家规定组织实施评估师资格全国统一考试。

具有高等院校专科以上学历的公民，可以参加评估师资格全国统一考试。

第十条 有关全国性评估行业协会应当在其网站上公布评估师名单，并实时更新。

第十一条 因故意犯罪或者在从事评估、财务、会计、审计活动中因过失犯罪而受刑事处罚，自刑罚执行完毕之日起不满五年的人员，不得从事评估业务。

第十二条 评估专业人员享有下列权利：

（一）要求委托人提供相关的权属证明、财务会计信息和其他资料，以及为执行公允的评估程序所需的必要协助；

（二）依法向有关国家机关或者其他组织查阅从事业务所需的文件、证明和资料；

（三）拒绝委托人或者其他组织、个人对评估行为和评估结果的非法干预；

（四）依法签署评估报告；

（五）法律、行政法规规定的其他权利。

第十三条 评估专业人员应当履行下列义务：

（一）诚实守信，依法独立、客观、公正从事业务；

（二）遵守评估准则，履行调查职责，独立分析估算，勤勉谨慎从事业务；

（三）完成规定的继续教育，保持和提高专业能力；

（四）对评估活动中使用的有关文件、证明和资料的真实性、准确性、完整性进行核查和验证；

（五）对评估活动中知悉的国家秘密、商业秘密和个人隐私予以保密；

（六）与委托人或者其他相关当事人及评估对象有利害关系的，应当回避；

（七）接受行业协会的自律管理，履行行业协会章程规定的义务；

（八）法律、行政法规规定的其他义务。

第十四条　评估专业人员不得有下列行为：

（一）私自接受委托从事业务、收取费用；

（二）同时在两个以上评估机构从事业务；

（三）采用欺骗、利诱、胁迫，或者贬损、诋毁其他评估专业人员等不正当手段招揽业务；

（四）允许他人以本人名义从事业务，或者冒用他人名义从事业务；

（五）签署本人未承办业务的评估报告；

（六）索要、收受或者变相索要、收受合同约定以外的酬金、财物，或者谋取其他不正当利益；

（七）签署虚假评估报告或者有重大遗漏的评估报告；

（八）违反法律、行政法规的其他行为。

第三章　评估机构

第十五条　评估机构应当依法采用合伙或者公司形式，聘用评估专业人员开展评估业务。

合伙形式的评估机构，应当有两名以上评估师；其合伙人三分之二以上应当是具有三年以上从业经历且最近三年内未受停止从业处罚的评估师。

公司形式的评估机构，应当有八名以上评估师和两名以上股东，其中三分之二以上股东应当是具有三年以上从业经历且最近三年内未受停止从业处罚的评估师。

评估机构的合伙人或者股东为两名的，两名合伙人或者股东都应当是具有三年以上从业经历且最近三年内未受停止从业处罚的评估师。

第十六条　设立评估机构，应当向工商行政管理部门申请办理登记。评估机构应当自领取营业执照之日起三十日内向有关评估行政管理部门备案。评估行政管理部门应当及时将评估机构备案情况向社会公告。

第十七条　评估机构应当依法独立、客观、公正开展业务，建立健全质量控制制度，保证评估报告的客观、真实、合理。

评估机构应当建立健全内部管理制度，对本机构的评估专业人员遵守法律、行政法规和评估准则的情况进行监督，并对其从业行为负责。

评估机构应当依法接受监督检查，如实提供评估档案以及相关情况。

第十八条　委托人拒绝提供或者不如实提供执行评估业务所需的权属证明、财务会计信息和其他资料的，评估机构有权依法拒绝其履行合同的要求。

第十九条　委托人要求出具虚假评估报告或者有其他非法干预评估结果情形的，评估机构有权解除合同。

第二十条　评估机构不得有下列行为：

（一）利用开展业务之便，谋取不正当利益；

（二）允许其他机构以本机构名义开展业务，或者冒用其他机构名义开展业务；

（三）以恶性压价、支付回扣、虚假宣传，或者贬损、诋毁其他评估机构等不正当手段招揽业务；

（四）受理与自身有利害关系的业务；

（五）分别接受利益冲突双方的委托，对同一评估对象进行评估；

（六）出具虚假评估报告或者有重大遗漏的评估报告；

（七）聘用或者指定不符合本法规定的人员从事评估业务；

（八）违反法律、行政法规的其他行为。

第二十一条 评估机构根据业务需要建立职业风险基金，或者自愿办理职业责任保险，完善风险防范机制。

第四章 评估程序

第二十二条 委托人有权自主选择符合本法规定的评估机构，任何组织或者个人不得非法限制或者干预。

评估事项涉及两个以上当事人的，由全体当事人协商委托评估机构。

委托开展法定评估业务，应当依法选择评估机构。

第二十三条 委托人应当与评估机构订立委托合同，约定双方的权利和义务。

委托人应当按照合同约定向评估机构支付费用，不得索要、收受或者变相索要、收受回扣。

委托人应当对其提供的权属证明、财务会计信息和其他资料的真实性、完整性和合法性负责。

第二十四条 对受理的评估业务，评估机构应当指定至少两名评估专业人员承办。

委托人有权要求与相关当事人及评估对象有利害关系的评估专业人员回避。

第二十五条 评估专业人员应当根据评估业务具体情况，对评估对象进行现场调查，收集权属证明、财务会计信息和其他资料并进行核查验证、分析整理，作为评估的依据。

第二十六条 评估专业人员应当恰当选择评估方法，除依据评估执业准则只能选择一种评估方法的外，应当选择两种以上评估方法，经综合分析，形成评估结论，编制评估报告。

评估机构应当对评估报告进行内部审核。

第二十七条 评估报告应当由至少两名承办该项业务的评估专业人员签名并加盖评估机构印章。

评估机构及其评估专业人员对其出具的评估报告依法承担责任。

委托人不得串通、唆使评估机构或者评估专业人员出具虚假评估报告。

第二十八条 评估机构开展法定评估业务，应当指定至少两名相应专业类别的评估师承办，评估报告应当由至少两名承办该项业务的评估师签名并加盖评估机构印章。

第二十九条 评估档案的保存期限不少于十五年，属于法定评估业务的，保存期限不少于三十年。

第三十条 委托人对评估报告有异议的，可以要求评估机构解释。

第三十一条 委托人认为评估机构或者评估专业人员违法开展业务的，可以向有关评估行政管理部门或者行业协会投诉、举报，有关评估行政管理部门或者行业协会应当及时调查处理，并答复委托人。

第三十二条 委托人或者评估报告使用人应当按照法律规定和评估报告载明的使用范围使用评估报告。

委托人或者评估报告使用人违反前款规定使用评估报告的，评估机构和评估专业人员不承担责任。

第五章 行业协会

第三十三条 评估行业协会是评估机构和评估专业人员的自律性组织，依照法律、行政法规和章程实行自律管理。

评估行业按照专业领域设立全国性评估行业协会，根据需要设立地方性评估行业协会。

第三十四条 评估行业协会的章程由会员代表大会制定，报登记管理机关核准，并报有关评估行政管理部门备案。

第三十五条 评估机构、评估专业人员加入有关评估行业协会，平等享有章程规定的权利，履行章程规定的义务。有关评估行业协会公布加入本协会的评估机构、评估专业人员名单。

第三十六条 评估行业协会履行下列职责：

（一）制定会员自律管理办法，对会员实行自律管理；

（二）依据评估基本准则制定评估执业准则和职业道德准则；

（三）组织开展会员继续教育；

（四）建立会员信用档案，将会员遵守法律、行政法规和评估准则的情况记入信用档案，并向社会公开；

（五）检查会员建立风险防范机制的情况；

（六）受理对会员的投诉、举报，受理会员的申诉，调解会员执业纠纷；

（七）规范会员从业行为，定期对会员出具的评估报告进行检查，按照章程规定对会员给予奖惩，并将奖惩情况及时报告有关评估行政管理部门；

（八）保障会员依法开展业务，维护会员合法权益；

（九）法律、行政法规和章程规定的其他职责。

第三十七条 有关评估行业协会应当建立沟通协作和信息共享机制，根据需要制定共同的行为规范，促进评估行业健康有序发展。

第三十八条 评估行业协会收取会员会费的标准，由会员代表大会通过，并向社会公开。不得以会员交纳会费数额作为其在行业协会中担任职务的条件。

会费的收取、使用接受会员代表大会和有关部门的监督，任何组织或者个人不得侵占、私分和挪用。

第六章 监督管理

第三十九条 国务院有关评估行政管理部门组织制定评估基本准则和评估行业监督管理办法。

第四十条 设区的市级以上人民政府有关评估行政管理部门依据各自职责,负责监督管理评估行业,对评估机构和评估专业人员的违法行为依法实施行政处罚,将处罚情况及时通报有关评估行业协会,并依法向社会公开。

第四十一条 评估行政管理部门对有关评估行业协会实施监督检查,对检查发现的问题和针对协会的投诉、举报,应当及时调查处理。

第四十二条 评估行政管理部门不得违反本法规定,对评估机构依法开展业务进行限制。

第四十三条 评估行政管理部门不得与评估行业协会、评估机构存在人员或者资金关联,不得利用职权为评估机构招揽业务。

第七章 法律责任

第四十四条 评估专业人员违反本法规定,有下列情形之一的,由有关评估行政管理部门予以警告,可以责令停止从业六个月以上一年以下;有违法所得的,没收违法所得;情节严重的,责令停止从业一年以上五年以下;构成犯罪的,依法追究刑事责任:

(一)私自接受委托从事业务、收取费用的;

(二)同时在两个以上评估机构从事业务的;

(三)采用欺骗、利诱、胁迫,或者贬损、诋毁其他评估专业人员等不正当手段招揽业务的;

(四)允许他人以本人名义从事业务,或者冒用他人名义从事业务的;

(五)签署本人未承办业务的评估报告或者有重大遗漏的评估报告的;

(六)索要、收受或者变相索要、收受合同约定以外的酬金、财物,或者谋取其他不正当利益的。

第四十五条 评估专业人员违反本法规定,签署虚假评估报告的,由有关评估行政管理部门责令停止从业两年以上五年以下;有违法所得的,没收违法所得;情节严重的,责令停止从业五年以上十年以下;构成犯罪的,依法追究刑事责任,终身不得从事评估业务。

第四十六条 违反本法规定,未经工商登记以评估机构名义从事评估业务的,由工商行政管理部门责令停止违法活动;有违法所得的,没收违法所得,并处违法所得一倍以上五倍以下罚款。

第四十七条 评估机构违反本法规定,有下列情形之一的,由有关评估行政管理部门予以警告,可以责令停业一个月以上六个月以下;有违法所得的,没收违法所得,并处违法所得一倍以上五倍以下罚款;情节严重的,由工商行政管理部门吊销营业执照;构成犯罪的,依法追究刑事责任:

(一)利用开展业务之便,谋取不正当利益的;

（二）允许其他机构以本机构名义开展业务，或者冒用其他机构名义开展业务的；

（三）以恶性压价、支付回扣、虚假宣传，或者贬损、诋毁其他评估机构等不正当手段招揽业务的；

（四）受理与自身有利害关系的业务的；

（五）分别接受利益冲突双方的委托，对同一评估对象进行评估的；

（六）出具有重大遗漏的评估报告的；

（七）未按本法规定的期限保存评估档案的；

（八）聘用或者指定不符合本法规定的人员从事评估业务的；

（九）对本机构的评估专业人员疏于管理，造成不良后果的。

评估机构未按本法规定备案或者不符合本法第十五条规定的条件的，由有关评估行政管理部门责令改正；拒不改正的，责令停业，可以并处一万元以上五万元以下罚款。

第四十八条 评估机构违反本法规定，出具虚假评估报告的，由有关评估行政管理部门责令停业六个月以上一年以下；有违法所得的，没收违法所得，并处违法所得一倍以上五倍以下罚款；情节严重的，由工商行政管理部门吊销营业执照；构成犯罪的，依法追究刑事责任。

第四十九条 评估机构、评估专业人员在一年内累计三次因违反本法规定受到责令停业、责令停止从业以外处罚的，有关评估行政管理部门可以责令其停业或者停止从业一年以上五年以下。

第五十条 评估专业人员违反本法规定，给委托人或者其他相关当事人造成损失的，由其所在的评估机构依法承担赔偿责任。评估机构履行赔偿责任后，可以向有故意或者重大过失行为的评估专业人员追偿。

第五十一条 违反本法规定，应当委托评估机构进行法定评估而未委托的，由有关部门责令改正；拒不改正的，处十万元以上五十万元以下罚款；情节严重的，对直接负责的主管人员和其他直接责任人员依法给予处分；造成损失的，依法承担赔偿责任；构成犯罪的，依法追究刑事责任。

第五十二条 违反本法规定，委托人在法定评估中有下列情形之一的，由有关评估行政管理部门会同有关部门责令改正；拒不改正的，处十万元以上五十万元以下罚款；有违法所得的，没收违法所得；情节严重的，对直接负责的主管人员和其他直接责任人员依法给予处分；造成损失的，依法承担赔偿责任；构成犯罪的，依法追究刑事责任：

（一）未依法选择评估机构的；

（二）索要、收受或者变相索要、收受回扣的；

（三）串通、唆使评估机构或者评估师出具虚假评估报告的；

（四）不如实向评估机构提供权属证明、财务会计信息和其他资料的；

（五）未按照法律规定和评估报告载明的使用范围使用评估报告的。

前款规定以外的委托人违反本法规定，给他人造成损失的，依法承担赔偿责任。

第五十三条 评估行业协会违反本法规定的，由有关评估行政管理部门给予警告，责令改正；拒不改正的，可以通报登记管理机关，由其依法给予处罚。

第五十四条 有关行政管理部门、评估行业协会工作人员违反本法规定，滥用职权、玩忽职守或者徇私舞弊的，依法给予处分；构成犯罪的，依法追究刑事责任。

第八章 附则

第五十五条 本法自 2016 年 12 月 1 日起施行。

（资料来源：中国资产评估协会官网）

《中华人民共和国资产评估法》颁布施行后，相关部门和评估行业协会也积极推进相关配套制度建设，由法律、行政法规、部门规章、规范性文件以及自律管理制度共同组成全面、系统、完备的资产评估法律制度体系。资产评估业务相关管理办法及规定如表 10-1 所示。

表 10-1 资产评估业务相关管理办法及规定

序号	名称	颁布时间	执行时间	发布部门	具体内容（/章/条）	备注
1	《国有资产评估管理办法》	1991 年 11 月 16 日中华人民共和国国务院令第 91 号公布，根据 2020 年 11 月 29 日《国务院关于修改和废止部分行政法规的决定》修订	自发布之日起施行	国务院令第 91 号	共六章三十九条	
2	《资产评估行业财政监督管理办法》	2017 年 4 月 21 日	2017 年 6 月 1 日	财政部令第 86 号	共八章七十二条	根据 2019 年 1 月 2 日《财政部关于修改〈会计师事务所执业许可和监督管理办法〉等 2 部部门规章的决定》修订
3	《最高人民法院关于人民法院确定财产处置参考价若干问题的规定》	2018 年 8 月 28 日	2018 年 9 月 1 日	最高人民法院发布法释〔2018〕15 号	共三十五条	
4	《金融企业国有资产评估监督管理暂行办法》	2007 年 10 月 12 日	2008 年 1 月 1 日	财政部令第 47 号	共六章三十五条	
5	《企业国有资产评估管理暂行办法》	2005 年 8 月 25 日	2005 年 9 月 1 日	国务院国有资产监督管理委员会发布	共六章三十五条	国务院国有资产监督管理委员会令第 12 号
6	《国有资产评估违法行为处罚办法》	2001 年 12 月 31 日	2002 年 1 月 1 日	财政部令第 15 号	共二十二条	

（资料来源：中国资产评估协会官网）

> **知识链接**

《公司法》《证券法》《企业国有资产法》《保险法》《拍卖法》《城市房地产管理法》《政府采购法》《合伙企业法》《刑法》等，都规定了涉及国有资产产权转让、抵押、股东出资、股票和债券发行、房地产交易等业务，必须要进行评估，以及相关法律责任。

二、资产评估准则

资产评估准则是资产评估机构及资产评估人员执行资产评估业务的技术规范和标准。资产评估具有很强的专业性，为规范评估机构及人员的执业行为，提高评估服务质量，增强资产评估行业的公信力，世界各国评估行业都开展了资产评估准则的制定工作。

我国的资产评估准则制定工作是在总结研究我国评估理论和实践经验的同时，系统地借鉴了国际评估准则和其他国家评估准则，对国际评估准则和各国评估准则赖以存在的理论基础和实践经验进行比较研究，了解各国评估准则制定的经验教训的基础上逐步发展起来的。

2001年，财政部发布了《资产评估准则——无形资产》。中国资产评估协会（以下简称中评协）同时出版了《无形资产评估准则释义》。

2004年，中评协在总结我国资产评估理论和实践发展的基础上，充分借鉴《国际评估准则》和相关国家评估准则的成功经验，制定了《资产评估准则——基本准则》和《资产评估职业道德准则——基本准则》。

2007年11月9日，中评协发布了《以财务报告目的的评估指南（试行）》；2007年11月28日，中评协同时发布了《资产评估准则——评估报告》《资产评估准则——评估程序》《资产评估准则——业务约定书》《资产评估准则——工作底稿》《资产评估准则——机器设备》《资产评估准则——不动产》和《资产评估价值类型指导意见》7个准则，同时废止了中评协1999年发布的《资产评估业务约定书指南》《资产评估计划指南》《资产评估工作底稿指南》和《资产评估档案管理指南》（评协字〔1999〕53号）。

2008年11月28日，中评协修订、发布《资产评估准则——无形资产》。

2009年12月18日，中评协在《珠宝首饰评估指导意见》的基础上修订发布了《资产评估准则——珠宝首饰》。至此，我国建立了覆盖资产评估主要执业领域的比较完整的评估准则体系。资产评估准则（现行）如表10-2所示。

表10-2 资产评估准则（现行）

序号	名称	颁布时间	执行时间	发文字号
1	资产评估执业准则——知识产权	2023年8月21日	2023年9月1日	中评协〔2023〕14号
2	资产评估执业准则——资产评估方法	2019年12月4日	2020年3月1日	中评协〔2019〕35号
3	资产评估执业准则——资产评估档案	2018年10月29日	2019年1月1日	中评协〔2018〕37号
4	资产评估执业准则——资产评估程序	2018年10月29日	2019年1月1日	中评协〔2018〕36号

续表

序号	名称	颁布时间	执行时间	发文字号
5	资产评估执业准则——资产评估报告	2018年10月29日	2019年1月1日	中评协〔2018〕35号
6	资产评估执业准则——企业价值	2018年10月29日	2019年1月1日	中评协〔2018〕38号
7	资产评估准则——基本准则	2017年8月23日	2017年10月1日	财资〔2017〕43号
8	资产评估执业准则——森林资源资产	2017年9月8日	2017年10月1日	中评协〔2017〕41号
9	资产评估执业准则——珠宝首饰	2017年9月8日	2017年10月1日	中评协〔2017〕40号
10	资产评估执业准则——机器设备	2017年9月8日	2017年10月1日	中评协〔2017〕39号
11	资产评估执业准则——不动产	2017年9月8日	2017年10月1日	中评协〔2017〕38号
12	资产评估执业准则——无形资产	2017年9月8日	2017年10月1日	中评协〔2017〕37号
13	资产评估执业准则——利用专家工作及相关报告	2017年9月8日	2017年10月1日	中评协〔2017〕35号
14	资产评估执业准则——资产评估委托合同	2017年9月8日	2017年10月1日	中评协〔2017〕33号
15	资产评估职业道德准则	2017年9月8日	2017年10月1日	中评协〔2017〕30号

（资料来源：中国资产评估协会官网）

今后，随着我国评估理论和实践的不断发展，我国评估准则体系将得到不断的完善和发展，以适应社会的需要。

资产评估基本准则

第一章 总则

第一条 为规范资产评估行为，保证执业质量，明确执业责任，保护资产评估当事人合法权益和公共利益，根据《中华人民共和国资产评估法》《资产评估行业财政监督管理办法》等制定本准则。

第二条 资产评估机构及其资产评估专业人员开展资产评估业务应当遵守本准则。法律、行政法规和国务院规定由其他评估行政管理部门管理，应当执行其他准则的，从其规定。

第三条 本准则所称资产评估机构及其资产评估专业人员是指根据资产评估法和国务院规定，按照职责分工由财政部门监管的资产评估机构及其资产评估专业人员。

第二章 基本遵循

第四条 资产评估机构及其资产评估专业人员开展资产评估业务应当遵守法律、行政法规的规定，坚持独立、客观、公正的原则。

第五条 资产评估机构及其资产评估专业人员应当诚实守信，勤勉尽责，谨慎从业，遵守职业道德规范，自觉维护职业形象，不得从事损害职业形象的活动。

第六条　资产评估机构及其资产评估专业人员开展资产评估业务，应当独立进行分析和估算并形成专业意见，拒绝委托人或者其他相关当事人的干预，不得直接以预先设定的价值作为评估结论。

第七条　资产评估专业人员应当具备相应的资产评估专业知识和实践经验，能够胜任所执行的资产评估业务，保持和提高专业能力。

第三章　资产评估程序

第八条　资产评估机构及其资产评估专业人员开展资产评估业务，履行下列基本程序：明确业务基本事项、订立业务委托合同、编制资产评估计划、进行评估现场调查、收集整理评估资料、评定估算形成结论、编制出具评估报告、整理归集评估档案。

资产评估机构及其资产评估专业人员不得随意减少资产评估基本程序。

第九条　资产评估机构受理资产评估业务前，应当明确下列资产评估业务基本事项：

（一）委托人、产权持有人和委托人以外的其他资产评估报告使用人；

（二）评估目的；

（三）评估对象和评估范围；

（四）价值类型；

（五）评估基准日；

（六）资产评估报告使用范围；

（七）资产评估报告提交期限及方式；

（八）评估服务费及支付方式；

（九）委托人、其他相关当事人与资产评估机构及其资产评估专业人员工作配合和协助等需要明确的重要事项。

资产评估机构应当对专业能力、独立性和业务风险进行综合分析和评价。受理资产评估业务应当满足专业能力、独立性和业务风险控制要求，否则不得受理。

第十条　资产评估机构执行某项特定业务缺乏特定的专业知识和经验时，应当采取弥补措施，包括利用专家工作等。

第十一条　资产评估机构受理资产评估业务应当与委托人依法订立资产评估委托合同，约定资产评估机构和委托人权利、义务、违约责任和争议解决等内容。

第十二条　资产评估专业人员应当根据资产评估业务具体情况编制资产评估计划，包括资产评估业务实施的主要过程及时间进度、人员安排等。

第十三条　执行资产评估业务，应当对评估对象进行现场调查，获取资产评估业务需要的资料，了解评估对象现状，关注评估对象法律权属。

第十四条　资产评估专业人员应当根据资产评估业务具体情况收集资产评估业务需要的资料。包括：委托人或者其他相关当事人提供的涉评估对象和评估范围等资料；从政府部门、各类专业机构以及市场等渠道获取的其他资料。

委托人和其他相关当事人依法提供并保证资料的真实性、完整性、合法性。

第十五条　资产评估专业人员应当依法对资产评估活动中使用的资料进行核查和验证。

第十六条　确定资产价值的评估方法包括市场法、收益法和成本法三种基本方法及其衍生方法。

资产评估专业人员应当根据评估目的、评估对象、价值类型、资料收集等情况，分析上述三种基本方法的适用性，依法选择评估方法。

第十七条　资产评估专业人员应当在评定、估算形成评估结论后，编制初步资产评估报告。

第十八条　资产评估机构应当对初步资产评估报告进行内部审核后出具资产评估报告。

第十九条　资产评估机构应当对工作底稿、资产评估报告及其他相关资料进行整理，形成资产评估档案。

第四章　资产评估报告

第二十条　资产评估机构及其资产评估专业人员出具的资产评估报告应当符合法律、行政法规等相关规定。

第二十一条　资产评估报告的内容包括：标题及文号、目录、声明、摘要、正文、附件。

第二十二条　资产评估报告正文应当包括下列内容：

（一）委托人及其他资产评估报告使用人；

（二）评估目的；

（三）评估对象和评估范围；

（四）价值类型；

（五）评估基准日；

（六）评估依据；

（七）评估方法；

（八）评估程序实施过程和情况；

（九）评估假设；

（十）评估结论；

（十一）特别事项说明；

（十二）资产评估报告使用限制说明；

（十三）资产评估报告日；

（十四）资产评估专业人员签名和资产评估机构印章。

第二十三条　资产评估报告载明的评估目的应当唯一。

第二十四条　资产评估报告应当说明选择价值类型的理由，并明确其定义。

第二十五条　资产评估报告载明的评估基准日应当与资产评估委托合同约定的评估基准日一致，可以是过去、现在或者未来的时点。

第二十六条　资产评估报告应当以文字和数字形式表述评估结论，并明确评估结论的使用有效期。

第二十七条　资产评估报告的特别事项说明包括：

（一）权属等主要资料不完整或者存在瑕疵的情形；

（二）未决事项、法律纠纷等不确定因素；

（三）重要的利用专家工作情况；

（四）重大期后事项。

第二十八条 资产评估报告使用限制说明应当载明：

（一）使用范围；

（二）委托人或者其他资产评估报告使用人未按照法律、行政法规规定和资产评估报告载明的使用范围使用资产评估报告的，资产评估机构及其资产评估专业人员不承担责任；

（三）除委托人、资产评估委托合同中约定的其他资产评估报告使用人和法律、行政法规规定的资产评估报告使用人之外，其他任何机构和个人不能成为资产评估报告的使用人；

（四）资产评估报告使用人应当正确理解评估结论。评估结论不等同于评估对象可实现价格，评估结论不应当被认为是对评估对象可实现价格的保证。

第二十九条 资产评估报告应当履行内部审核程序，由至少两名承办该项资产评估业务的资产评估专业人员签名并加盖资产评估机构印章。

法定评估业务资产评估报告应当履行内部审核程序，由至少两名承办该项资产评估业务的资产评估师签名并加盖资产评估机构印章。

第五章 资产评估档案

第三十条 资产评估档案包括工作底稿、资产评估报告以及其他相关资料。

资产评估档案应当由资产评估机构妥善管理。

第三十一条 工作底稿应当真实完整、重点突出、记录清晰，能够反映资产评估程序实施情况、支持评估结论。工作底稿分为管理类工作底稿和操作类工作底稿。

管理类工作底稿是指在执行资产评估业务过程中，为受理、计划、控制和管理资产评估业务所形成的工作记录及相关资料。

操作类工作底稿是指在履行现场调查、收集资产评估资料和评定估算程序时所形成的工作记录及相关资料。

第三十二条 资产评估档案保存期限不少于十五年。属于法定资产评估业务的，不少于三十年。

第三十三条 资产评估档案的管理应当严格执行保密制度。除下列情形外，资产评估档案不得对外提供：

（一）财政部门依法调阅的；

（二）资产评估协会依法依规调阅的；

（三）其他依法依规查阅的。

第六章 附则

第三十四条 中国资产评估协会根据本准则制定资产评估执业准则和职业道德准则。资产评估执业准则包括各项具体准则、指南和指导意见。

第三十五条 本准则自 2017 年 10 月 1 日起施行。2004 年 2 月 25 日财政部发布的《关于印发〈资产评估准则——基本准则〉和〈资产评估职业道德准则——基本准则〉的通知》（财企〔2004〕20 号）同时废止。

（资料来源：中国资产评估协会官网）

三、资产评估指南

资产评估指南是针对出资、抵押、财务报告、保险等特定评估目的的评估业务，以及某些重要事项制定的规范。资产评估指南（现行）如表 10-3 所示。

表 10-3 资产评估指南（现行）

序号	名称	颁布时间	执行时间	发文字号
1	金融企业国有资产评估报告指南	2017 年 9 月 8 日	2017 年 10 月 1 日	中评协〔2017〕43 号
2	评估机构业务质量控制指南	2010 年 12 月 18 日	2012 年 1 月 1 日	中评协〔2010〕214 号
3	企业国有资产评估报告指南	2017 年 9 月 8 日	2017 年 10 月 1 日	中评协〔2017〕42 号
4	以财务报告为目的的评估指南	2017 年 9 月 8 日	2017 年 10 月 1 日	中评协〔2017〕45 号
5	知识产权资产评估指南	2017 年 9 月 8 日	2017 年 10 月 1 日	中评协〔2017〕44 号
6	资产评估机构业务质量控制指南	2017 年 9 月 8 日	2017 年 10 月 1 日	中评协〔2017〕46 号

（资料来源：中国资产评估协会官网）

知识链接

评估机构业务质量控制指南

第一章 总则

第一条 为规范资产评估机构的业务质量控制行为，明确资产评估机构及其人员的质量控制责任，保护资产评估当事人合法权益和公共利益，根据《资产评估基本准则》制定本指南。

第二条 资产评估机构应当结合自身规模、业务特征、业务领域等因素，建立质量控制体系，保证评估业务质量，防范执业风险。

第三条 质量控制体系包括资产评估机构为实现质量控制目标而制定的质量控制政策，以及为政策执行和监控而设计的必要程序。

第四条 质量控制体系包含的控制政策和程序通常包括：

（一）质量控制责任；

（二）职业道德；

（三）人力资源；

（四）资产评估业务受理；

（五）资产评估业务计划；

（六）资产评估业务实施和资产评估报告出具；

（七）监控和改进；

（八）文件和记录。

第五条 资产评估机构制定的质量控制政策和程序，应当形成书面文件。政策和程序的执行情况应当有适当的记录。

第六条 资产评估机构对资产评估业务进行质量控制，应当遵守本指南。

第二章 质量控制责任

第七条 资产评估机构应当合理界定和细分质量控制体系中控制主体承担的质量控制责任，并建立责任落实和追究机制。

控制主体通常包括：

（一）最高管理层；

（二）首席评估师；

（三）项目负责人；

（四）项目审核人员；

（五）项目团队成员；

（六）资产评估机构其他人员。

第八条 最高管理层是指公司制资产评估机构的董事会（执行董事）或者合伙制资产评估机构的合伙人管理委员会（执行合伙事务的合伙人）。最高管理层对业务质量控制承担最终责任。

第九条 最高管理层应当在股东会（或者合伙人会议）授权的或者章程（或者合伙人协议）规定的范围内行使职权，并承担以下职责：

（一）树立质量管理意识，让全体人员充分认识到业务质量控制的重要性，全员参与，以达到质量控制目标；

（二）制定资产评估机构的服务宗旨，使全体人员理解服务宗旨的内涵，并评审其持续适宜性；

（三）在相关职能部门层次上建立质量目标，质量目标应当具体、可测量和可实现，并与服务宗旨保持一致；

（四）策划组织架构和质量控制体系，并对其进行定期评审，使其处于适宜、充分和有效的状态；

（五）合理授权分支机构的业务权限，对分支机构的业务开展实施控制。

第十条 资产评估机构应当建立首席评估师制度。

首席评估师应当为资产评估机构的股东（或者合伙人），并且应当具备履行职责所需要的经验和能力，由最高管理层指定并授予其管理权限，直接对最高管理层负责。

除本指南外，首席评估师的产生和任职条件有其他相关规定的，还要符合相关规定要求。

第十一条 首席评估师承担以下职责：

（一）建立、实施和保持质量控制体系；

（二）监控质量控制体系的运行情况，向最高管理层报告并提出改进的建议和方案；

（三）促进全体人员不断提高业务质量意识。

除本指南外，首席评估师的职责权限有其他相关规定的，还要符合相关规定要求。

第十二条 资产评估机构应当制定评估业务项目负责人制度。

项目负责人应当是具备履行职责所要求职业道德、专业知识、执业能力、实践经验的资产评估专业人员，其中法定评估业务的项目负责人应当为资产评估师。资产评估机构应当根据业务特征对每项资产评估业务委派项目负责人。

第十三条 项目负责人承担以下职责：

（一）评估计划的制订和组织实施；

（二）评估业务实施中的协调和沟通；

（三）按照程序报告与评估业务相关的重要信息；

（四）组织复核项目团队人员的工作；

（五）合理利用专家工作及工作成果；

（六）组织编制资产评估报告，并审核相关内容；

（七）在出具的资产评估报告上签名；

（八）组织处理资产评估报告提交后的反馈意见；

（九）组织整理归集资产评估档案。

第十四条 项目审核人员应当符合下列要求：

（一）具备履行职责的技术专长；

（二）具备审核业务所需要的经验和权限；

（三）保证审核工作的客观性。

第十五条 项目审核人员承担以下职责：

（一）审核评估程序执行情况；

（二）审核拟出具的资产评估报告；

（三）审核工作底稿；

（四）综合评价项目风险，提出出具资产评估报告的明确意见。

第十六条 项目团队成员通常包括承担或者参与资产评估业务项目工作的资产评估专业人员、业务助理人员等。

项目团队成员承担以下职责：

（一）接受项目负责人的领导，了解拟执行工作的目标，理解项目负责人的工作指令；

（二）按照资产评估机构质量控制政策和程序的要求从事具体评估业务工作，形成工作底稿；

（三）汇报执行业务过程中发现的重大问题；

（四）复核已经完成的工作底稿并接受审核。

第十七条 资产评估机构应当明确处于质量控制体系中其他人员的职责，该类人员通常包括：

（一）业务洽谈人员；

（二）业务部门负责人；

（三）分支机构负责人；

（四）人力资源管理人员；

（五）信息管理人员；

（六）档案管理人员；

（七）文秘人员。

第三章　职业道德

第十八条　资产评估机构应当制定政策和程序，以利于全体人员遵守资产评估职业道德准则。

第十九条　资产评估机构制定的政策和程序，应当强调遵守资产评估职业道德准则的重要性。

资产评估机构可以采用管理层的示范、教育和培训、监控以及对违反资产评估职业道德准则行为的处理等方式予以强化。

第二十条　资产评估机构应当按照资产评估职业道德准则的要求，坚持独立、客观、公正的原则。

资产评估机构可以针对具体评估业务特点采用适当的处理方式保持独立性，如：

（一）对影响独立性和客观性的利益关系等因素进行分析和判断，最大限度地减少或者消除不利因素，直至放弃评估业务，以使对独立性和客观性的不利影响降至可接受水平；

（二）要求内部相关人员就有关独立性的信息进行沟通，以确定是否存在违反独立性的情形；

（三）排除影响资产评估专业人员做出独立专业判断的外部因素干扰。

第二十一条　资产评估机构制定的保密政策，应当要求资产评估专业人员及其他人员对国家秘密、委托人和其他相关当事人的商业秘密、所在资产评估机构的商业秘密负有保密义务。

除下列人员和机构依法从资产评估机构获取和保留国家秘密及商业秘密外，不得向他人泄露在评估活动中获得的不应当公开的信息以及资产评估结论：

（一）委托人或者由委托人书面许可的人；

（二）法律、行政法规允许的第三方；

（三）具有管辖权的监管机构、行业协会。

资产评估专业人员及其他人员在为委托人和其他相关当事人服务结束或者离开所在资产评估机构后，应当按照有关规定或者合同约定承担保密义务。

第四章　人力资源

第二十二条　资产评估机构应当配置必需的人力资源，并根据业务的变化，对人力资源进行调整和更新。

第二十三条 资产评估机构在制定人力资源政策和程序时，通常可以考虑以下内容：

（一）人力资源规划；

（二）岗位职责和任职要求；

（三）招聘与选拔；

（四）教育与培训；

（五）绩效考评；

（六）薪酬制度。

第二十四条 资产评估机构在制定项目团队成员配备政策和程序时，可以重点考察项目团队成员是否具备下列条件：

（一）必要的职业道德素质，能够保持独立性；

（二）必要的专业知识和实践经验；

（三）遵守资产评估机构业务质量控制政策和程序的意识。

第二十五条 资产评估机构聘请专家和外部人员协助工作的，应当制定利用专家和外部人员工作的政策和程序，使其承担的工作符合项目质量要求。

第五章　资产评估业务受理

第二十六条 资产评估机构应当制定资产评估业务受理环节的控制政策和程序，确保在与委托人正式签订资产评估委托合同之前，对拟委托事项进行必要了解，以决定是否接受委托。

第二十七条 资产评估机构应当谨慎地选择客户和业务，在制定业务受理环节政策和程序时，通常考虑以下方面：

（一）业务洽谈；

（二）资产评估委托合同的审核和签订；

（三）发生资产评估委托合同变更、中止、终止情形时的处置。

第二十八条 资产评估机构应当规定业务洽谈人员所具备的条件。

业务洽谈人员在洽谈业务时，可以重点关注下列事项：

（一）资产评估业务基本事项；

（二）法律、行政法规、资产评估准则规定；

（三）拟委托内容；

（四）被评估单位的情况。

第二十九条 在订立资产评估委托合同之前，资产评估机构应当通过考虑与资产评估业务有关的要求、风险、胜任能力等因素，正确理解拟委托内容，初步识别和评价风险，以确定是否受理评估业务。

第三十条 资产评估机构应当根据业务风险对资产评估业务进行分类，分类时可以考虑下列因素：

（一）来自委托人和其他相关当事人的风险；

（二）来自评估对象的风险；

（三）来自资产评估机构及其人员的风险；

（四）资产评估报告使用不当的风险。

第三十一条 当发生资产评估委托合同变更、中止、终止情形时，资产评估机构应当采取措施进行处置，并保持记录。

采取的措施通常包括：

对变更、中止、终止的情形进行重新审核；

就拟采取的行动及原因与委托人沟通；

将信息传达到相关人员。

第六章　资产评估业务计划

第三十二条 资产评估机构可以通过制定资产评估业务计划的控制政策和程序等达成以下目的：

项目团队成员了解工作内容、工作目标、重点关注领域；

项目负责人有效组织和管理资产评估业务；

管理层人员有效监控资产评估业务；

使委托人和其他相关当事人了解资产评估计划的内容，配合项目团队工作。

第三十三条 资产评估机构制定资产评估业务计划控制政策和程序，通常可以按照计划编制的流程分别考虑：

（一）计划编制前对资产评估业务基本事项进一步明确；

（二）资产评估计划编制和批准的参与者；

（三）资产评估计划的内容和繁简程度；

（四）资产评估计划的编制、审核、批准流程。

第三十四条 资产评估机构制定的资产评估业务计划环节的控制政策和程序，应当要求资产评估项目负责人在编制资产评估计划时开展如下工作：

（一）为编制资产评估计划、开展后续工作而组织资源；

（二）确定是否对委托人和其他相关当事人进行必要的业务指导；

（三）确定是否对项目团队成员进行适当的培训；

（四）确定是否开展初步评估活动。

第七章　资产评估业务实施和资产评估报告出具

第三十五条 资产评估机构应当制定资产评估业务实施和资产评估报告出具环节的控制政策和程序，以保证法律、行政法规和资产评估准则得以遵守，满足出具资产评估报告的要求。

第三十六条 资产评估机构应当针对以下事项制定资产评估业务实施和资产评估报告出具环节的控制政策和程序：

（一）项目团队组建及工作委派；

（二）现场调查、评估资料收集和评定估算；

（三）资产评估报告编制；

（四）利用专家工作及相关报告；

（五）疑难问题或者争议事项的解决；

（六）项目负责人的指导与监督；

（七）内部审核；

（八）资产评估报告签发及提交。

第三十七条 资产评估机构在制定不同特征资产（企业）的现场调查、收集评估资料、评定估算以及编制资产评估报告的控制政策和程序时，通常考虑以下要素：

（一）现场调查方案的可行性；

（二）评估资料的真实性、完整性和合法性；

（三）评估方法的恰当性、评估参数的合理性；

（四）资产评估报告的合规性。

第三十八条 资产评估机构制定的解决疑难问题或者争议事项的控制政策和程序，通常包括：

（一）疑难问题的内部报告及处理；

（二）处理项目执行过程中的意见分歧。只有对分歧意见形成结论，资产评估机构才能出具资产评估报告。

第三十九条 资产评估机构制定的项目负责人对项目团队成员的工作进行指导、监督的控制政策和程序通常包括：

（一）项目团队的组建和管理；

（二）业务时间进度；

（三）业务沟通；

（四）业务风险。

第四十条 资产评估机构应当设置专门部门或者专门岗位实施资产评估业务的内部审核，内部审核政策和程序的目标是未经审核合格的事项不进入下一程序。

内部审核的政策和程序，通常包括：

（一）内部审核流程；

（二）项目审核人员的专业能力要求；

（三）审核的时间、范围和方法。

第四十一条 资产评估机构应当制定资产评估报告签发政策和程序。

资产评估报告签发政策和程序应当规定，一旦发现已经提交的资产评估报告存在瑕疵、错误等问题时，资产评估机构为挽回不良影响，根据问题的严重程度或者潜在影响程度应当采取的相应措施。

第八章　监控和改进

第四十二条 资产评估机构应当制定政策和程序，对质量控制体系运行情况进行监控。监控应当关注以下内容：

（一）质量控制体系是否符合本指南要求，是否符合资产评估机构实际情况；

（二）质量控制体系是否达到了质量目标；

（三）质量控制体系是否得到有效的实施和保持。

第四十三条　资产评估机构应当根据本机构的管理特点对质量控制体系运行情况实施监控。

监控措施通常包括：

（一）收集、管理和利用不同渠道来源的相关信息，为评价和改进质量控制体系提供依据；

（二）对质量控制体系运行的过程进行监控；

（三）对质量控制体系的运行情况进行定期检查和评价。

第四十四条　对监控中发现的问题和隐患，质量控制体系中的相关控制主体应当采取适当的纠正和预防措施，并对所采取措施的有效性和效率进行评价。

第四十五条　资产评估机构应当根据监控和其他方面的信息对质量控制体系的适当性和有效性进行评价，并提出改进意见。

第九章　文件和记录

第四十六条　资产评估机构应当制定文件控制政策和程序，确保质量控制体系各过程中使用的文件均为有效版本，防止误用失效或者废止的文件和资料。

第四十七条　资产评估机构应当制定政策和程序，保持业务质量控制的相关记录并及时归档。记录控制的政策和程序，应当规定记录的标识、储存、保护、检索、保存期限和超期后处置所需的控制要求。

第四十八条　资产评估业务质量控制记录主要包括：

（一）评估业务工作底稿；

（二）监控和改进记录；

（三）质量控制体系评审记录。

第四十九条　资产评估业务质量控制记录，应当根据重要性和必要性设计其内容，以符合法律、行政法规和资产评估准则的要求。

第十章　附则

第五十条　具有证券评估业务资格的资产评估机构应当遵守本指南，其他资产评估机构可以参照本指南。

第五十一条　本指南自2017年10月1日起施行。中国资产评估协会于2010年12月18日发布的《关于印发〈评估机构业务质量控制指南〉的通知》（中评协〔2010〕214号）同时废止。

（资料来源：中国资产评估协会官网）

四、资产评估指导意见

资产评估指导意见是根据具体准则中涉及的资产的细类资产的评估规范。采用指导意见形式指导资产评估业务中某些具体问题的评估。资产评估指导意见（现行）如表10-4所示。

表10-4 资产评估指导意见（现行）

序号	名称	颁布时间	执行时间	发文字号
1	数据资产评估指导意见	2023年9月8日	2023年10月1日	中评协〔2022〕17号
2	体育无形资产评估指导意见	2022年1月12日	2022年3月1日	中评协〔2022〕1号
3	企业并购投资价值评估指导意见	2020年11月25日	2021年3月1日	中评协〔2020〕30号
4	珠宝首饰评估程序指导意见	2019年12月4日	2020年3月1日	中评协〔2019〕36号
5	资产评估价值类型指导意见	2017年9月8日	2017年10月1日	中评协〔2017〕47号
6	资产评估对象法律权属指导意见	2017年9月8日	2017年10月1日	中评协〔2017〕48号
7	专利资产评估指导意见	2017年9月8日	2017年10月1日	中评协〔2017〕49号
8	著作权资产评估指导意见	2017年9月8日	2017年10月1日	中评协〔2017〕50号
9	资产评估对象法律权属指导意见	2017年9月8日	2017年10月1日	中评协〔2017〕48号
10	投资性房地产评估指导意见	2017年9月8日	2017年10月1日	中评协〔2017〕53号
11	实物期权评估指导意见	2017年9月8日	2017年10月1日	中评协〔2017〕54号
12	商标资产评估指导意见	2017年9月8日	2017年10月1日	中评协〔2017〕51号
13	金融不良资产评估指导意见	2017年9月8日	2017年10月1日	中评协〔2017〕52号
14	文化企业无形资产评估指导意见	2016年3月30日	2016年7月1日	中评协〔2016〕14号
15	企业价值评估指导意见（试行）	2005年2月23日	2005年4月1日	中国资产评估协会
16	珠宝首饰评估指导意见	2004年4月19日	2003年3月1日	中国资产评估协会

（资料来源：中国资产评估协会官网）

知识链接

资产评估价值类型指导意见

第一章 总则

第一条 为规范资产评估专业人员选择、使用和定义价值类型行为，保护资产评估当事人合法权益和公共利益，根据《资产评估基本准则》制定本指导意见。

第二条 执行资产评估业务，应当遵守本指导意见。

第二章 价值类型及其定义

第三条 本指导意见所称资产评估价值类型包括市场价值和市场价值以外的价值

类型。

第四条　市场价值是指自愿买方和自愿卖方在各自理性行事且未受任何强迫的情况下，评估对象在评估基准日进行正常公平交易的价值估计数额。

第五条　市场价值以外的价值类型包括投资价值、在用价值、清算价值、残余价值等。

第六条　投资价值是指评估对象对于具有明确投资目标的特定投资者或者某一类投资者所具有的价值估计数额，亦称特定投资者价值。

第七条　在用价值是指将评估对象作为企业、资产组组成部分或者要素资产按其正在使用方式和程度及其对所属企业、资产组的贡献的价值估计数额。

第八条　清算价值是指评估对象处于被迫出售、快速变现等非正常市场条件下的价值估计数额。

第九条　残余价值是指机器设备、房屋建筑物或者其他有形资产等的拆零变现价值估计数额。

第十条　某些特定评估业务评估结论的价值类型可能会受到法律、行政法规或者合同的约束，这些评估业务的评估结论应当按照法律、行政法规或者合同的规定选择评估结论的价值类型；法律、行政法规或者合同没有规定的，可以根据实际情况选择市场价值或者市场价值以外的价值类型，并予以定义。

特定评估业务包括：以抵（质）押为目的的评估业务、以税收为目的的评估业务、以保险为目的的评估业务、以财务报告为目的的评估业务等。

第十一条　执行资产评估业务，应当合理考虑本指导意见与其他相关准则的协调。采用本指导意见规定之外的价值类型时，应当在资产评估报告中披露。

第三章　价值类型的选择和使用

第十二条　法律、行政法规或者合同对价值类型有规定的，应当按其规定选择价值类型；没有规定的，可以根据实际情况选择市场价值或者市场价值以外的价值类型。

第十三条　执行资产评估业务，选择和使用价值类型，应当充分考虑评估目的、市场条件、评估对象自身条件等因素。

第十四条　资产评估专业人员选择价值类型，应当考虑价值类型与评估假设的相关性。

第十五条　评估方法是估计和判断市场价值和市场价值以外的价值类型评估结论的技术手段，某一种价值类型下的评估结论可以通过一种或者多种评估方法得出。

第十六条　执行资产评估业务，当评估目的、评估对象等资产评估基本要素满足市场价值定义的要求时，一般选择市场价值作为评估结论的价值类型。资产评估专业人员选择市场价值作为价值类型，应当知晓同一资产在不同市场的价值可能存在差异。

第十七条　执行资产评估业务，当评估业务针对的是特定投资者或者某一类投资者，并在评估业务执行过程中充分考虑并使用了仅适用于特定投资者或者某一类投资者的特定评估资料和经济技术参数时，通常选择投资价值作为评估结论的价值类型。

第十八条　执行资产评估业务，评估对象是企业或者整体资产中的要素资产，并在评估业务执行过程中只考虑了该要素资产正在使用的方式和贡献程度，没有考虑该资产作为独立资产所具有的效用及在公开市场上交易等对评估结论的影响，通常选择在用价值作为评估结论的价值类型。

第十九条 执行资产评估业务，当评估对象面临被迫出售、快速变现或者评估对象具有潜在被迫出售、快速变现等情况时，通常选择清算价值作为评估结论的价值类型。

第二十条 执行资产评估业务，当评估对象无法使用或者不宜整体使用时，通常考虑评估对象的折零变现，并选择残余价值作为评估结论的价值类型。

第二十一条 执行以抵（质）押为目的的资产评估业务，应当根据《中华人民共和国担保法》等相关法律、行政法规及金融监管机关的规定选择评估结论的价值类型；相关法律、行政法规及金融监管机关没有规定的，可以根据实际情况选择市场价值或者市场价值以外的价值类型作为抵（质）押物评估结论的价值类型。

第二十二条 执行以税收为目的的资产评估业务，应当根据税法等相关法律、行政法规规定选择评估结论的价值类型；相关法律、行政法规没有规定的，可以根据实际情况选择市场价值或者市场价值以外的价值类型作为课税对象评估结论的价值类型。

第二十三条 执行以保险为目的的资产评估业务，应当根据《中华人民共和国保险法》等相关法律、行政法规或者合同规定选择评估结论的价值类型；相关法律、行政法规或者合同没有规定的，可以根据实际情况选择市场价值或者市场价值以外的价值类型作为保险标的物评估结论的价值类型。

第二十四条 执行以财务报告为目的的资产评估业务，应当根据会计准则或者相关会计核算与披露的具体要求、评估对象等相关条件明确价值类型，会计准则规定的计量属性可以理解为相对应的资产评估价值类型。

第二十五条 执行资产评估业务，应当根据《资产评估执业准则——资产评估报告》对价值类型及其定义进行披露。

第四章 附则

第二十六条 本指导意见自2017年10月1日起施行。中国资产评估协会于2007年11月28日发布的《关于印发〈资产评估准则——评估报告〉等7项资产评估准则的通知》（中评协〔2007〕189号）中的《资产评估价值类型指导意见》同时废止。

（资料来源：中国资产评估协会官网）

学习任务二　资产评估行业管理

2016年12月实施的《中华人民共和国资产评估法》对评估行业管理体制进行了详细规定。2017年4月21日，财政部发布《资产评估行业财政监督管理办法》（财政部令第86号），对资产评估专业人员、资产评估机构和资产评估协会做出了系统的管理规定。为适应国家政务服务要加快实现"一网通办"的要求，2019年1月2日，财政部对《资产评估行业财政监督管理办法》做出修改后重新公布。

一、我国资产评估行业的行政监管

《国家职业资格目录（2021年版）》中涉及资产评估业务的职业资格包括房地产估价师、资产评估师、矿业权评估师。资产评估师由财政部负责监督管理，房地产估价师由住房和城乡建设部、自然资源部负责监督管理，矿业权评估师由自然资源部负责监督管理。

资产评估行业财政监督管理办法

第一章 总则

第一条 为了加强资产评估行业财政监督管理，促进资产评估行业健康发展，根据《中华人民共和国资产评估法》（以下简称资产评估法）等法律、行政法规和国务院的有关规定，制定本办法。

第二条 资产评估机构及其资产评估专业人员根据委托对单项资产、资产组合、企业价值、金融权益、资产损失或者其他经济权益进行评定、估算，并出具资产评估报告的专业服务行为和财政部门对资产评估行业实施监督管理，适用本办法。

资产评估机构及其资产评估专业人员从事前款规定业务，涉及法律、行政法规和国务院规定由其他评估行政管理部门管理的，按照其他有关规定执行。

第三条 涉及国有资产或者公共利益等事项，属于本办法第二条规定范围有法律、行政法规规定需要评估的法定资产评估业务（以下简称"法定资产评估业务"），委托人应当按照资产评估法和有关法律、行政法规的规定，委托资产评估机构进行评估。

第四条 财政部门对资产评估行业的监督管理，实行行政监管、行业自律与机构自主管理相结合的原则。

第五条 财政部负责统筹财政部门对全国资产评估行业的监督管理，制定有关监督管理办法和资产评估基本准则，指导和督促地方财政部门实施监督管理。

财政部门对资产评估机构从事证券期货相关资产评估业务实施的监督管理，由财政部负责。

第六条 各省、自治区、直辖市、计划单列市财政厅（局）（以下简称省级财政部门）负责对本行政区域内资产评估行业实施监督管理。

第七条 中国资产评估协会依照法律、行政法规、本办法和其协会章程的规定，负责全国资产评估行业的自律管理。

地方资产评估协会依照法律、法规、本办法和其协会章程的规定，负责本地区资产评估行业的自律管理。

第八条 资产评估机构从事资产评估业务，除本办法第十六条规定外，依法不受行政区域、行业限制，任何组织或者个人不得非法干预。

第二章 资产评估专业人员

第九条 资产评估专业人员包括资产评估师（含珠宝评估专业，下同）和具有资产评估专业知识及实践经验的其他资产评估从业人员。

资产评估师是指通过中国资产评估协会组织实施的资产评估师资格全国统一考试的资产评估专业人员。

其他资产评估从业人员从事本办法第二条规定的资产评估业务，应当接受财政部门的监管。除从事法定资产评估业务外，其所需的资产评估专业知识及实践经验，由资产评估机构自主评价认定。

由其他评估行政管理部门管理的其他专业领域评估师从事本办法第二条规定的资产评估业务，按照本条第三款规定执行。

第十条 资产评估专业人员从事资产评估业务，应当加入资产评估机构，并且只能在一个资产评估机构从事业务。

资产评估专业人员应当与资产评估机构签订劳动合同，建立社会保险缴纳关系，按照国家有关规定办理人事档案存放手续。

第十一条 资产评估专业人员从事资产评估业务，应当遵守法律、行政法规和本办法的规定，执行资产评估准则及资产评估机构的各项规章制度，依法签署资产评估报告，不得签署本人未承办业务的资产评估报告或者有重大遗漏的资产评估报告。

未取得资产评估师资格的人员，不得签署法定资产评估业务资产评估报告，其签署的法定资产评估业务资产评估报告无效。

第十二条 资产评估专业人员应当接受资产评估协会的自律管理和所在资产评估机构的自主管理，不得从事损害资产评估机构合法利益的活动。

加入资产评估协会的资产评估专业人员，平等享有章程规定的权利，履行章程规定的义务。

第三章 资产评估机构

第一节 机构自主管理

第十三条 资产评估机构应当依法采用合伙或者公司形式，并符合资产评估法第十五条规定的条件。

不符合资产评估法第十五条规定条件的资产评估机构不得承接资产评估业务。

第十四条 资产评估机构从事资产评估业务，应当遵守资产评估准则，履行资产评估程序，加强内部审核，严格控制执业风险。

资产评估机构开展法定资产评估业务，应当指定至少两名资产评估师承办。不具备两名以上资产评估师条件的资产评估机构，不得开展法定资产评估业务。

第十五条 法定资产评估业务资产评估报告应当由两名以上承办业务的资产评估师签署，并履行内部程序后加盖资产评估机构印章，资产评估机构及签字资产评估师依法承担责任。

第十六条 资产评估机构应当遵守独立性原则和资产评估准则规定的资产评估业务回

避要求，不得受理与其合伙人或者股东存在利害关系的业务。

第十七条 资产评估机构应当建立健全质量控制制度和内部管理制度。其中，内部管理制度包括资产评估业务管理制度、业务档案管理制度、人事管理制度、继续教育制度、财务管理制度等。

第十八条 资产评估机构应当指定一名取得资产评估师资格的本机构合伙人或者股东专门负责执业质量控制。

第十九条 资产评估机构根据业务需要建立职业风险基金管理制度，或者自愿购买职业责任保险，完善职业风险防范机制。

资产评估机构建立职业风险基金管理制度的，按照财政部的具体规定提取、管理和使用职业风险基金。

第二十条 实行集团化发展的资产评估机构，应当在质量控制、内部管理、客户服务、企业形象、信息化等方面，对设立的分支机构实行统一管理，或者对集团成员实行统一政策。

分支机构应当在资产评估机构授权范围内，依法从事资产评估业务，并以资产评估机构的名义出具资产评估报告。

第二十一条 资产评估机构和分支机构加入资产评估协会，平等享有章程规定的权利，履行章程规定的义务。

第二十二条 资产评估机构和分支机构应当在每年3月31日之前，分别向所加入的资产评估协会报送下列材料：

（一）资产评估机构或分支机构基本情况；

（二）上年度资产评估项目重要信息；

（三）资产评估机构建立职业风险基金或者购买职业责任保险情况。购买职业责任保险的，应当提供职业责任保险保单信息。

第二节 机构备案管理

第二十三条 省级财政部门负责本地区资产评估机构和分支机构的备案管理。

第二十四条 资产评估机构应当自领取营业执照之日起30日内，通过备案信息管理系统向所在地省级财政部门备案，提交下列材料：

（一）资产评估机构备案表；

（二）统一社会信用代码；

（三）资产评估机构合伙人或者股东以及执行合伙事务的合伙人或者法定代表人三年以上从业经历、最近三年接受处罚信息等基本情况；

（四）在该机构从业的资产评估师、其他专业领域的评估师和其他资产评估从业人员情况；

（五）资产评估机构质量控制制度和内部管理制度。

第二十五条 资产评估机构的备案信息不齐全或者备案材料不符合要求的，省级财政部门应当在接到备案材料5个工作日内一次性告知需要补正的全部内容，并给予指导。资产评估机构应当根据要求，在15个工作日内补正。逾期不补正的，视同未备案。

第二十六条 备案材料完备且符合要求的，省级财政部门收齐备案材料即完成备案，并在20个工作日内将下列信息以公函编号向社会公开：

（一）资产评估机构名称及组织形式；

（二）资产评估机构的合伙人或者股东的基本情况；

（三）资产评估机构执行合伙事务的合伙人或者法定代表人；

（四）申报的资产评估专业人员基本情况。

对于资产评估机构申报的资产评估师信息，省级财政部门应当在公开前向有关资产评估协会核实。

第二十七条 资产评估机构设立分支机构的，应当比照本办法第二十四条至第二十六条的规定，由资产评估机构向其分支机构所在地省级财政部门备案，提交下列材料：

（一）资产评估机构设立分支机构备案表；

（二）分支机构统一社会信用代码；

（三）资产评估机构授权分支机构的业务范围；

（四）分支机构负责人三年以上从业经历、最近三年接受处罚信息等基本情况；

（五）在该分支机构从业的资产评估师、其他专业领域评估师和其他资产评估从业人员情况。

完成分支机构备案的省级财政部门应当将分支机构备案情况向社会公开，同时告知资产评估机构所在地省级财政部门。

第二十八条 资产评估机构的名称、执行合伙事务的合伙人或者法定代表人、合伙人或者股东、分支机构的名称或者负责人发生变更，以及发生机构分立、合并、转制、撤销等重大事项，应当自变更之日起15个工作日内，比照本办法第二十四条至第二十六条的规定，向有关省级财政部门办理变更手续。需要变更工商登记的，自工商变更登记完成之日起15个工作日内向有关省级财政部门办理变更手续。

第二十九条 资产评估机构办理合并或者分立变更手续的，应当提供合并或者分立协议。合并或者分立协议应当包括以下事项：

（一）合并或者分立前资产评估机构评估业务档案保管方案；

（二）合并或者分立前资产评估机构职业风险基金或者执业责任保险的处理方案；

（三）合并或者分立前资产评估机构资产评估业务、执业责任的承继关系。

第三十条 合伙制资产评估机构转为公司制资产评估机构，或者公司制资产评估机构转为合伙制资产评估机构，办理变更手续应当提供合伙人会议或股东（大）会审议通过的转制决议。

转制决议应当载明转制后机构与转制前机构的债权债务、档案保管、资产评估业务、执业责任等承继关系。

第三十一条 资产评估机构跨省级行政区划迁移经营场所，应当书面告知迁出地省级财政部门。

资产评估机构在办理完迁入地工商登记手续后15个工作日内，比照本办法第二十四条至第二十六条的规定，向迁入地省级财政部门办理迁入备案手续。

迁入地省级财政部门办理迁入备案手续后通知迁出地的省级财政部门，迁出地的省级财政部门应同时予以公告。

第三十二条 已完成备案的资产评估机构或者分支机构有下列行为之一的，省级财政部门予以注销备案，并向社会公开：

（一）注销工商登记的；

（二）被工商行政管理机关吊销营业执照的；

（三）主动要求注销备案的。

第三十三条 注销备案的资产评估机构及其分支机构的资产评估业务档案，应当按照《中华人民共和国档案法》和资产评估档案管理的有关规定予以妥善保存。

第三十四条 财政部建立统一的备案信息管理系统。备案信息管理系统实行全国联网，并与其他相关行政管理部门实行信息共享。

第三十五条 资产评估机构未按本办法规定备案的，依法承担法律责任。

第四章 资产评估协会

第三十六条 资产评估协会是资产评估机构和资产评估专业人员的自律性组织，接受有关财政部门的监督，不得损害国家利益和社会公共利益，不得损害会员的合法权益。

第三十七条 资产评估协会通过制定章程规范协会内部管理和活动。协会章程应当由会员代表大会制定，经登记管理机关核准后，报有关财政部门备案。

第三十八条 资产评估协会应当依法履行职责，向有关财政部门提供资产评估师信息，及时向有关财政部门报告会员信用档案、会员自律检查情况及奖惩情况。

第三十九条 资产评估协会对资产评估机构及其资产评估专业人员进行自律检查。资产评估机构及其资产评估专业人员应当配合资产评估协会组织实施的自律检查。

资产评估协会应当重点检查资产评估机构及其资产评估专业人员的执业质量和职业风险防范机制。

第四十条 资产评估协会应当结合自律检查工作，对资产评估机构及其分支机构按照本办法第二十二条规定报送的材料进行分析，发现不符合法律、行政法规和本办法规定的情况，及时向有关财政部门报告。

第四十一条 资产评估协会应当与其他评估专业领域行业协会加强沟通协作，建立会员、执业、惩戒等相关信息的共享机制。

中国资产评估协会应当会同其他评估专业领域行业协会根据需要制定共同的行为规范，促进评估行业健康有序发展。

第五章 监督检查

第四十二条 财政部统一部署对资产评估行业的监督检查，主要负责以下工作：

（一）制定资产评估专业人员、资产评估机构、资产评估协会和相关资产评估业务监督检查的具体办法；

（二）组织开展资产评估执业质量专项检查；

（三）监督检查资产评估机构从事证券期货相关资产评估业务情况；

（四）检查中国资产评估协会履行资产评估法第三十六条规定的职责情况，并根据工作需要，对地方资产评估协会履行职责情况进行抽查；

（五）指导和督促地方财政部门对资产评估行业的监督检查，并对其检查情况予以抽查。

对本条第一款第三项进行监督检查，必要时，财政部可以会同其他有关部门进行。

第四十三条 省级财政部门开展监督检查，包括年度检查和必要的专项检查，对本行政区域内资产评估机构包括分支机构下列内容进行重点检查，并将检查结果予以公开，同时向财政部报告：

（一）资产评估机构持续符合资产评估法第十五条规定条件的情况；

（二）办理备案情况；

（三）资产评估执业质量情况。

对本条第一款第一项进行检查，必要时，有关财政部门可以会同其他相关评估行政管理部门进行。

第四十四条 省级财政部门对地方资产评估协会实施监督检查，并将检查情况向财政部汇报，重点检查资产评估协会履行以下职责情况：

（一）地方资产评估协会章程的制定、修改情况；

（二）指导会员落实准则情况；

（三）检查会员执业质量情况；

（四）开展会员继续教育、信用档案、风险防范等情况；

（五）机构会员年度信息管理情况。

第四十五条 财政部门开展资产评估行业监督检查，应当由本部门两名以上执法人员组成检查组。具体按照财政检查工作的有关规定执行。

第四十六条 检查时，财政部门认定虚假资产评估报告和重大遗漏资产评估报告，应当以资产评估准则为依据，组织相关专家进行专业技术论证，也可以委托资产评估协会组织专家提供专业技术支持。

第四十七条 检查过程中，财政部和省级财政部门发现资产评估专业人员、资产评估机构和资产评估协会存在违法情形的，应当依照资产评估法等法律、行政法规和本办法的规定处理、处罚。涉嫌犯罪的，移送司法机关处理。

当事人对行政处理、行政处罚决定不服的，可以依法申请行政复议或者提起行政诉讼。

第六章　调查处理

第四十八条 资产评估委托人或资产评估报告使用人对资产评估机构或资产评估专业人员的下列行为，可以向对该资产评估机构备案的省级财政部门进行投诉、举报，其他公民、法人或其他组织可以向对该资产评估机构备案的省级财政部门举报：

（一）违法开展法定资产评估业务的；

（二）资产评估专业人员违反资产评估法第十四条规定的；

（三）资产评估机构未按照本办法规定备案或备案后未持续符合资产评估法第十五条规定条件的；

（四）资产评估机构违反资产评估法第二十条规定的；

（五）资产评估机构违反本办法第十六条规定的；

（六）资产评估机构违反本办法第二十条第二款规定的。

资产评估委托人或资产评估报告使用人投诉、举报资产评估机构出具虚假资产评估报告或者重大遗漏的资产评估报告的，可以先与资产评估机构进行沟通。

第四十九条 在法定资产评估业务中，委托人或被评估单位有资产评估法第五十二条规定行为的，资产评估的相关当事人可以向委托人或被评估单位所在地省级财政部门进行投诉、举报，其他公民、法人或其他组织可以向委托人或被评估单位所在地省级财政部门举报。

由于委托人或被评估单位的行政管理层级不匹配或存在其他原因超出省级财政部门处理权限的，省级财政部门可以申请由财政部受理。

向财政部门投诉、举报事项涉及资产评估机构从事证券期货相关资产评估业务的，由财政部受理。

第五十条 投诉、举报应当通过书面形式实名进行，并如实反映情况，提供相关证明材料。

第五十一条 财政部门接到投诉、举报的事项，应当在15个工作日内作出是否受理的书面决定。投诉、举报事项属于财政部门职责的，财政部门应当予以受理。不予受理的，应当说明理由，及时告知实名投诉人、举报人。

第五十二条 投诉、举报事项属于下列情形的，财政部门不予受理：

（一）投诉、举报事项不属于财政部门职责的；

（二）已由公安机关、检察机关立案调查或者进入司法程序的；

（三）属于资产评估协会自律管理的。

投诉人、举报人就同一事项向财政部门和资产评估协会投诉、举报的，财政部门按照本办法第五十一条和本条第一款的规定处理。

第五十三条 财政部门受理投诉、举报，应当采用书面审查的方式及时进行处理，必要时可以成立由本部门两名以上执法人员和聘用的专家组成的调查组，进行调查取证。有关当事人应当如实反映情况，提供相关材料。

调查组成员与当事人有直接利害关系的，应当回避；对调查工作中知悉的国家秘密和商业秘密，应当保密。

受理的投诉、举报事项同时涉及其他行政管理部门职责的，应当会同其他行政管理部门进行处理。

第五十四条 对投诉、举报的调查，调查组有权进入被投诉举报单位现场调查，查阅、复印有关凭证、文件等资料，询问被投诉举报单位有关人员，必要时按照资产评估业务延伸调查，并将调查内容与事项予以记录和摘录，编制调查工作底稿。

调查组在调查中取得的证据、材料以及工作底稿，应当有提供者或者被调查人的签名或者盖章。未取得提供者或者被调查人签名或者盖章的材料，调查组应当注明原因。

第五十五条 在有关证据可能灭失或者以后难以取得的情况下，经财政部门负责人批准，调查组可以先行登记保存，并应当在7个工作日内及时作出处理决定。被调查人或者有关人员不得销毁或者转移证据。

第五十六条 针对资产评估协会的投诉、举报，财政部和省级财政部门应当及时调查处理。

第五十七条 调查时，财政部门认定虚假资产评估报告和重大遗漏资产评估报告，按照本办法第四十六条规定执行。

第五十八条 经调查发现资产评估专业人员、资产评估机构和资产评估协会存在违法情形的，财政部和省级财政部门按照本办法第四十七条规定予以处理。

第五十九条 财政部门根据调查处理具体情况，应当采取书面形式答复实名投诉人、举报人。

第六十条 对其他有关部门移送的资产评估违法线索或案件，或者资产评估协会按照本办法第四十条规定报告的情况，有关财政部门应当比照本办法第五十二条至第五十八条的规定依法调查处理，并将处理结果告知移送部门或者资产评估协会。

第七章 法律责任

第六十一条 资产评估专业人员有下列行为之一的，由有关省级财政部门予以警告，可以责令停止从业六个月以上一年以下；有违法所得的，没收违法所得；情节严重的，责令停止从业一年以上五年以下；构成犯罪的，移送司法机关处理：

（一）违反本办法第十条第一款的规定，同时在两个以上资产评估机构从事业务的；

（二）违反本办法第十一条第一款的规定，签署本人未承办业务的资产评估报告或者有重大遗漏的资产评估报告的。

资产评估专业人员违反本办法第十二条第一款、第三十九条第一款规定，不接受行业自律管理的，由资产评估协会予以惩戒，记入信用档案；情节严重的，由资产评估协会按照规定取消会员资格，并予以公告。

第六十二条 有下列行为之一的，由对其备案的省级财政部门对资产评估机构予以警告，可以责令停业一个月以上六个月以下；有违法所得的，没收违法所得，并处违法所得一倍以上五倍以下罚款；情节严重的，通知工商行政管理部门依法处理；构成犯罪的，移送司法机关处理：

（一）违反本办法第十一条第二款规定，未取得资产评估师资格的人员签署法定资产评估业务资产评估报告的；

（二）违反本办法第十五条规定，承办并出具法定资产评估业务资产评估报告的资产评估师人数不符合法律规定的；

（三）违反本办法第十六条规定，受理与其合伙人或者股东存在利害关系业务的。

第六十三条 资产评估机构违反本办法第十七条、第十八条、第十九条、第二十条第一款、第二十八条、第三十一条第一款和第二款规定的,由资产评估机构所在地省级财政部门责令改正,并予以警告。

第六十四条 资产评估机构违反本办法第二十条第二款规定造成不良后果的,由其分支机构所在地的省级财政部门责令改正,对资产评估机构及其法定代表人或执行合伙事务的合伙人分别予以警告;没有违法所得的,可以并处资产评估机构一万元以下罚款;有违法所得的,可以并处资产评估机构违法所得一倍以上三倍以下、最高不超过三万元的罚款;同时通知资产评估机构所在地省级财政部门。

第六十五条 资产评估机构未按照本办法第二十四条规定备案或者备案后不符合资产评估法第十五条规定条件的,由资产评估机构所在地省级财政部门责令改正;拒不改正的,责令停业,可以并处一万元以上五万元以下罚款,并通报工商行政管理部门。

资产评估机构未按照本办法第二十七条第一款规定办理分支机构备案的,由其分支机构所在地的省级财政部门责令改正,并对资产评估机构及其法定代表人或者执行合伙事务的合伙人分别予以警告,同时通知资产评估机构所在地的省级财政部门。

第六十六条 资产评估协会有下列行为之一的,由有关财政部门予以警告,责令改正;拒不改正的,可以通报登记管理机关依法处理:

(一)章程不符合资产评估法和本办法规定的;

(二)资产评估协会未依照资产评估法、本办法和其章程的规定履行职责的。

第六十七条 有关财政部门对资产评估机构、资产评估专业人员和资产评估协会的财政处理、处罚情况,应当在15个工作日内向社会公开。

第六十八条 财政部门工作人员在资产评估行业监督管理工作中滥用职权、玩忽职守、徇私舞弊的,按照《中华人民共和国公务员法》《中华人民共和国行政监察法》等国家有关规定追究相应责任;涉嫌犯罪的,移送司法机关处理。

第八章 附则

第六十九条 本办法所称资产评估行业、资产评估专业人员、资产评估机构和资产评估协会是指根据资产评估法和国务院规定,按照职责分工由财政部门监管的资产评估行业、资产评估专业人员、资产评估机构和资产评估协会。

第七十条 外商投资者在中华人民共和国境内设立、参股、入伙资产评估机构或者开展法定资产评估业务,应当依法履行国家安全审查程序。

第七十一条 省级财政部门可结合实际制定具体的实施办法。设区的市级财政部门可以对本行政区域内资产评估行业实施监督管理,具体由省级财政部门根据当地资产评估行业发展状况和设区的市级财政部门具备的监管条件确定。

第七十二条 本办法自2017年6月1日起施行。财政部2011年8月11日发布的《资产评估机构审批和监督管理办法》(财政部令第64号)同时废止。

(资料来源:中国资产评估协会官网)

二、资产评估的行业协会管理

中国资产评估协会（以下简称中评协）成立于1993年12月，是资产评估行业的全国性自律组织，接受行政主管部门财政部和登记管理机关民政部的业务指导、监督，承担着《中华人民共和国资产评估法》赋予的法定职责和《中国资产评估协会章程》赋予的行业自律管理职责，参与国际评估事务。

中评协的主要职责：

（1）拟订行业发展规划和行业自律性管理规范并组织实施。

（2）制定资产评估执业准则和职业道德准则并组织实施。

（3）组织实施资产评估师职业资格全国统一考试。

（4）组织开展会员继续教育；负责对会员实行自律管理。

（5）改革完善会员资格和评价制度；建立会员信用档案，并向社会公开。

（6）指导和检查会员建立风险防范机制。

（7）规范会员从业行为，定期检查会员出具的资产评估报告。

（8）负责资产评估行业党建工作；负责向财政部相关司局提供资产评估师信息，报告会员信用档案、会员自律检查情况及奖惩情况。

（9）受理有关投诉、举报和申诉，调解执业纠纷，维护会员合法权益。

（10）负责行业信息化建设，建立健全行业信息管理系统；建立资产评估数据库。

（11）组织开展资产评估行业宣传和理论研究，开展国际交流与合作。

（12）开展政府债券承销交易评价体系研究、政府债券市场动态监测相关工作。

（13）指导地方资产评估协会开展工作。

（14）完成财政部党组交办的其他任务。

知识链接

中国资产评估协会章程

（2016年11月18日中国资产评估协会第五次会员代表大会修订）

第一章　总则

第一条　本团体的名称是：中国资产评估协会，英文名称：China Appraisal Society，缩写：CAS。

第二条　本团体是资产评估机构和评估专业人员自愿结成的行业性的全国性的非营利性的社会组织。

第三条　本团体的宗旨：遵守国家宪法、法律、法规和国家政策，遵守社会道德风尚，依法进行行业自律管理；服务会员、服务行业、服务国家经济社会发展，维护社会公共利益和会员合法权益；监督会员规范执业，提升行业服务能力和社会公信力，促进行业持续健康发展。

第四条　本团体接受登记管理机关中华人民共和国民政部和业务主管单位财政部的业务指导和监督管理。

第五条　本团体的住所：北京市。

第二章　业务范围

第六条　本团体的业务范围：

（一）经政府有关部门批准，制定行业发展目标和规划，并负责组织实施；

（二）为会员从事资产评估等业务提供服务；

（三）组织开展相关政策理论研究、行业宣传、开展国际交流与合作等活动；

（四）开展行业党建工作；

（五）根据《中华人民共和国资产评估法》的规定，履行下列职责：

1. 制定会员自律管理办法，对会员实行自律管理；

2. 依据评估基本准则制定评估执业准则和职业道德准则；

3. 组织开展会员继续教育；

4. 建立会员信用档案，将会员遵守法律、行政法规和评估准则的情况记入信用档案，并向社会公开；

5. 检查会员建立风险防范机制的情况；

6. 受理对会员的投诉、举报，受理会员的申诉，调解会员执业纠纷；

7. 规范会员从业行为，定期对会员出具的评估报告进行检查，按照相关规定对会员给予奖惩，并将奖惩情况及时报告有关评估行政管理部门；

8. 保障会员依法开展业务，维护会员合法权益；

9. 组织实施资产评估师职业资格全国统一考试。

（六）办理法律、法规规定和政府有关部门授权或委托的其他工作。

第三章　会员

第七条　本团体的会员种类：个人会员和单位会员。

个人会员分为执业会员（含评估师执业会员和非评估师执业会员）和非执业会员；单位会员分为评估机构会员（含特别机构会员）和非评估机构会员。

会员分类及管理办法另行制定。

第八条　申请加入本团体的会员，必须具备下列条件：

（一）拥护本团体的章程；

（二）有加入本团体的意愿；

（三）在本团体的业务（行业、学科）领域内具有一定的影响。

第九条　会员入会的程序是：

（一）提交入会申请书及相关信息资料；

（二）经理事会讨论通过；

（三）理事会闭会期间，由常务理事会讨论通过；

（四）由理事会或理事会授权的机构发给会员证。

第十条 会员享有下列权利：

（一）本团体的选举权、被选举权和表决权；

（二）参加本团体的活动；

（三）获得本团体服务的优先权；

（四）对本团体工作的批评建议权和监督权；

（五）入会自愿，退会自由。

第十一条 会员履行下列义务：

（一）执行本团体的决议；

（二）维护本团体合法权益；

（三）完成本团体交办的工作；

（四）按规定交纳会费；

（五）向本团体反映情况，提供有关资料；

（六）遵守评估准则和相关行业规范；

（七）根据《中华人民共和国资产评估法》的规定，评估专业人员应当完成规定的继续教育，保持和提高专业能力。

第十二条 会员退会应书面通知本团体，并交回会员证。会员如果1年不交纳会费或不参加本团体活动的，视为自动退会。

第十三条 会员如有严重违反本章程的行为，经理事会或常务理事会表决通过，予以除名。

第四章 组织机构和负责人产生、罢免

第十四条 本团体的最高权力机构是会员代表大会，会员代表大会的职权是：

（一）制定和修改章程；

（二）选举和罢免理事；

（三）审议理事会的工作报告和财务报告；

（四）制定并修改会费标准；

（五）决定终止事宜；

（六）决定其他重大事宜。

第十五条 会员代表大会须有2/3以上会员代表出席方能召开，其决议须经到会会员代表半数以上表决通过方能生效。

第十六条 会员代表大会每届5年。因特殊情况需提前或延期换届的，须由理事会表决通过，报业务主管单位审查并经社团登记管理机关批准同意。但延期换届最长不超过1年。

第十七条 理事会是会员代表大会的执行机构，在闭会期间领导本团体开展日常工作，对会员代表大会负责。

第十八条 理事会的职权是：

（一）执行会员代表大会的决议；

（二）选举和罢免会长、副会长、秘书长；选举和罢免常务理事；

（三）筹备召开会员代表大会；
（四）向会员代表大会报告工作和财务状况；
（五）决定会员的吸收或除名；
（六）决定设立办事机构、分支机构、代表机构和实体机构；
（七）决定副秘书长、各机构主要负责人的聘任；
（八）领导本团体各机构开展工作；
（九）制定内部管理制度；
（十）会员代表大会闭会期间，增补、罢免部分理事，人数不超过原理事的1/5；
（十一）决定其他重大事项。

第十九条　理事会须有2/3以上理事出席方能召开，其决议须经到会理事2/3以上表决通过方能生效。

第二十条　理事会每年至少召开一次会议。情况特殊的，也可采用通讯形式召开。

第二十一条　本团体设立常务理事会。常务理事会由理事会选举产生，在理事会闭会期间行使第十八条第一、三、五、六、七、八、九项的职权，对理事会负责（常务理事人数不超过理事人数的1/3）。

第二十二条　常务理事会须有2/3以上常务理事出席方能召开，其决议须经到会常务理事2/3以上表决通过方能生效。

第二十三条　常务理事会至少半年召开一次会议。情况特殊的，也可采用通讯形式召开。

第二十四条　本团体的会长、副会长、秘书长必须具备下列条件：
（一）坚持党的路线、方针、政策，政治素质好；
（二）在本团体业务领域内有较大影响；
（三）会长、副会长最高任职年龄不超过70周岁；
（四）秘书长最高任职年龄不超过70周岁，秘书长为专职；
（五）身体健康，能坚持正常工作；
（六）未受过剥夺政治权利的刑事处罚；
（七）具有完全民事行为能力。

第二十五条　本团体会长、副会长、秘书长如超过最高任职年龄的，须经理事会表决通过，报业务主管单位审查并经社团登记管理机关批准同意后，方可任职。

第二十六条　本团体会长、副会长、秘书长任期5年，最长不得超过两届。因特殊情况需延长任期的，须经会员代表大会2/3以上会员代表表决通过，报业务主管单位审查并经社团登记管理机关批准同意后方可任职。

第二十七条　本团体秘书长为本团体法定代表人，法定代表人代表本团体签署有关重要文件。本团体法定代表人不兼任其他团体的法定代表人。

第二十八条　本团体会长行使下列职权：
（一）召集和主持理事会、常务理事会；

（二）检查会员代表大会、理事会、常务理事会决议的落实情况。

第二十九条 本团体秘书长行使下列职权：

（一）主持办事机构开展日常工作，组织实施年度工作计划；

（二）协调各分支机构、代表机构、实体机构开展工作；

（三）提名副秘书长以及各办事机构、分支机构、代表机构和实体机构主要负责人，交理事会或常务理事会决定；

（四）决定办事机构、代表机构、实体机构专职工作人员的聘用；

（五）负责本团体资产、财务管理；

（六）处理其他日常事务。

第五章 资产管理、使用原则

第三十条 本团体经费来源：

（一）会费；

（二）捐赠；

（三）政府资助；

（四）在核准的业务范围内开展活动或服务的收入；

（五）利息；

（六）其他合法收入。

第三十一条 本团体按照国家有关规定收取会员会费。本团体开展评比、评选、表彰等活动，不收取任何费用。

第三十二条 本团体经费必须用于本章程规定的业务范围和事业的发展，不得在会员中分配。

第三十三条 本团体建立严格的财务管理制度，保证会计资料合法、真实、准确、完整。

第三十四条 本团体配备具有专业资格的会计人员。会计不得兼任出纳。会计人员必须进行会计核算，实行会计监督。会计人员调动工作或离职时，必须与接管人员办清交接手续。

第三十五条 本团体的资产管理必须执行国家规定的财务管理制度，接受会员代表大会和财政部门的监督。资产来源属于国家拨款或者社会捐赠、资助的，必须接受审计机关的监督，并将有关情况以适当方式向社会公布。

第三十六条 本团体换届或更换法定代表人之前必须接受社团登记管理机关和业务主管单位组织的财务审计。

第三十七条 本团体的资产，任何单位、个人不得侵占、私分和挪用。

第三十八条 本团体专职工作人员的工资和保险、福利待遇，参照国家对事业单位的有关规定执行。

第六章 章程的修改程序

第三十九条 对本团体章程的修改，须经理事会表决通过后报会员代表大会审议。

第四十条 本团体修改的章程,须在会员代表大会通过后15日内,经业务主管单位审查同意,并报社团登记管理机关核准后生效。

第七章 终止程序及终止后的财产处理

第四十一条 本团体完成宗旨或自行解散或由于分立、合并等原因需要注销的,由理事会或常务理事会提出终止动议。

第四十二条 本团体终止动议须经会员代表大会表决通过,并报业务主管单位审查同意。

第四十三条 本团体终止前,须在业务主管单位及有关机关指导下成立清算组织,清理债权债务,处理善后事宜。清算期间,不开展清算以外的活动。

第四十四条 本团体经社团登记管理机关办理注销登记手续后即为终止。

第四十五条 本团体终止后的剩余财产,在业务主管单位和社团登记管理机关的监督下,按照国家有关规定,用于发展与本团体宗旨相关的事业。

第八章 附则

第四十六条 本章程经2016年11月18日第五次会员代表大会表决通过。

第四十七条 本章程的解释权属本团体的理事会。

第四十八条 本章程自社团登记管理机关核准之日起生效。

(资料来源:中国资产评估协会官网)

三、资产评估机构、人员管理

为贯彻落实《中华人民共和国资产评估法》,规范资产评估执业行为,保证资产评估执业质量,保护资产评估当事人合法权益和公共利益,在财政部指导下,中国资产评估协会根据《资产评估基本准则》,制定了《资产评估职业道德准则》。

资产评估职业道德准则

第一章 总则

第一条 为规范资产评估机构及其资产评估专业人员职业道德行为,提高职业素质,维护职业形象,根据《资产评估基本准则》制定本准则。

第二条 本准则所称职业道德是指资产评估机构及其资产评估专业人员开展资产评估业务应当具备的道德品质和体现的道德行为。

第三条 资产评估机构及其资产评估专业人员开展资产评估业务,应当遵守本准则。

第二章 基本遵循

第四条 资产评估机构及其资产评估专业人员应当诚实守信,勤勉尽责,谨慎从业,坚持独立、客观、公正的原则,不得出具或者签署虚假资产评估报告或者有重大遗漏的资产评估报告。

第五条 资产评估机构及其资产评估专业人员开展资产评估业务，应当遵守法律、行政法规和资产评估准则，履行资产评估委托合同规定的义务。

资产评估机构应当对本机构的资产评估专业人员遵守法律、行政法规和资产评估准则的情况进行监督。

第六条 资产评估机构及其资产评估专业人员应当自觉维护职业形象，不得从事损害职业形象的活动。

第三章 专业能力

第七条 资产评估专业人员应当具备相应的评估专业知识和实践经验，能够胜任所执行的资产评估业务。

第八条 资产评估专业人员应当完成规定的继续教育，保持和提高专业能力。

第九条 资产评估机构及其资产评估专业人员应当如实声明其具有的专业能力和执业经验，不得对其专业能力和执业经验进行夸张、虚假和误导性宣传。

第十条 资产评估机构执行某项特定业务缺乏特定的专业知识和经验时，应当采取弥补措施，包括利用专家工作及相关报告等。

第四章 独立性

第十一条 资产评估机构及其资产评估专业人员开展资产评估业务，应当采取恰当措施保持独立性。资产评估机构不得受理与自身有利害关系的资产评估业务。

资产评估专业人员与委托人、其他相关当事人和评估对象有利害关系的，应当回避。

第十二条 资产评估机构及其资产评估专业人员开展资产评估业务，应当识别可能影响独立性的情形，合理判断其对独立性的影响。

可能影响独立性的情形通常包括资产评估机构及其资产评估专业人员或者其亲属与委托人或者其他相关当事人之间存在经济利益关联、人员关联或者业务关联。

（一）亲属是指配偶、父母、子女及其配偶。

（二）经济利益关联是指资产评估机构及其资产评估专业人员或者其亲属拥有委托人或者其他相关当事人的股权、债权、有价证券、债务，或者存在担保等可能影响独立性的经济利益关系。

（三）人员关联是指资产评估专业人员或者其亲属在委托人或者其他相关当事人担任董事、监事、高级管理人员或者其他可能对评估结论施加重大影响的特定职务。

（四）业务关联是指资产评估机构从事的不同业务之间可能存在利益输送或者利益冲突关系。

第十三条 资产评估机构不得分别接受利益冲突双方的委托，对同一评估对象进行评估。

第五章 与委托人和其他相关当事人的关系

第十四条 资产评估机构及其资产评估专业人员不得以恶性压价、支付回扣、虚假宣传，或者采用欺骗、利诱、胁迫等不正当手段招揽业务。资产评估专业人员不得私自接受委托从事资产评估业务并收取费用。

第十五条　资产评估机构及其资产评估专业人员不得利用开展业务之便，为自己或者他人谋取不正当利益，不得向委托人或者其他相关当事人索要、收受或者变相索要、收受资产评估委托合同约定以外的酬金、财物等。

第十六条　资产评估机构及其资产评估专业人员执行资产评估业务，应当保持公正的态度，以客观事实为依据，实事求是地进行分析和判断，拒绝委托人或者其他相关当事人的非法干预，不得直接以预先设定的价值作为评估结论。

第十七条　资产评估机构及其资产评估专业人员执行资产评估业务，应当与委托人进行必要沟通，提醒资产评估报告使用人正确理解评估结论。

第十八条　资产评估机构及其资产评估专业人员应当遵守保密原则，对评估活动中知悉的国家秘密、商业秘密和个人隐私予以保密，不得在保密期限内向委托人以外的第三方提供保密信息，除非得到委托人的同意或者属于法律、行政法规允许的范围。

第六章　与其他资产评估机构及资产评估专业人员的关系

第十九条　资产评估机构不得允许其他资产评估机构以本机构名义开展资产评估业务，或者冒用其他资产评估机构名义开展资产评估业务。资产评估专业人员不得签署本人未承办业务的资产评估报告，也不得允许他人以本人名义从事资产评估业务，或者冒用他人名义从事资产评估业务。

第二十条　资产评估机构及其资产评估专业人员在开展资产评估业务过程中，应当与其他资产评估专业人员保持良好的工作关系。

第二十一条　资产评估机构及其资产评估专业人员不得贬损或者诋毁其他资产评估机构及资产评估专业人员。

第七章　附则

第二十二条　资产评估机构及其资产评估专业人员在执行资产评估业务过程中，应当指导专家和相关业务助理人员遵守本准则相关条款。

第二十三条　本准则自 2017 年 10 月 1 日起施行。中国资产评估协会于 2012 年 12 月 28 日发布的《关于印发〈资产评估职业道德准则——独立性〉的通知》（中评协〔2012〕248 号）同时废止。

（资料来源：中国资产评估协会官网）

知识回顾

2016 年 7 月 2 日，第十二届全国人大常委会第二十一次会议审议通过了《中华人民共和国资产评估法》，自 2016 年 12 月 1 日起施行。《中华人民共和国资产评估法》共八章五十五条。资产评估准则是资产评估机构及资产评估人员执行资产评估业务的技术规范和标准。资产评估机构及其资产评估专业人员开展资产评估业务应当遵守法律、行政法规的规定，坚持独立、客观、公正的原则。资产评估准则是为规范资产评估机构的业务质量控制行为，明确资产评估机构及其人员的质量控制责任，保护资产评估当事人合法权益和公共利益，根据《资产评估基本准则》制定。资产评估指导意见是根据具体准则中涉及的资产的细类资产的评估规范。采用指导意见形式指导资产评估业务中某些具体问题的评估。2017年4月21日，财政部发布《资产评估行业财政监督管理办法》（财政部令第86号），对资产评估专业人员、资产评估机构和资产评估协会做出了系统的管理规定。资产评估师由财政部负责监督管理，房地产估价师由住房和城乡建设部、自然资源部负责监督管理，矿业权评估师由自然资源部负责监督管理。中国资产评估协会成立于1993年12月，是资产评估行业的全国性自律组织，接受行政主管部门财政部和登记管理机关民政部的业务指导、监督，承担着《中华人民共和国资产评估法》赋予的法定职责和《中国资产评估协会章程》赋予的行业自律管理职责，参与国际评估事务。《资产评估职业道德准则》是指资产评估机构及其资产评估专业人员开展资产评估业务应当具备的道德品质和体现的道德行为。资产评估机构及其资产评估专业人员应当诚实守信，勤勉尽责，谨慎从业，坚持独立、客观、公正的原则，不得出具或者签署虚假资产评估报告或者有重大遗漏的资产评估报告。资产评估专业人员应当具备相应的评估专业知识和实践经验，能够胜任所执行的资产评估业务。资产评估机构及其资产评估专业人员应当如实声明其具有的专业能力和执业经验，不得对其专业能力和执业经验进行夸张、虚假和误导性宣传。

实践任务

任务分组

班级		组号		共（ ）人	
组长		学号			
组员	学号	姓名	学号	姓名	

个人任务

任务工单1							
班级		组号		姓名		学号	
项目	内容						
任务要求	学习模块知识，回答问题						
任务目标	熟悉我国资产评估行业法律体系，了解资产评估行业管理情况						
任务实施							
任务总结							

协作任务

任务工单 2								
班级			组号		姓名		学号	
项目	内容							
任务情境	根据本模块情景导入内容,分析讨论并形成结论。 ZWZX 触犯的法律、法规条例							
任务目标	熟悉资产评估法律、法规							
任务要求	结合本模块知识点,分析、讨论模块情景导入中的问题并阐明原因							
任务实施								
任务总结								

任务工单 3								
班级			组号		姓名		学号	
项目	内容							
任务内容	小组案例分析							
任务要求	利用网络或图书资源,查找资产评估违法违规相关案例,并分析案例							
任务目标	熟悉资产评估法律、法规							
任务实施	案例简述							
	提出问题							
	分析问题							
	解决问题							
任务总结								

汇报任务

任务工单 4							
班级		组号		姓名		学号	
项目	内容						
任务内容	各工作小组选派一名成员,汇报任务内容						
任务要求	查阅资料,根据任务工单内容,总结并阐述知识要点						
任务目标	熟悉模块知识并能熟练运用						
任务实施	汇报任务 1						
	汇报任务 2						
	汇报任务 3						
任务总结							

任务评价

个人评价

					任务工单5			
班级			组号		姓名		学号	
序号		评价内容				分值（分）		分数
1		主动记录课堂要点，形成课堂笔记				10		
2		上课积极参与课堂问答和小组讨论				10		
3		理解、掌握课堂知识				10		
4		能运用课堂知识、技能分析和解决问题				10		
5		能有效利用网络、图书资源获取有用信息				10		
6		主动思考问题，具有创造性思维				10		
7		善于分析、总结，能有条理地表达观点				10		
8		尊重他人意见，善于发现合作伙伴的长处				10		
9		遇到挫折能相互鼓励、群策群力				10		
10		按时保质完成任务				10		
		合计				100		

小组评价

		任务工单6		
班级			组号	
序号	评价内容		分值（分）	分数
1	模块知识掌握程度		20	
2	资源收集、整理能力		10	
3	团队分工、协作程度		20	
4	法律意识		10	
5	职业道德、职业素养（工作严谨性、规范性、专业性等）		20	
6	创新意识		10	
7	任务完成速度		10	
	合计		100	

班级评价

	任务工单7		
班级		组号	
序号	评价内容	分值（分）	分数
1	展示汇报	40	
2	参与程度	30	
3	完成质量	30	
	合计	100	

自测训练

自测题　　　　自测题答案

扫码学习

悟道明理

参 考 文 献

［1］中国资产评估协会．资产评估基础［M］．北京：中国财政经济出版社，2023．

［2］中国资产评估协会．资产评估实务（一）［M］．北京：中国财政经济出版社，2023．

［3］正保会计网校．资产评估基础应试指导［M］．上海：上海交通大学出版社，2023．

［4］正保会计网校．资产评估实务（一）应试指导［M］．上海：上海交通大学出版社，2023．

［5］刘玉平．资产评估学［M］．3版．北京：中国人民大学出版社，2022．

［6］陈昌龙．资产评估学［M］．3版．北京：清华大学出版社，2021．

［7］余明轩，王逸玮．资产评估［M］．北京：中国人民大学出版社，2020．

［8］何雨谦，王丽．资产评估学［M］．大连：东北财经大学出版社，2016．

［9］证监会．2021年度证券资产评估市场分析报告［R/OL］．http://www.csrc.gov.cn/csrc/c100040/c5545801/content.shtml

［10］汪海粟．关于资产评估业务鉴证性定位的思考［J］．中国资产评估．2023（1）：23-26．

［11］付亚如．林木资产评估中市场法的应用研究［J］．商业会计．2018，4（8）：32-34．

［12］任伊然．评估大熊猫可行吗［N/OL］．中国会计报．2018-4-14（008）［2023-04-14］．https://epub.doc110.com/kns8/defaultresult/index

［13］冉桂成，潭东丽．收益法在知识产权价值评估中的研究综述［J］．中国资产评估．2021（8）：10-15．

［14］李川，段天文，陈鑫．基于重置成本法的盾构机评估方法研究［J］．科技资讯．2021（1）：94-96．

［15］赵林，赵强，张懿，等．功能性、经济性贬值及变现折扣的概念及运用浅析［J］．中国资产评估．2021（9）：73-76．

［16］王婧萍．企业非实物流动资产评估存在的问题及解决对策［J］．中国管理信息化．2021,24（4）：73-76．

［17］林钦．浅析资产评估中基于成本法在机器设备评估的应用［J］．中国管理信息化．2020,36（4）：153-154．

［18］张静静．不动产评估过失法律责任研究［J］．中国资产评估．2021（1）：52-58．

［19］柳君．智能时代下房地产估价业务发展现状与变化趋势．房地产估价：回望与前瞻——2021中国房地产估价年会论文集［C］．北京：中国建筑工业出版社．2023：189-194．

［20］杨红祥．基于司法判决、证监会处罚案例的资产评估机构内部风险控制及防范研究［J］．中国资产评估．2023（4）：52-64．